JN086349

ミネルヴァ教職専門シリーズ8

広岡義之/林泰成/貝塚茂樹
監修

生徒指導論・キャリア教育論

稲垣応顕/山田智之
編著

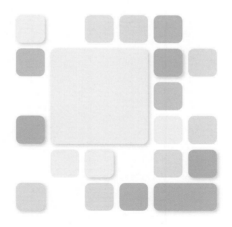

ミネルヴァ書房

監修者のことば

　21世紀に入って，すでに20年が過ぎようとしています。すべての児童生徒にとって希望に満ちた新世紀を迎えることができたかと問われれば，おそらくほとんどの者が否と言わざるを得ないのが現状でしょう。顧みてエレン・ケイは，1900年に『児童の世紀』を著し，「次の世紀は児童の世紀になる」と宣言して，大人中心の教育から子ども中心の教育へ移行することの重要性を唱えました。それからすでに120年を経過して，はたして真の「児童の世紀」を迎えることができたと言えるでしょうか。

　そうした視点から学校教育を問い直し，いったい何が実現・改善され，何が不備なままか，あるいは何が劣化しているかが真摯に問われなければなりません。このようなときに，「ミネルヴァ教職専門シリーズ」と銘打って，全12巻の教職の学びのテキストを刊行いたします。教職を目指す学生のために，基本的な教育学理論はもとより，最新知見も網羅しつつ，新しい時代の教育のあるべき姿を懸命に模索するシリーズとなりました。

　執筆者は大学で教鞭をとる卓越した研究者と第一線で実践に取り組む教師で構成し，初学者向けの教科書・入門的概論書として，平易な文章で，コンパクトに，しかも教育的本質の核心を浮き彫りにするよう努めました。すべての巻の各章が①学びのポイント，②本文，③学習課題という3点セットで統一され，学習者が主体的に学びに取り組むことができるよう工夫されています。

　3人の監修者は，専門領域こそ違いますが，若き少壮の研究者時代から相互に尊敬し励まし合ってきた間柄です。その監修者の幹から枝分かれして，各分野のすばらしい執筆者が集うこととなりました。本シリーズがみなさんに的確な方向性を与えてくれる書となることを一同，心から願っています。

　2020年8月

広岡義之／林　泰成／貝塚茂樹

i

は じ め に

　本書は，ミネルヴァ教職専門シリーズの第8巻として企画された。先に述べてしまえば，生徒指導とキャリア教育は，学校教育の2本柱（領域）と言っても過言ではない。筆者らは，教師を目指す学生とともに，"学び続ける"現役の教師，保護者など，学校教育に関わるあらゆる方々にも目を通して頂きたいとの願いを込めて本書を執筆した。

　急速に変化する社会の中で，学校における教育課題は多様化し，早急な対応が求められている。たとえば，急速な少子高齢化の中で，定年年齢の延長，外国人労働力の活用，家庭の主婦の労働力の活用，人工知能の活用など様々な論議がなされ，社会の構造改革が進められている。そのような変化の中，①日頃の学習で学んだ知識を実感しながら理解できず，学ぶことの意義について身をもって体得できていない若年層の現状，②学校のブラック化，③ICTを活用した遠隔授業や個別学習の拡充，④約26万人に上ると言われる不登校生徒，⑤家庭の教育力の低下，⑥働き方改革の負の側面としての，教師における専門職意識の後退とサラリーマン化など，解決しなければならない教育課題が山積している。

　「教育は人なり」と言う。生徒指導は実社会で生きていく生徒の規範意識とともに，いかに自分の長所を自分で伸ばし自分を輝かせるかといった自己指導能力の育成を期して存在する。他方，キャリア教育は，学ぶことと自己の将来とのつながりを見通しながら，社会的・職業的自立に向けて必要な基盤となる資質・能力を身につけていくことを目的に，自らのキャリアをデザインする能力や価値観を温める教育である。

　これからの学校には，教育の目的および目標の達成を目指しつつ，一人ひとりの児童生徒が，自分のよさや可能性を認識する（自己理解・自己管理能力）とともに，あらゆる他者を価値のある存在として尊重し，多様な人々と協働しながら（人間関係形成・社会形成能力），様々な社会的変化を乗り越え（課題対応能

力），豊かな人生を切り拓き（キャリアプランニング能力），持続可能な社会の創り手となることができるようにすることが求められている。その中核をなすのが生徒指導とキャリア教育なのである。

　ここで，第Ⅰ部から第Ⅱ部までの概要を説明しておこう。

　「第Ⅰ部　生徒指導」は，第1章から第6章までの全6章で構成されている。

　第1章は「生徒指導の意義と理念」，第2章は「教育課程と生徒指導」について扱う。第3章・第4章では，生徒指導の方法について，「集団課題への予防と対応」と「個別課題への予防と対応」について取り上げ，不登校やいじめ，自殺予防について解説する。第5章・第6章では「生徒指導に関わる法律・制度・行政」と「生徒指導における連携体制と方法」といった視点から，新時代に向けた生徒指導のあり方や生徒指導体制について論じる。

　「第Ⅱ部　キャリア教育」は，第7章から第12章までの全6章で構成されている。

　第7章は，「キャリア教育の意義と課題」について，学習指導要領と照らし合わせて解説する。第8章・第9章では「キャリア教育の歴史」と「キャリア教育の基礎理論」といった視点から，本来的なキャリア教育への回帰と発展について論じる。さらに第10章では「世界におけるキャリア教育の展開」について，アメリカ・イギリス・フランス・韓国のキャリア教育を概観し，日本のキャリア教育について説明する。第11章・第12章では「学校現場におけるキャリア教育の取り組みの実際」と「キャリア教育における評価と活用」を取り上げ，指導と評価について解説する。

　最後になったが，本書の執筆者の皆様におかれては，ご多用の中快くご執筆をお引き受けいただいた。執筆者の皆様のおかげで，本書は生徒指導・キャリア教育の理論と実践がわかりやすく記述された書となった。ここに深く感謝申し上げる。また，ミネルヴァ書房編集部の平林優佳さんには，あたたかく丁寧なご尽力とご支援を賜り，心より感謝申し上げる。

2023年7月

編著者　稲垣応顕・山田智之

目　次

監修者のことば

はじめに

第Ⅰ部　生徒指導

第Ⅰ部

生徒指導

第1章

生徒指導の意義と理念

　本章では，まず，生徒指導のねらいが「生徒の自己指導力」の育成であることを明示する。そのうえで，生徒指導の基本書が『生徒指導の手引』から『生徒指導提要』に変更され，治療的・事後的生徒指導から予防的・開発的生徒指導に転換されたことを説明する。すなわち生徒指導のキーコンセプトがセーフティー，カウンセリング，ガイダンス，チームであることの意味と意義を理解し，並行して，生徒指導を推進するために不可欠な生徒の心理的特徴について学んでいこう。

1　学校教育の目的と21世紀型能力

（1）今日的生徒指導のねらいと意義

　我が国における学校教育の目的は，教育基本法第1条が示す通り，児童生徒の「人格の完成」を期すところにある。そして，学校教育の二本柱は教科（学習）指導と生徒指導である（三本柱と言う時には，進路指導が加わる）。すなわち学校教育活動のうち，教科（学習）指導以外のすべてが生徒指導の範疇(はんちゅう)にある。

　生徒指導のねらいは，1965年に刊行された生徒指導の基本書とも言える『生徒指導の手引』以来，一貫して生徒の自己指導能力の育成にある。**自己指導能力**とは，生徒個々人が自分の長所を自分で伸ばしていける力を意味する。また文部省（1981）は，生徒指導の意義を表1-1のように示している。生徒指導とは「一人一人の児童生徒の人格を尊重し，個性の伸長を図りながら，社会的資質や行動力を高める」ことを目指して行われる教育活動（文部科学省，2010）なのである。

　ちなみに，生徒指導は教育課程のどこにも位置づけられていない。それは，

表1-1　生徒指導の意義

(1) 生徒指導は，個別的かつ発達的な教育を基礎とするものである。
(2) 生徒指導は，一人一人の生徒の人格の価値を尊重し，個性の伸長を図りながら，同時に社会的な資質や行動を高めようとするものである。
(3) 生徒指導は，生徒の現在の生活に即しながら，具体的，実際的な活動として進められるべきである。
(4) 生徒指導は，すべての生徒を対象とするものである。
(5) 生徒指導は，統合的な活動である。

出所：文部省（1981）。

生徒指導がすべての学校教育活動において機能として存在するからである。教科（学習）指導においても，生徒指導は機能として存在する。

（2）21世紀型能力を育む生徒指導

　2005年に開催された第57回国連総会では ESD（Education for Sustainable Development；持続可能な開発のための教育）が採択された。加盟国である我が国でも，その具現化を目指し21世紀型能力（21世紀を生き抜く力）が提唱されている（図1-1）。三層構造を描くこの能力は，その基盤に基礎力を置く。この基礎力とは，従前は基礎学力と呼称された。学んだ結果として身につく能力である。市川（2013）によれば，この能力を高めるために最も効果的な学習方略は，ドリル学習である。ドリル学習は反復学習だからである。しかし，この学習方略を教室で取り入れるには，生徒個々人が課題に集中して取り組めるよう，教室が安心・安全な場であることが必須である。そこに，規範意識を掲げる生徒指導が機能を発揮する。

　また，思考力ないし実践力を従前の用語で表現すれば，応用力である。この思考力は，基礎力として得た個々の知識を実生活に即しつなげていく作業である。そこで機能する学習方略が，グループ学習である。ちなみに，少人数学級のためにグループ学習が成立しないという場合も想定される。その際には，教師と生徒の対話のある授業が求められる。グループ学習では，個々の生徒が，自分の考えたことを言葉ではっきりと表現し，他者の発言をしっかりと聞く必要がある。また，異なる価値観や視点をもつ他者の考えと自分の考えを頭の中

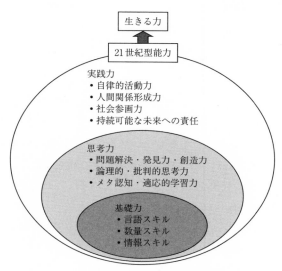

図 1 - 1　21 世紀型能力の概念図
出所：国立教育政策研究所（2013）。

で照らし合わせながら，練り上げの作業を繰り返す。このような過程を経て新たな発展的な発想を生み出していくことが思考力である。さらに，生徒が人生を歩んでいくためには知識をただもっているだけでは十分ではなく，それを使えることや，自分は何をすべきかよりも，自分に何ができるかを思考し実践する力をもつことが重要である。そのためにも，自分以外の他者がいてくれることは有益である。自分の言動に何らかの反応を返してくれるからである。すなわち，実践力を高めるために有用な学習方略もまた，グループ学習ということになる。

　これらの学習方略が成立するためには，教室の中で良好な人間関係の築かれていることが必要となる。そのため教師には，リーダーシップとともに，生徒に寄り添い並走する**ペーシング**の姿勢や，生徒のパートナーまたはサポーターの役を担うことも求められる。

2　生徒指導の源流

（1）ガイダンス

　生徒指導は英語で Guidance Counseling である。この用語の概念をさかのぼれば，アメリカのガイダンス重視の姿勢が読み取れる。坂本（2014）によれば，ガイダンス研究の第一人者であるトラックスラー（Anthur E. Traxler）（1945）は，「生徒指導が理想とする目標は，生徒が完全で熟成した自己指導の出来るようになるまで，その発達を助けていくことである」と述べている。以下に，もう少し掘り下げて用語の意味を確認していく。

　ガイダンスとは，トラックスラーを中継し，教育の父と言われるドイツのヘルバルト（Johann Friedrich Herbart）の教育哲学にさかのぼる。「管理」を意味する "Regierung" と「訓育」を意味する "Zucht" に関する思想ないし哲学である。これらの用語は，我が国に輸入されると，「管理＝消極的生徒指導」と「訓育＝積極的生徒指導」の 2 形態として援用された。『生徒指導提要』（以下，提要）の執筆協力者であった犬塚（2006：23）は，両者について「消極的生徒指導とは生徒のいのちを守る生徒指導であり，積極的生徒指導とは生徒のいのちを輝かせる生徒指導のことである」と述べる。

　ところで，ガイダンスをはじめ生徒を指導しようとする際に，生徒が聞く耳をもたず指導が入らないという場面も想定される。そのような時，教師は得てして同じ内容を同じ表現で，語気だけを強めて繰り返していることがある。そのような時は，違う言葉・異なる指導方法を試してみると効果が上がることは多い。生徒に求める行動は変わらないが，彼らの実態（実情）に合わせて伝え方を変えていくのである。

　また，指導が通らない場合には，マズロー（Abraham Herold Maslow）の**欲求5段階説**（図1-2）に依拠しながら生徒理解に努めるのも有用である。生徒が，ここで示される各段階の欲求を満たし「自己実現欲求」をもつに至らなければ，生徒指導のスタートラインに立ちにくい。人は誰でも，自身の生活基盤が充足されなければ，周囲や社会に目を向けることが難しいからである。

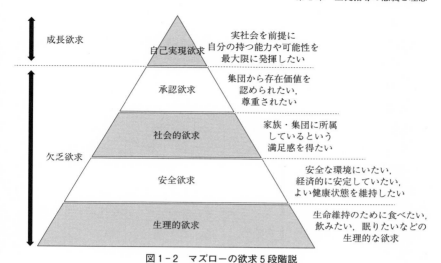

図1-2　マズローの欲求5段階説

出所：筆者作成。

表1-2　カウンセリングの特徴を示す5つの命題

1　カウンセリングは，クライアントに話をさせることではない。
2　カウンセリングは，クライアントに指示や助言を与えることではない。
3　クライアントの人生はカウンセラーの人生ではない。
①クライアントの悩みや問題は，カウンセラーが解決できるものなのか？
②もし仮に，クライアントの悩みや問題をカウンセラーが解決できるとした時に，それは必要なのか？（＝カウンセラーが解決してよいものなのか？）
4　カウンセリングは，治すことでも治療することではない。
5　カウンセリングは，支持や保証を与えることではない。

出所：伊東（1995）をもとに筆者作成。

（2）カウンセリング

　我が国におけるカウンセリング心理学の草分けの一人でもある伊東（1995）は，「カウンセリングの特徴を示す5つの命題」（表1-2）を掲げている。これらを概説すれば以下の通りである。

●命題1について

　カウンセラーは，クライアントに話をすることを強要しない。思いはあるもののその思いを表現する言葉が見つからない人，また気持ちが思いを表出する

ことを許していない人に対し，無理に口を開くようには求めない。それよりも，まずは「ゆったり，リラックスする」ことを促す。今日的生徒指導がボトムアップの**育てる生徒指導**であることをふまえれば，たとえば生徒に反省を促す指導の場であっても，教師が穏やかさをもって関わることは重要である。言わずもがな，生徒の反省は自らなされることが望ましいからである。

●命題２について

　カウンセラーは，危機介入場面を除くほとんどの場合に，指示や助言を与えない。なぜならば，クライアントが自分で悩み考えて問題を解決するのでなければ，自立を促すことが目的のカウンセリングが，依存心だけを高めることになるからである。生徒指導もしかりである。教師が常に指示や助言を与えると，生徒は甘えと指示待ちの傾向を強めてしまう。

●命題３について

　生徒の人生が教師の人生ではないことは自明である。そうであるならば，①について，生徒の有する問題を教師が解決することは不可能であろう。教師は生徒に代わり生きていくことができないからである。②について，「①」が是であるならば，教師が生徒の悩みや問題解決を代行することは生徒のためにならない。それでは，生徒指導において教師は何をするのだろう。生徒に寄り添い，ともに悩み考え支えるのである。

●命題４について

　もしカウンセリングに「治（直）る」の言葉が用いられるとすれば，それはクライアントが自身の力で治（直）っていくのであり，カウンセラーはそれを下支える役割を担うことを意味している。生徒指導もしかりである。

●命題５について

　カウンセリングにおける「支持」とは，一つには「あなたの存在は大切である」と表明する意味合いを有している。しかし，ここで用いられている支持の意味は，相手をおだてることである。また「保証」とは，たとえば「やればできる」と励ますことである。この言葉は，クライアントに「やってできなかったら，誰が責任をとってくれるのか？」との反感をもたれやすい。したがって，繰り返すことになるが，同行二人という言葉のように，カウンセラーは，クラ

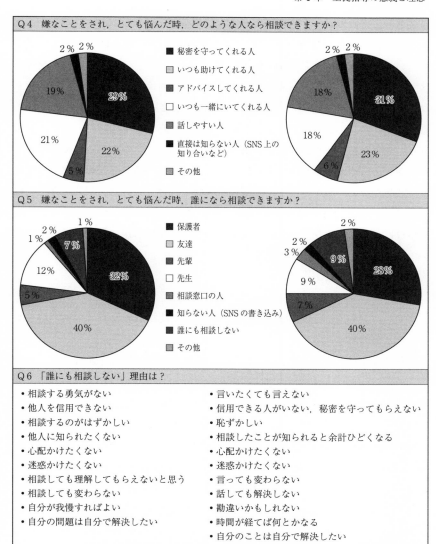

図1-3　いじめ見逃し「0」運動　中・高生のホンネトーク資料（抜粋）

注：左は中学生の回答，右は高校生の回答である。

出所：上越教育大学稲垣研究室・上越教育事務所（2017）。

イアントに寄り添い・ともに悩み考えるのである。

　ちなみに，筆者は2016・2017年に新潟県教育委員会が主催する「深めよう絆　いじめ見逃し『0』運動　県民の集い（上越会場）」において，上越教育事務所とタイアップし「中・高校生によるいじめに対する本音トーク」を企画しコーディネーターを務めた。その際，「生徒はなぜいじめ問題を教師に相談しないのか」が話題になり，登壇した中・高校生から「先生にいじめのことを言うと，先生たちはすぐに形だけの解決に走っていく。アンケートをやって，集会を開いて『いじめは許されない』とわかりきっていることを繰り返す。それでは意味がない。我々は，もっと気持ちを聴いてほしいのだ。一緒に考えてほしいのだ」との発言が相次いだ（図1-3）。このことからもわかるように，生徒指導においてカウンセリングの受容と共感の態度は有用に機能する。

3　生徒指導の基本

　前節の人間観ないし生徒指導観に立つと，「生徒指導の原点は生徒理解にある」ことが理解される。

　それでは生徒の「何を」「どのように」理解すれば，生徒を理解したことになるのだろうか。これには，事実や可視化される様々な項目が用意される。家族構成・成育歴・学業成績・趣味（特技）・友人関係・当該学校の入学時からの特徴的な行動歴などである。前出の犬塚（2006）は，「開かれた事例検討会（Open Case-conference）用」として「共通理解シート」とアセスメント（Assessment）から対処（Treatment）までを含んだ「自己検討 SOAT シート」を開発している（図1-4）。

　そもそも，理解とは何か。「理解する」ことを英語で Understand というのは周知の通りである。意味するところは，文字通り「下に（Under）立つ（Stand）」ことである。また「教育」の言葉は，一般に「教え育てる」との意味で流布している。しかし今，あえて教育の言葉を構成する2つの漢字を切り離してみる。すると，教師は「教える」ことに重点を置き，「育てる」側面を置き去りにしやすいのではないだろうか。誰でも上から見下ろされて大きな声

	アンカーファクター	追い込みファクター
主観的データ（Subjective data）[S]	・積極的でチャレンジ精神に富んでいる ・興味があることには集中できる	・思い通りにいかないと，すぐにいらだち切れやすい ・勉強に対しては飽きっぽく，長続きしない
客観的データ（Objective data）[O]	・力持ち，腕自慢である ・先生の手伝いはよくしてくれる	・すぐに手が出る，人や物を叩く ・ときどき教室徘徊や授業妨害が見られる

Assessment（何が問題かの評価・診断）

[A] 欲求不満耐性が弱く，現実生活の中で承認欲求が阻止されると，暴力的な発散行為を繰り返している。学業不振もその要因となっている。

Treatment（具体的にどうしたらよいかの対処）

[T] まず現実生活の中で承認欲求が少しでも充足されるような条件整備を具体的に図っていく。そのうえで，欲求不満耐性力を育み，学業不振の改善をめざした，個人支援プログラムをチームで開発し実施する。

図1-4 「自己検討 SOAT シート」

注：欄の中は記入例。
出所：犬塚（2006）。

で指導を受ければ，気持ちが萎縮して黙り込んでしまう。教師が下に立つ（＝生徒の気持ちをくみとる）ことで生徒は言いたいことが言え，教師は生徒を指導しやすくなる。この視点からも，「まず，指導ありき」ではなく，「まず，生徒理解ありき」の意味が深みをもつ。

　なお上述のシートを活用する際には，事実に沿ったシートの作成が求められる。ただし同時に，教師には生徒の普段の様子にも心の目を馳せ，彼らの言葉になりきらない思いを読み取る姿勢も大切である。

4　今日的生徒指導のキーコンセプト——個人的・社会的発達の概念

（1）今日的生徒指導の4要素

　2017（平成29）年・2018（平成30）年告示学習指導要領の総則や提要では，児童生徒の「規範意識」の向上が前面に打ち立てられた。ただし，その態度を育成するためのキーワードとして「**セーフティー**」「**カウンセリング**」「**ガイダンス**」「**チーム**」を示している。

（2）セーフティー

　この用語は，2001年6月8日に大阪教育大学附属池田小学校で発生した無差別殺傷事件により注目され叫ばれるようになった。事件の概要は，犯人である宅間守が校内に侵入し，児童8人を出刃包丁で殺害，児童13人と教職員2人を負傷させたというものである。この事件の後，文部科学省の指示により，学校は始業時間のチャイムとともに玄関を閉め施錠するようになった。また，外部への対応としてインターホンを設置した。外部の不審者から大切な子どもの命は絶対に守る（セーフティーの確保）取り組みとして評価される。

　ただし，この取り組みがあだになってしまうことは考えられないであろうか。たとえばいじめ問題などにおいて被害生徒は，そのいじめから逃れるために学校の外へ出ようとした時，カギがかかっていたのではむしろ逃げることができない。生徒指導上の今日的課題は，学外のみでなく校内で生じる事案から生徒の「心身の安全」がいかに守られるかであろうと思われる。

　ちなみに，前述の池田小学校事件における犯人である宅間守は，ニュース報道等によれば，裁判では控訴せず，自身を「早く死刑にして欲しい」と終始要求した。養老（2016）によれば，宅間は「池田小学校は特別なところだ。自分のような庶民の入れるところではない。そこの生徒たちは，いわば特別扱いをされている。でも，世の中には，俺のような人間もいるのだ。それを生徒たちに教えてやる」と述べていたという。貧困家庭が社会問題化され，経済的また文化的格差社会の広がりが懸念される今日において，上述の宅間のような心理を

もつ者に，生徒指導ないし学校教育はどのように応えていけばよいのだろうか。

（3）カウンセリング

　カウンセリングについては，本章第2節で心理学的視点から述べたが，ここでは生徒指導に生かす視点から学び，理解を深めよう。『生徒指導の手引』が『生徒指導提要』に変更された背景の一つとして，平成に入り現れた「新しい荒れ」の問題がある。この問題は，1998年1月末に栃木県黒磯市で生じた男子中学生による校内での女性教師殺害事件や，「不登校（登校拒否）」や校内暴力の増加，「学級崩壊」の全国的な広がりなどがある。提要は，新しい荒れを起こす生徒の特徴として「普通の子のいきなり型」を掲げ，その具体例として，衝動的突発型，凶悪性，グループの影響を受けやすい（仲間からの同調圧力を意味する「ピア・プレッシャー」に神経をすり減らす）生徒像を示している。

　ちなみに，犬塚（2006）は教育臨床の視点からもう一つ，自己爆発する子どもたちの状況に着目している。その代表的な表出行動が，「バーチャルな世界でしか通用しない手段を用いた自傷他害行為」，たとえば，何度でも生き返る戦闘ゲームに感化された過激ないじめ問題などである。そのような生徒たちに，理屈先行の指導やトップダウンによる指導は功を奏さない。生徒たちは，頭（思考）レベルでは自身の行動が社会的に認められないことを承知しているからである。そこで，カウンセリングの発想と方法を用いた生徒指導が注視される。一般にカウンセリングは，相手（クライアント）（ここでは，生徒）の頭（理屈・思考）に働きかけず，受容・共感で包み込みながら心（感情・気持ち）の側面に働きかける。なぜならば，稲垣ら（2011）が述べるように「感情は行動のエネルギーであり，人間は感情が高まった時に，次の行動が始まるからである。感情が揺さぶられたときに，行動が変わる」からである。

　カウンセリングをキーワードの一つとして取り入れた生徒指導を実践するにあたり，教師に求められる資質・能力は，受容，共感，自己一致である。受容とは，一般に「あるがままの相手を受け入れること」と捉えられている。補足をすれば，「あるがまま」とは，相手に①先入観をもたないこと，②相手の人格や認知の仕方に「良い・悪い」の評価をしないこと，③こちらの価値観を押

しつけないこと（「僕（私）はこう思うよ」などと，自分という主語を先頭につけて伝えること程度のことはあってもよいと思われる），④ひたすら理解しようと正面から関わっていくこと，である。共感とは，イメージとしては相手と横に並び，相手の心のフレームに沿って物事を捉えてみることである。そして，自己一致とは，教師自身に裏表がなく指導が一貫していることを言う。

（4）ガイダンス

　ガイダンスについても，本章第2節でその源流をさかのぼりながら述べたが，あらためて生徒指導に生かす視点から学び，理解を深めよう。

　生徒指導を実践する際に，受容・共感といったカウンセリングの次のステップとして重要なのは，ガイダンスである。生徒指導が，あくまで学校教育の一環として実践されるからである。たとえば，様々な心理的理由で，保健室ないし相談室登校をしている生徒はなかなか教室に戻らない。自分が教室に戻った際，自分がどのような目で周囲から見られるのか，どのような関わりを受けるのか，勉強についていけるのかなど，不安が彷彿されるからである。

　そこで教師には，受容と共感とともにガイダンスによる指導を行っていくことが望まれる。ガイダンスとは，たとえば教室の様子や今後の予定などを情報として伝えながら，そこに入っていく生徒にとって「何をどこからどのように動けばよいか，何を手がかりにすれば動きやすいのか」を，スモールステップを組みながら伝えていくことや，その行動に向けた心の準備と行動のリハーサル（ソーシャルスキル・トレーニングなど）を生徒と一緒に行うことである。

（5）チーム

　1974年，我が国では高校進学率が90％を超え（2021年度現在は，98.9％），いわゆる受験戦争が過熱した。また，その結果，強度な受験ストレスに耐えられない生徒や，学業についていけない生徒などによる反社会的問題行動（ケンカ・校内暴力・暴走族など）が目立つようになり，生徒指導のうえで注視された。そのような社会情勢の中で，1979年4月に「3年B組　金八先生」のテレビ放送が開始された。主人公である「金八先生」は，様々な問題に悩みもがく生

徒たちを決して見捨てない，器用ではないが情熱をもった生徒の味方として描かれた。金八先生は，当時中学生であった筆者を含め，生徒たちの目に生徒指導における「スーパーティーチャー」として映った。他方，文部科学省（2005）は，その前年に公表された中央教育審議会答申「新しい時代の義務教育を創造する」の中の「第 2 章　教師に対する揺るぎない信頼を確立する」を受け，教員のキャリアを複線化し，高い指導力を有する教師を「スーパーティーチャー」として位置づけ，他の教員の指導や研修会の講師を担当させるなどの取り組みを試行した。しかし今日，文部科学省は 1 人のスーパーティーチャーではなく，不完全な教師らがチームとしてまとまり（チームワークを発揮し），生徒指導にあたることを提唱している。荒れた学校において，スーパーティーチャーは，確かに温かな感情交流を基盤とした規範意識を育んでくれる。しかし，そのような学校はその教師が転勤していなくなると，再び校風が乱れる傾向があるからである。学校は，教師の誰が転勤ないし定年退職などでいなくなっても，健全な規範を備えた安心・安全な場所として機能しなければならない。また，型破りな指導が，他の教師や保護者に受け入れられないリスクも負うからである。

　他方，提要がチームをキーワードとして掲げる理由として，教師のメンタルヘルスの維持もあるように思われる。

5　今日的生徒の心理的特徴と問題行動発生の機序

（1）実存的空虚感

　今日の生徒の心理的傾向として，筆者は**実存的空虚感**に注目している。

　この用語は，第二次世界大戦中にアウシュビッツ強制収容所で身柄を拘束された精神科医，ヴィクトール・フランクルにより提唱された。永遠とも思えるような収容所での時間の中で，①外界の世界と自分とが引き裂かれ，生きがいを見失い，生きていく意義や意味が見出せない状態，②言語化できないが，なんとなく空しい・なんとなく切ない・絶望的といった心理的状況である。

　先に例示した池田小学校に乱入した宅間守の心理も，日々の生活における劣

等感に加え，自分が報われていないという実存的空虚感の暴発と捉えられよう。加えて筆者は，上述の心理が関連する3件の事件を想起する。

① 　オウム真理教事件（1980年代後半〜）

　新興宗教団体オウムが，様々なテロ行為を起こした事件である。事件に関わり逮捕された高橋英利（逮捕当時，大学院生）が出所後に刊行した著書によれば，彼は大学では指導教授の前で研究意欲が旺盛であるふりをして，仲間との会話では社交的に振る舞って，自宅に帰ればその日ありもしない出来事をでっち上げて母親に面白おかしく伝え笑わせていた。そのような自分に疲れ果て，会う人会う人に合わせてとっかえひっかえしてきた仮面をとろうとするのだが，その仮面がいつの間にかとれなくなっていた。彼の言葉で有名になったのが「**僕は僕である必要がなかった**」（高橋，1996）であった。

② 　神戸連続児童殺傷事件（1997年）

　神戸市須磨区の友が丘中学校の正門に，男の子（当時，小6の土師淳くん）の頭部が置かれていたことを発端に，報道が過熱した連続児童殺傷事件である。逮捕された少年Aは，自らを酒鬼薔薇聖斗と名乗った。長年，日記をつける中で独自の神を打ち立て，その神が「子どもを殺せ」と命じたと犯行の理由を語った。彼が取り調べの際に発した言葉として有名になったのが，「**透明な存在としての自分**」であった。

③ 　秋葉原無差別殺傷事件（2008年）

　2008年6月8日の昼間，JR神田駅に近い交差点に加藤智大が赤信号を無視してトラックで突入，青信号で横断中の5人をはねた。トラックを降りた加藤は，通行人7人と警察官ら17人をダガーナイフで殺傷した。逮捕後，彼が述べた言葉として有名になったのが「**僕にはどこにも，居場所がなかった**」であった。

　これらの言葉は，彼らが日常生活の中で強度な実存的空虚感を有していたことの表れであろう。

（2）問題行動発生の機序

　前述した実存的空虚感，また反社会的問題行動や非社会的問題行動といった

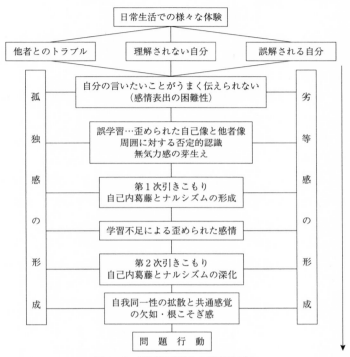

図1-5　問題行動発生の機序モデル

出所：稲垣ほか（2011）。

　生徒の問題行動は，どのように生じてくるのだろうか。図1-5は，筆者がその心理的プロセスをモデルとして整理したものである。なおこのモデルは，教師のバーンアウトなど対人関係に起因する様々な問題行動の説明にも援用できると考えている。紙面の都合で，概略だけを記すが，生徒は他者に対して，「どうせ話しても無駄／わかってもらえない」などの感覚から「感情表出の困難性」の状態に陥り，自分の殻に引きこもり様々なネガティブ感情をつのらせ問題行動に至るというプロセスを示している。

（3）問題行動発生の機序が示す生徒指導のヒント

　筆者は生徒指導上の問題を検討する際に，その原因追究を目的としていない。

原因を明らかにすることも，生徒の状況を確認することも大切であると思いつつ，それらは「だから，どうするのか」を考えるための資料であると捉えている。生徒指導ないし学校教育活動で最も大切なのは，今・ここで目の前にいる生徒に対し，教師は何をどうするのかであろう。

　そこで，前述の問題行動発生の機序モデル（図1-5）を振り返ってみたい。日常生活の中で，たとえば，生徒たちに何らかのトラブルが生じること，教室の誰かが理解されず誤解され責められるという場面はありうることである。その際，教師がリーダーシップとともにファシリテートの機能を果たすのはどうだろうか。ファシリテートとは，調整（すれ違う感情に対する交通整理）を意味する。様々な価値観や思考，感情をもつ生徒の心の内について，風通しをよくして互いのことを理解するよう促すのである。

　またその段階を過ぎてしまい，「自分の言いたいことが上手く伝えられない」と言う生徒がいた場合，「上手く言う必要はないよ。先生，ちゃんと聴くよ。一緒にいるよ」と，隣にいてくれる教師がいたらどうだろうか。

　さらに，誤学習を起こしている生徒がいたならば，「君は一人ではない。君は，うちの学級の大切な一人だ」と伝えてくれる教師，また生徒が第一次引きこもりの状態でいるとするならば，一緒に殻から出るための手伝いをしてくれる教師がいてくれることが望まれる。そして，学習不足のために周囲とどのように関わったらよいのかわからないという生徒に対しては，ソーシャルスキル・トレーニングなどをしてくれる教師がいてくれたらどうであろうか。

　ただし，第2次引きこもりの状況で，かつ前述した3つのネガティブ感情で気持ちがいっぱいになっている生徒に対しては，正義感と義務感のみで生徒の心理に踏み込まない方がよいと思われる。そのような心理状態の生徒にしてみれば，教師の踏み込んだ関わりは，土足で心の中に入り込まれる感覚を引き起こすからである。その段階の生徒に対しては，保護者や医療機関などと連携し，チームとして事にあたることが適切な対応である。

6　おわりに──生徒指導のイメージと教師の役割

　我が国の生徒指導のありようを図示すれば，我が国の刑事裁判の体制との類似性を指摘することができよう（図1-6）。ここでは，昨今，生徒指導上の最重要課題の一つとして注視されるいじめ問題を例に述べていく。まず，当該のいじめ問題における加害生徒が指導の中心（図1-6の三角形中央）に位置する。その生徒に，裁判での判決に相当する処分を下す裁判官的立場が校長である。ちなみに，学級や部活動内の些細なトラブルに対しては，担任教師や部活顧問が裁判官役を担うこともある。裁判官に求められる役割とは，様々な情報を入手しながら，それを冷静かつ多角的・客観的に捉え，公平・公正な判断を下すことである。

　他方，我が国の刑事裁判では検察という役割がある。加害行為を厳しく追及する生徒指導部の教師がそれに相当する。それゆえ，生徒指導部の教師は，生徒たちから疎まれ嫌われることもあるのであろう。しかし，いじめ加害を行った生徒に猛省を促すとともに，被害にあった生徒を守るためにも必要な役割である。「窮鼠猫をかむ」の例ではないが，いじめられ追い詰められた生徒がいじめ加害生徒をナイフで切りつけるといった事件が過去にいくつもあったことから学ばれる。当然のことながら，いじめ被害にあっていたその生徒は，その時点で加害者になってしまう。そのようなことが万が一にも起こらぬよう，検察役である生徒指導部の教師は，一時的に生徒から疎まれても，学校の規律や良俗を守るために厳しい態度で生徒指導に臨まなければならない役を負う。ただし，自身がその任を託された時の注意点として，あくまで指導が教育的でなければならないということである。

　ところで，我が国の刑事裁判ではすべての被告人に弁護人（＝弁護士）がつく。同様に，生徒指導においても，当該の生徒の立ち直りのために弁護人的な役割を負う教師がいてしかりである。多くの場合，生徒指導において弁護人的役割を負うのは担任教師である。たとえば，自分の担任する学級にいじめ加害生徒がいたという時，担任教師は辛いものである。周囲の当該生徒への非難が，

図1-6　我が国における生徒指導体制の比喩
出所：筆者作成。

　自身への批判に聞こえてしまうからである。そのせいもあるだろうが，ごくまれに検察役である生徒指導部の教師と一緒になり，その生徒を責めてしまう教師を見ないわけでもない。しかし，これからの生徒指導を担う教師には，自分が弁護人役の際には，苦しくとも当該生徒の弁護に徹することが求められる。なぜならば，担任教師までもが自分を悪く言うとなれば，その生徒は学級の中で居場所を失うからである。加えて，さらに大きく影響するのは，問題が終わった後の学級運営である。生徒たちは，担任教師を「あの先生は，いざとなると日和って我々を守ってくれない」と評価し，ついてきてくれなくなるからである。教師には，前述の市川（2013）が述べる生徒指導の理念に基づいた，**主体性の闘争に打ち勝つ力**（自分自身の弱さと戦い打ち勝つ力）をもって生徒指導を実践していくことが望まれる。

学習課題　①　価値観の多様化や経済格差の拡大が進行する今日において，生徒指導はそれをどのように捉え対応していくことが望まれるのか，考えをまとめてみよう。
②　「実存的空虚感」の意味を説明してみよう。また，児童生徒がそのような心理に陥らないために，生徒指導では何ができるのかについて，考えをまとめてみよう。
③　予防的・開発的生徒指導とは，どのような生徒指導なのかを説明してみよう。そのうえで，児童生徒に"寄り添う"生徒指導の具体を例示してみよう。

引用・参考文献

市川伸一『勉強法の科学——心理学から学習を探る（岩波科学ライブラリー211）』岩波書店，2013年。
伊東博『カウンセリング［第4版］』誠信書房，1995年。

稲垣応顕「教育相談活動の実際①　不登校」田中智志・橋本美保監修，羽田紘一編著『教育相談（新・教職課程シリーズ 10)』一藝社，2014年，96〜106頁。

稲垣応顕・黒羽正見・堀井啓幸・松井理納（シナジェティックス研究会）『学際型現代学校教育概論——子どもと教師が共鳴する学校づくり』金子書房，2011年。

犬塚文雄編集『社会性と個性を育てる毎日の生徒指導（図でわかる教職スキルアップ 4)』図書文化社，2006年。

犬塚文雄監修，稲垣応顕編著『生徒指導論——真心と優しさと』文化書房博文社，2011年。

国立教育政策研究所「社会の変化に対応する資質や能力を育成する教育課程編成の基本原理」『教育課程の編成に関する基礎的研究報告書 5 』2013年，26頁。

坂本正一「ガイダンス」『学校教育辞典』教育出版，2014年，72頁。

上越教育大学稲垣研究室・上越教育事務所「深めよう絆　いじめ見逃し 0 運動　県民の集い上越大会配布資料」2017年。

高橋英利『オウムからの帰還』草思社，1996年。

中野明『マズロー心理学入門——人間性心理学の源流を求めて』アルテ，2016年。

文部科学省「新しい時代の義務教育を創造する（答申）」2005年。

文部科学省『生徒指導提要』教育図書，2010年。

文部省『生徒指導の手引』大蔵省印刷局，1981年。

養老孟司『養老孟司の人生論』PHP 研究所，2016年。

Traxler, Arthur E., *Techniques of Guidance*, Harper & Brothers, 1945.

第2章

教育課程と生徒指導

　本章では，教育課程のすべての領域で機能する生徒指導の教育的影響について，学習指導の要である教科教育と生徒指導，学習指導の促進基盤としての道徳教育と生徒指導，特別活動と生徒指導，すべての知の相互的還流を図る総合的な学習の時間と生徒指導について探求していく。とりわけ，生徒指導が教師と児童生徒の相互行為を中心に，目に見えない無意識の潜在的カリキュラムとして，児童生徒の人格形成に大きな影響を及ぼしていることを，具体的事例をふまえながら見ていこう。なお，本章に登場する教師や児童名はすべて仮名であり，また子ども，児童，児童生徒の文言を随時使い分けている。

1　教育課程と生徒指導

（1）教育課程に機能する生徒指導

　学校教育の中核である教育課程は，機能概念で見れば，学習指導と生徒指導に，また領域概念で見れば，各教科，特別の教科「道徳」，特別活動，総合的な学習の時間（以下，総合的な学習）に大別できる。さらに，この2つの概念の土台となり，教育課程を経営する学校（学級）経営が存在する。一方，生徒指導とは子ども一人ひとりの人格を尊重し，個性の伸長を図りながら，社会的資質や行動力を高めていく教育活動を通して，「**自己指導能力**」を育成することである。そこで筆者は，すべての教育課程に生徒指導を生かすために，アメリカの臨床心理学者であるカール・ロジャーズ（Carl Ransom Rogers）が人格形成の決め手として提唱した，「自己一致（congruence）」「共感的理解（empathy）」「無条件の肯定的関心（unconditional positive regard）」の3要素を1つのシステムの中に組み入れた「**受容的態度**」（子どもの位置に立ち，子どもの心を我が心に

映して生きる姿勢）に着目したい。そこで，教育課程と生徒指導を論述する前に，生徒指導機能である「受容的態度」の4つの効果を整理しておくことにする。

第一は，子どもの学習意欲が高まる点である。受容的態度によって，子どもは先生や仲間から受け入れられているという安らぎや安心感を意味する「**被包感**」を抱き，情緒的に安定してくる。その結果，学校生活が楽しくなり，生活意欲に裏打ちされた学習意欲を自生する。

第二は，子どもが心を開いて素直な態度で応答する点である。受容され被包感を抱いた子どもは，情緒的に安定し落ち着いてくる。そして自身を客観的対象として見つめ直し，知的な気づきが増え，自己理解に結びつきやすくなる。

第三は，子どもの相互受容が一体感（we-feeling）をもった集団を形成する点である。子ども一人ひとりに対する教師の受容的態度が，子どもの中にも教師の受容的態度を学習・内在化させ，学級仲間に対する受容的態度を生じさせる。この結果，子どもの相互受容関係から，協力し合いながら問題解決をするモラール（morale；士気）を生み出す。

第四は，子どもが教師を受容するようになる点である。教師の受容的態度は子どもの側に受け入れられ，子どもも教師に受容的態度で対応する。その基底には，教師に対する尊敬や信頼，親愛の情などが存在する。

本章では，以上の4つの受容的態度の効果が，どのような形で生徒指導に機能するかを，事例（教師と子どもの相互行為）に即しながら述べていく。

（2）生徒指導における潜在的カリキュラム

生徒指導における**潜在的カリキュラム**とは，普段教師が何気なく語る言葉や行動に付随するまなざしや身体の様相が，子どもに無意識に刷り込まれていく暗黙知のことである。そして「**薫習**」（香りが物に染み込むように，人間の精神作用と行為が，相手の心の深層部に深い影響を与えること）と呼ばれる「**教師の薫り**」である。生徒指導には，教師と子どもとの人間的なふれ合いや心の交流，あるいは信頼関係が大きな意味をもっている。どの子どもも，「教師から認められたい」「自分に関わってほしい」というひそかな思いを抱いている。それだけに，潜在的カリキュラムは，様々に形を変えて，微妙な影響を子どもたちに与

えている。教師の人間味あふれる一言が，子どもに生きる勇気を与えることもあれば，「子どもを何とかしたい」という人間的な願いが子どもの能力を引き出し，伸ばすこともある。しかし，人間は個性的な存在であり，子ども一人ひとりが異なる人間性をもっているため，必ずしも潜在的カリキュラムが，そのまま子どもによい影響を与えるとは限らない。というのも，子どもは教師以外にも多くの人間関係の綾（あや）の中で育っているため，教師の人間性の優れた面だけでなく，他の面の影響も鋭く感受するからである。したがって，子どもの人格形成に多大な影響力をもつ教師に求められることは，心豊かな魅力ある人間性をもつこと，すなわち，子どもとの関わりの中で自然に醸し出される薫習的な生き方をすることである。

2　教科教育と生徒指導

（1）授業と生徒指導との関係

　学校教育の中で教科教育は，日々の教師の職務行為の中心に位置づく重要な機能であり，日常実践としては「授業」という形態で展開されている。さらに，学校教育の中核である授業には，意図的・計画的・継続的な指導によって子どもの望ましい成長発達を図り，社会的責任を果たす役割がある。したがって，教師は自身の人間性を基盤に，子ども一人ひとりを見取りながら，授業を計画・実施・評価・改善して，絶えずよりよい教科指導を志向する努力をしなければならない。この時，教師と子どもの間には，「教師は教える人（上）」で，「子どもは教えられる人（下）」という役割的関係が成立している。それに対して，生徒指導の**内発的動機**づけとしての「やる気を育てること」は，「教師（上）から子ども（下）へ」の指示や説教などでは不可能である。どんなに教師が子どもを思いやって，「もっとやる気を出して頑張らなくちゃ駄目だぞ」と説いてみても，人格形成につながる「やる気」は子どもの心の中に育ってこないのである。なぜならば，説教や叱責は子どもの人格形成とは関係のない存在だからである。子ども一人ひとりのやる気は，「出させる」ものではなく，「育てる」ものである。それゆえ，子ども自身からやる気が出るように意図的に条

件を整備する必要がある。このやる気を育てるという**感情的領域**への接近は，「**師弟同行**」という言葉があるように，教師がどんな時でも子どもと一緒に一生懸命に生きていく関係の中で初めて可能になるのである。

（2）生徒指導機能を生かした教科教育

　高校卒業後間もない大学 1 年生に「生徒指導から想起する言葉は何か」と問うてみると，「頭髪・服装検査，個人面談，説教，規律」等の「起こってしまった問題行動の結果に対する指導助言」という**消極的生徒指導**のイメージが大半である。しかしながら，教科教育における生徒指導の本質は，教師の普段の授業行為の営みの中に存在する。つまり，普段の授業に子どもを前向きかつ積極的な態度で参加させることが，そのまま問題行動の予防的指導になりうるのである。そのためには，すべての子どもの主体的な参加意欲を高める「わかる・できる授業」が不可欠である。以下で，その例としてY県の公立A小学校の体育授業の一場面を見てみよう。秋の大運動会の恒例イベントである「組体操」のための体力づくりの授業である。この日の授業内容は，運動会に向けた「壁倒立」「鉄棒」「側転」の個人練習であり，各自で練習メニューを考えて活動していた。そのような中で，あまり運動が得意でなく，壁倒立の段階からなかなか練習の進まない朝子に対して，教師の加納が指導する。

加納：朝子，やってみせー。

朝子：いい。（照れ笑いしながら拒否する。）

　〔教師は無理強いせず，朝子と一緒に練習していた光子を指名し，やらせた。光子もあまり得意な方ではないが，自分なりに精一杯やってみせた。結局光子の足は壁にはあたらなかった。〕

加納：足は上がってきとるよ。もう少しだ。

加納：（もう一度，朝子に呼びかける。）

加納：足もってやるから，やってみせー。

朝子：（照れながらもやってみせる。）

　〔その後，一人でも一生懸命に練習に取り組む朝子の姿が見られるようになった。〕

朝子：私だんだん上手くなってきたよ。（うれしそうにVサインをしながら。）

　さて，子どもの学びから生徒指導のどのような機能が読み取れるだろうか。

（3）主体的な参加態度を促す生徒指導

　生徒指導の中心のねらいは，子どもに対して，自分でその場の的確な状況判断に基づき実行できる力を育てること，つまり自己決定して実行する力の育成である。体育という教科は，子どもの主体性や意欲が見られる授業の一つではあるが，運動の苦手な子どもは苦痛に感じることもある。先述の事例の場合，教師が運動の苦手な朝子に「朝子，やってみせー」と促した時，一度は拒否した朝子であった。しかし，友だちの光子の頑張る姿に触発され，さらには教師からの「足もってやるから，やってみせー」という温かい言葉に安心してか，2度目の練習に取り組むことができた。その教師の関わりを契機に，一人でも黙々と取り組み，自分の成長に喜びを感じている朝子の姿が見られた。ここでの教師は，朝子の思いを大事にし，そのタイミングを見計らって指導している。子どもが自分で決め，実行する具体的な学びの場での「タイムリーな支援」には，教師のきめ細かい生徒指導が不可欠である。教科指導は教科の特質を生かした「教科の論理」をふまえて実践すべきことは言うまでもない。しかし，それだけでは不十分である。すべての教科指導には，**教科の論理と子どもの論理**を大切にした「**わかる授業**」の展開が必要なのである。子どもの論理を大切にした「わかる授業」とは，教科指導の展開が子どもの心を捉え揺り動かし，子どもの心とふれ合うことのできる授業である。子どもがその授業を通して，充実感や存在感を実感できる授業である。

①　人間的ふれ合いとしての共感

　先の事例には，人間的ふれ合いも見られる。人間的ふれ合いとは，教師と子どもの「教える―教えられる」という役割的関係ではなく，人間と人間との関わり合いから生じる共感である。すなわち，子どもが示す欠点や人間的弱さなどを，教師が自身の内にも見出して共感することである。加納教師には，壁倒立ができないで，恥ずかしさと苦悩が入り混じった朝子のためらいを瞬時に見抜いた洞察力があった。そして，朝子のやる気を引き出すために，朝子と一緒に練習していた光子にやらせ，「足は上がってきとるよ。もう少しだ」と光

子に対して温かく励ましている。この時の加納教師の行動は，「役割としての教師」よりも，「人間としての教師」が表出したものである。これによって，朝子に「できなくてもいいんだ。私も先生に教えてもらえばできるかもしれない。練習すればできるかもしれない」というやる気と期待を喚起している。そして，「足もってやるから，やってみさー」と師弟同行することで，朝子の新たな決意を促しているのである。朝子が「私だんだん上手くなってきたよ」と語る姿にあふれる自信が見て取れる。人間的ふれ合いは，教師が自らの人間的弱さを自覚し，その弱さをありのままに子どもの前に示す時に生じるものである。しかし，その人間的弱さを子どもの前にさらすことのできる教師は，絶えず自身の目標に向かって努力しながら，成長し続けることのできる教師に他ならないのである。

② 子どもとつながること

　日常の学校生活では，ともすると学級として，グループとして，というような把握から，個としての子どもを見失いがちである。この体育授業の後，光子は日記カードに，次のように綴っていた。

> 　朝子ちゃんが，今日壁倒立ができた。朝子ちゃんが，赤い顔で汗を出しながら一生懸命に頑張っていた結果だ。私もうれしい。私は，練習中いつも「朝ちゃん，頑張れ，朝ちゃん，頑張れ」と心の中で必死に叫んでいた。周りの友だちも「頑張れ，頑張れ」と自分の練習をそっちのけで，応援していた。先生も「朝子，もう少しだぞ」と朝子ちゃんの両足を支えながら言っていた。少したつと，朝子ちゃんの両足がピタリと壁にあたる音がした。みんなが「わっ」と叫びながら手をたたいた。朝子ちゃんは，本当にうれしそうだった。私も本当にうれしかった。「よし，私も負けないで頑張ろう」と決意を新たにした。

　加納教師は，このような日記指導が単なる技能的な指導ではなく，「子どもが満たされないものを埋めるために，自己を表現する場を設けた人間教育である」と語る。加納教師の授業では，いつでも子どもの立場に立った，「わかりやすい，的を射た問い」が投げかけられる。それゆえ，子どもたちが我先にと勇んで挙手する授業風景が見られる。この綿密な教材研究に裏打ちされた授業

構成の秘密は，日記指導により子どもの心理や論理の歯車を見きわめることで，**心の対話**を図っている点にあった。加納教師がある子どもの日記の内容に言及して，「先日，『友だちがうるさいので注意していたら自分が叱られた』という日記が，赤ペンをもつ自分の心に突き刺さりました」と神妙な表情で語ってくれた。ここに，「自身を見つめる厳しさと，一人ひとりの子どものよさを見つめる優しさとの調和が深い愛情を育んでいる姿」が洞察できた。それゆえ，子ども一人ひとりがありのままの自分をさらけ出して語りうる，情緒的許容の人間関係と被包感のある**学級集団**を基底にもつ人間関係を育むことができていた。日記指導に限らず，生徒指導においては，個としての子どもと絶えずつながっているための「心の対話」の**チャンネル**を用意しておくことが重要である。

3　道徳教育と生徒指導

（1）道徳教育と生徒指導との関係

　道徳教育の目標は，小・中学校ともに，2017（平成29）年告示学習指導要領において，最終的に学校の教育活動全体を通じて道徳的な心情，判断力，実践意欲と態度などの「**道徳性**」を養うこととされる。ここでの「道徳性」とは，人間らしいよさ，すなわち，一人ひとりの道徳的価値が人格に結びつき，人格を支え，その中に生きて働く力を意味している。したがって，道徳教育では豊かな心を育み，一人ひとりの子どもに人間らしく，よりよく生きようとする生き方を育てることが目標となる。

　上記の内容から，道徳教育と生徒指導の共通点は，子どものよりよい生き方の育成を目指し，学校の全教育活動を通じて行うことである。つまり，教師と子どもおよび子ども相互の人間関係が重要基盤であること，子どもの具体的な生活場面に即した随時随所での指導であること，家庭や地域社会との緊密な連携を保持しながら行う指導であることなども密接に関連している。

（2）生徒指導機能を生かした道徳教育

　筆者が指導している大学生たちに，記憶に残っている小・中学校の道徳授業

について質問してみると、「あまり覚えていない。テレビを観てよく感想を書かされた。道徳の授業はよく他の授業に変更された」などの否定的な回答が多数見られた。また講義のリアクションペーパーに次のような内容があった。「先生は道徳の授業をやる価値があると思いますか。自分の中学校時代のクラス担任を見ていたら、とてもじゃないけれど、道徳授業がすべて嘘のように思えます。自分でできもしないことを、なぜ平然と言えるのか信じられません」と。指導する教師がいい加減な人間であれば、授業でいくら立派な道徳を説いたとしても、子どもは言行不一致を感じ、教師の人間性や道徳の意味に疑問を抱くのは否めない。道徳授業自体は実施できても、道徳教育が**道徳的価値の内面的自覚化**を伴った主体的・自律的な道徳的実践への契機になりうる可能性を摘み取っているのである。

　ここで、R県の公立B小学校の道徳授業、資料名「銀のしょく台」（第6学年、内容項目：寛容・謙虚）の一場面を提示する。元囚人のジャン・バルジャンが恩人であるミリエル神父の目を盗み、神父が大事にしていた銀の食器を盗んで逃げたが、翌朝、警察に捕まって神父の前に突き出された際の神父の行動について、「あなたが神父ならどうするか」という中心発問をして、子ども一人ひとりに自分の考えをもたせる指導場面である。指導教師は板橋である。

板橋：君たちは神父です。目の前のジャンにどんな対応をしますか。
〔全児童が挙手し、その中の1名を指名する。〕
石井：まず怒って、返してもらって、牢屋に戻させる。
板橋：そんな行動に出るのは、どうして。
石井：感謝の気持ちがないから。高価なものだから。
板橋：そうだよね。この人が盗みましたって言うんだね。他の意見はある。
伊勢：許してあげる。最初に盗んだのは家族を助けるためだったので、今回も何か理由があるはず。盗んだのは悪いけど、また牢屋に入れるのはかわいそうだから。
板橋：えー。（大袈裟な驚き。）許さない方がいいんじゃない。牢屋に入れなくて本当にいいの。またどうせ盗んじゃうよ。先生なら絶対に助けないな。
伊勢：（悩んでいる様子で、何も言えないでいる。）
板橋：はい、いいよ。他に意見あるかな。

> 室井：好きなだけもって行っていいと言う。パンを盗んだのも家族のためだったか
> 　　　ら。貧乏な人を助けるのが神父さんだから。
> 板橋：じゃあ，何か理由があれば盗んでもいいんだね。いいんだね。（強めに念を
> 　　　押す。）
> 室井：（首をかしげながら悩んでいる様子。）
> 板橋：それじゃ，3人で輪になって話し合ってごらん。どうぞ。

　さて，子どもの学びから生徒指導のどのような機能が読み取れるだろうか。

（3）教師と子どもの信頼関係を育む生徒指導

　学習指導と生徒指導は学校教育の両輪である。道徳科における**主体的・対話的で深い学び**の促進には，学級経営の基盤となる「教師と子どもの人間関係」や「道徳的態度を伴った集団規律」が不可欠である。先述の事例の場合，授業開始前に隣り合わせの子どもとペアで「定規とりゲーム」（定規を垂直に立て，一人の子どもが手を離して，他方の児童が机に落ちる前に片手でつかむという遊び）を学級全体でワイワイやっている時に，チャイムの合図が鳴る。すると即，日直の号令とともに本時の授業態度に切り替わった。学習規律が常日頃から徹底できており，子どもたちの教師を見つめるまなざしの奥に揺るぎない信頼感がうかがえた。中心発問の場面では，教師はゆっくりと静かな口調で語ることで，子どもたちを教材中の登場人物（ジャンとミリエル神父）に自己同一化させ，その状況における心の葛藤，道徳的価値の選択，決断と敢行の姿を生き生きと追体験させた。学びの空間は情緒的に安定した空気に包まれ，子どもたちは提示された道徳教材を自発的に学習し，自身の道徳的価値を深めていった。そして誰もが「発表しよう」という思いを高める場の雰囲気を共有していた。その結果，すべての子どもの主体的な挙手行為が実現していた。道徳科は他の教科と異なり，子ども一人ひとりの内面の**自己概念**を形成する。それゆえ，教科の論理での対応は難しく，教師が自身の生き方や全人格をかけての指導となり，そこには教育の知識や技術では還元できぬ教師の人間性が色濃く反映される。
　上述の通り，生徒指導は学級経営と深く関わり，教師と子どもの**信頼関係**に

基づく温かい人間関係を基盤としながら，心の交流につながっている。それゆえ，道徳的価値の自覚化を伴った深い学びが促進されるのである。

① ホリスティックな子ども理解

　生徒指導において，一人ひとりの子どもを正しく理解することは実際に容易なことではない。普段から子どもとの濃密な**人間的接触**を図り，一人ひとりの「**共感的理解**」を深め，そのうえでの観察，面接，調査などによる資料，同僚教師からの意見・情報などを活用して，子どもの個性を可能な限り全体的・総合的に把握しなければならない。この点から言えば，板橋教師の生徒指導の根底には，子どもを豊かに捉えている「ホリスティックな子ども理解」があった。**ホリスティック**（holistic）とは，「全体観」や「つながり」を意味する。それゆえ，ホリスティックな子ども理解とは，時間的・空間的な広がりの中で，子どもの多様な学びに埋め込まれた意味を理解する方法である。このような子ども理解には，教師がその手がかりとなる子ども一人ひとりの個性的・個別的な学びを肯定的・共感的に受け止め，獲得・累積していく根気強い作業が必要である。子どもが見える教師とは，板橋教師のように，自分の枠組みで子どもを捉えるのではなく，あくまでも子どもの事実に誠実に向き合うことのできる教師である。このような意味から，ホリスティックな子ども理解は，子どもの学びの世界に身を浸しての観察であり，事実の収集であり，そのうえでの冷静な洞察・了解である。そうすることで，教師は子どもの学びの表面的な意味を超えた独自の含み，色合いを理解できるのである。そして，子どもがその言葉や学びによって伝えたい思いや願い，その言葉や学びに込められた感情やこだわりなどの「**内なる声**」を真にうかがい知ることができるのである。

② 子どもの声を聴くこと

　生徒指導は子ども理解から始まるとよく言われる。特に個別指導をする子どもは，資質，能力，適性，さらには家庭環境や社会環境などを異にする生身の人間である。それゆえ，様々で豊かな**個的特性**をもっている子ども一人ひとりを的確に理解することから出発しなければならない。その点から言えば，教師は子どもの声を聴く態度に徹したい。板橋教師は，子どもの表面的な声だけではなく，「内なる声」にも真剣に耳を傾けている。しかも，それは単なる受容

を意味するのではなく，子どもの成長発達をも要求しているのである。それゆえ，教師は学級という日常の関わり合いの場で，絶えず子どもに誠実に向き合い，子どもの内なる声に耳を傾け，子どもの要求との一致を探っていく努力をしなければならない。このような教師の姿勢ができた時，子どもたちは教師との一体感を経験する。そして，そのことによって，子どもたちが学級における自分の「居場所」を実感できるのである。また，教師が自身の思いや願いを真剣に子どもにぶつけることによって，教師と子ども，子どもと子どもの人間関係が濃密になっていく。そのことが同時に，教師が子どもとともに成長発達していく可能性を秘めているのである。子どもを理解するには，子どもに寄り添いながら，子どもの個性的・個別的な学びの事実を共感的に受容していかなければならない。それには，教師が自身の確固たる教育観に裏打ちされた思いや願いをもって生徒指導をしていく覚悟がなければ難しい。突き詰めて言えば，教師は自身の思いや願いを子どもに要求することで，子どもの「内なる声」を聴き届けていくのである。

4　特別活動と生徒指導

（1）特別活動と生徒指導の関係

　2017（平成29）年告示の学習指導要領によれば，特別活動の目標は，小・中学校とも，集団や社会の形成者としての見方・考え方を働かせながら，様々な集団活動に自主的，実践的に取り組み，互いのよさや可能性を発揮しながら集団や自己の生活上の課題を解決することを通して，資質・能力を育むことである。つまり，教師の適切な指導助言のもとに，児童生徒に多様な他者と協働する様々な**集団活動**を体験させることで，集団や社会における生活および人間関係をよりよく形成するとともに，自己の生き方についての考えを深め，自己実現を図ろうとする態度の育成を目指した教育活動である。その目標から見ると，特別活動と生徒指導の学びには，大きな共通性がある。第一は自分たちの力によって，円滑に規律正しく集団を運営することである。第二は集団生活の中で，それを構成する個々の成員の，それぞれの特色や個性が生かされ，人格が尊重

される生き方が求められることである。第三は集団としての**協働意識**を高め，集団の一員として，ひいては社会人としてふさわしい態度や行動を学ぶことである。それゆえ，教師はこれらの点に留意し，適切な指導助言をふまえた生徒指導を行っていく必要がある。

（2）生徒指導機能を生かした特別活動

　小・中学校の特別活動は，学級活動，児童会活動（中学校では生徒会活動），学校行事の主に3つの活動から構成されている。小学校はこの他にクラブ活動がある。これらの活動は，特別活動の目標を掲げながら，それぞれが独自のねらいと活動をもっている。しかも，これらの活動はすべて生徒指導，特に「**集団指導**」を促進していく場と言える。学級活動や児童（生徒）会活動は，児童生徒の自主的・実践的な態度を養うとともに，集団の中で自己を生かそうとする意欲や自覚を高める絶好の機会となる。クラブ活動は，児童の個性や能力を伸ばすとともに，望ましい社会的資質を育てる最適の条件を備えている。さらに学校行事は，学校内外の生活に直結した多様な**体験活動**を通して，集団への**所属感**や**一体感**を深めさせ，集団生活に必要な態度を学ばせる機会として重要である。ここで，M県N市の公立C小学校の「ふれあい音楽会」の一場面を提示する。このふれあい音楽会は，N市恒例の1月行事であり，地域から12団体124名が参加して開催された。C小学校では4月の段階で音楽会までの日程が作成され，児童はテーマ曲選考（5月），曲目決定（6月），プログラム構成（11月），音楽指導（12月）の順に学校でリハーサルを行い，音楽専門の先生方の指導を受ける等，様々な活動を経て参加している。その練習過程で幾度となく子どもたちが教え合い，助け合う姿が見られた。以下は12月の寒い体育館の中で真剣にリコーダーの練習をする子どもたちへの指導場面である。指導教師は山口である。

山口：はい，今日の練習はここまでにしておきます。
田中：先生，もう1回やってもいいですか。
山口：もう十分練習したから，今日は早く帰りなさい。

石橋：先生，お願いします。もう1回だけ練習させてください。

尾内：先生，私からもお願いします。どうしても納得いかない所があるんです。

山口：わかった。でも，本当にあと1回だけだからな。

尾内：ありがとうございます。

〔その他の児童たちも一斉にお礼の挨拶をした。〕

田中：それじゃ，みんな第4小節を意識しながら，最初からいきます。

　上述の対話から推察できる通り，翌日，また学年全体の練習で音楽室へ行くと，教師側の指示がなくとも，子どもたちは自分たちの活動として受けとめ，積極的に活動していた。そして，本番当日10分間の演奏中，子どもたちは堂々と生き生きとした表情でステージに立っていた。音楽会翌日，音楽会のことを子どもたちに尋ねると，「今までの練習の成果が発揮できた」「今までの音楽会の中で一番よくできた」などという声が多かった。音楽会の打ち上げ会の際には，合唱と器楽の指導にあたった地域ボランティアの方々は，「やっと終わりました。みんなで創り出していく楽しさはなんともいえません。この音楽会が続く限り参加するつもりです」「先生方の熱意には負けます。先生方はみんな心底子どものことを考えてくれています」と語っていた。

　さて，子どもの学びから生徒指導のどのような機能が読み取れるだろうか。

（3）信頼感を基底にもつ，一体感を形成する生徒指導

　学校教育の大半では，学級を学びの場とする教育課程が展開されている。その中では，学級担任（教師）と子どもとの人間関係が信頼感に満ちあふれ，子どもの仲間関係も円滑に営まれることが重要である。そのためには，学級環境も教育効果が期待できるように整備する必要がある。したがって，教師は学級経営において常に一人ひとりの子どもに配慮しながら，**学級社会の構成者の中心**として，**人的・物的環境**の条件を高めていく必要がある。

① 薫習的なリーダーシップ

　生徒指導は，各教科，道徳，特別活動，給食や清掃など，全教育活動にわたり機能している。この生徒指導の要となるのが，子どもとの教育的関係を深め

る教師のリーダーシップである。**教育的関係**とは，教師の言うことを子どもが
よく聞き分けるような人間関係である。子どもが自分の納得のいくこと以外を
やらないというのでは，教育にはならない。時には子どもに強いることも必要
になる。「今はよくわからないかもしれないが，先生の言うことをそのままや
れ」と言わなければならない場面もある。その時，子どもが素直に「はい」と
返事するのでなければ教育にはならない。教師は何か遂行すべきことがある場
合，その状況が厳しければ厳しいほど，教師自身の姿勢も厳しくならざるをえ
ない。もちろん，ただ厳しいだけでは子どもはついてこない。厳しい中にどこ
か面倒見のよい面があったり，一人ひとりの気持ちを汲んでやる面があったり
して，子どもの心をつかんでいく生徒指導が不可欠である。我が国の学校では
一般的に，「学校では子どもが先生の言うことを聞くものだ」という暗黙の役
割期待があり，子どもの方もそのことを受け入れる姿勢になっている。しかし，
なんとなく聞くだけでは，自己指導能力は育たない。たとえば，どんなに苦し
い時でも，授業では子どものまなざしがみんな教師の方に集中しているとか，
一見無理なことを教師が言った場合でも，「よくわからないけれど，先生が言
うんだから仕方ないや。やらなくてはだめだ」と覚悟して，子どもたちがみん
なやっていくという関係に深まっていることが大切である。換言すれば，心が
通じ合っていることである。子どもの側から言えば，教師に対する基本的信頼
があり，そして親愛の情があることである。単に仲良しになるのではなく，そ
こに「信頼感」や「敬意」を抱く必要がある。したがって，教師が子どもの人
格形成に対し影響力をもつには，普段の生活の中で子どもの心をしっかりとつ
かんでいくためのリーダーシップの質を問わなければならないのである。

② 　スクールビリーフの形成

　生徒指導が集団形成に影響力をもつには，一人の教師の技量が優れているだ
けでは無理である。その学校の教師集団の，一貫して揺るぎない価値観の共有
が必要である。そのためには，まず個々の教師が，教育目標の効果的な達成を
目指して日々の教育活動を展開することである。そして各々の価値観の葛藤・
対立を経つつも，子どもの確かな変容を導くための**協働性**を追求する過程で，
その学校の教育目標を達成するための価値観を形成・共有することである。こ

の価値観の形成・共有のうえで確立された信念が，スクールビリーフ（school beliefs）である。スクールビリーフとは，学校集団や家庭・地域の人々が互いに文化の違いを超えて，**学校組織アイデンティティー**を共有することである。すなわち，学校を「**意味ある他者**」（significant others）と認知して，「私たちは，みんな『この』学校の一員である」という**自己認識**を育み，学校への深い愛情と誇りをもって，主体的に**学校学習**への参加を促す価値が共有された状態である。このスクールビリーフのもとでは，学校に，そして学年・学級に「**一体性**」があり，**我々意識**が強く，「うちの学年（学級）は，こんな特色をもっているユニークな学年（学級）である」という明確な認識が育っている。したがって，スクールビリーフは学校（学級）に一歩足を踏み入れた時に感じられる，肯定的・受容的な感情の意味合いを帯びた良好な**学校組織文化**と言える。スクールビリーフのある学校では，子どもたちが「学校は学び合い，高め合う場である」という認識をもっている。逆に，スクールビリーフのない学校では，教師がどんなに数多く学ぶことの大切さを強調してみても，ダイナミックに学び合う学習活動は展開しえないのである。したがって，生徒指導は１つの学級の閉じられた空間での振る舞いに固執しないことである。つまり，教師集団の揺るぎない指導態度を基底にもつスクールビリーフを生み出して，孤立し心の壁を無意識につくっている子どもたちに一体感や所属感や共有感を取り戻さなければならないのである。

5　総合的な学習の時間と生徒指導

（1）生徒指導機能を生かした総合的な学習

　2017（平成29）年告示学習指導要領の解説「総合的な学習の時間編」には，生徒指導を効果的に機能させる，内容の取り扱い上の配慮事項が網羅されている。すなわち，子ども一人ひとりの様々な生活体験を基盤に，**自己形成を図る**豊かな体験活動を通して，一人の人間として生きる意味を学び，自分らしい生き方を探求することが強調されている。したがって，総合的な学習の充実は，総合的な学習の目標達成を図るだけでなく，子ども一人ひとりの健全な自己成

長を促し，子ども自らが現在および将来における自己実現を図っていくための自己指導能力の育成にもつながっているのである。

　総合的な学習の方法原理である体験は，人間が主体的に生きる意味の直接的表現であり，全我的な関わりであるため，子どもの感動や達成感を喚起し，感情を揺さぶり，子どもの**内面世界**に大きな影響を及ぼす。この特性は，生徒指導としても機能する。総合的な学習の活動内容には，自然愛，郷土愛はもとより，連帯協力，役割と責任の自覚，感謝，勤労意欲，自主性などの道徳的価値を育むものが含まれ，また活動方法にも問題解決的活動や探究活動がある。すなわち，子どもたちにより質の高い学習を展開させることを通して，各教科の内容を相互的に還流させると同時に，その還流の中で生徒指導も機能する。とりわけ，総合的な学習で生じた主体性や創造性，協同性が各教科・道徳・特別活動等の学びで省察され，内面的自覚化が図られ，自己の生き方を考えるまでに深められる。この自己の生き方を深める学びが，総合的な学習の体験で連結された生徒指導機能である。

　以下に，T県の公立D小学校の総合的な学習の一部を提示する。テーマを「これぞT県の食」とした総合的な学習の授業では，食のスペシャリストへのインタビューを行い，そこからわかったことをリーフレットにまとめる。そして，修学旅行先の東京のアンテナショップで配布するなど，県内外の多くの人たちに発信する。そのリーフレットをどのように作成していけばよいかをグループ交流で考える。ここでは，今までの活動における自分の仕事や役割に対する考え・態度を見つめ直し，集団生活における自分の役割を自覚し，主体的に責任を果たそうとしているかを評価する指導場面である。指導教師は堀内である。

堀内：これまでの自分を振り返り，今日考えたことやこれまでの自分について発表して下さい。
曽根：自分の仕事や役割を果たすことで人の役に立つことができるのは気持ちがいいな。
板垣：仕事や役割をやり遂げることは，自分の成長にもつながるので，これからは何でも積極的にできるようになれたらいいな。

> 日陰：自分が仕事をしないと周りに迷惑をかけるから，まだ自信はないけれど，責
> 　　　任をもってやることができるように努力したい。

　さて，子どもの学びから生徒指導のどのような機能が読み取れるだろうか。

（2）生徒指導と連結させる体験

　生徒指導の方法は，基本的に**個別指導**と**集団指導**の２つに大別できる。両者とも，正しい子ども理解に基づき，子ども一人ひとりや編成された様々な所属集団を高めていく指導助言を通して，究極的には一人ひとりの子どもの社会的自己実現を図っている。そうすると，教師の指導助言が子どもの心に響かなければ意味をなさない。その際に機能するのが体験による生徒指導である。それゆえ，豊かな体験活動は生徒指導を効果的に機能させるのである。

① 　体験による豊かな自己形成

　体験は，子ども一人ひとりの自己形成を豊かにしてくれる。総合的な学習は，体験活動や問題解決的な学習を通して，人間として自分自身がどう生きていけばよいかを探求する時間である。それゆえ，豊かな体験活動を基盤に様々な関わりを見つめ直すことを通して，人間として生きるということはどういうことかを学び，自分らしい生き方の原理を身につけていくことができる。上述の「これぞＴ県の食」の振り返りでは，東京への修学旅行とリンクさせたリーフレットによる県内外の人たちへの広報活動を敢行し，子ども一人ひとりの心が耕され，自信を育んでいるありさまが３名の振り返りからうかがえる。

② 　体験による自己指導能力の育成

　体験は，子ども一人ひとりの**内面**にしっかりと根づき，着実に耕されながら，徐々に潜在的・永続的な力として，**集団的道徳**や**集団規律**の形成へ作用する。なぜなら，先述したように，体験は人間が主体的に生きる意味の直接的表現であり，全我的な関わりであるため，子どもの感動や達成感を喚起し，感情を揺さぶり，子どもの内面世界を充実させる働きがあるからである。前述した板垣の「仕事や役割をやり遂げることは，自分の成長にもつながるので，これからは何でも積極的にできるようになれたらいいな」や日陰の「自分が仕事をしな

いと周りに迷惑をかけるから，はっきりとした自信はないけれど，責任をもってやることができるように努力したい」という発言などは，子どもが自分の弱さとも誠実に向き合い，本音で今の思いを発露していた証拠である。まさに総合的な学習のねらい「生きる力を身に付け，自己の生き方を考える」ことであり，生徒指導の目的である「自己指導能力の育成」と連結する。

6　生徒指導で大切にすべきもの

（1）すべての教育課程を貫く生徒指導機能

　学校教育に生徒指導という教科・領域の科目はない。しかし，生徒指導はすべての教育課程を貫いて，あらゆる場で機能している。この生徒指導の機能の中心が教育的関係を深め，子どもの主体性と独自性をできるだけ十分に発揮できるようにすることである。そのためには，教師が子どもに向かって適切な指導助言を行い，その子ども一人ひとりの心に響いて，パーソナリティがより健全な方向へ向かって変化していかなければならない。その点から言えば，生徒指導は，子どもを1つの場所に集合させて高みから指導するものではなく，むしろ普段の授業の中で教師が何気なく語る言葉や行動に絡まりながら，そのまなざしや身体をフィルターとして無意識に刷り込まれていくものである。

　本章を閉じるにあたり，この教科書を手にする現場の先生方と学生諸君に，教育課程における生徒指導で大切にすべきものを最後に述べることにしたい。

（2）教師の精神的な若さ

　以前，筆者が訪問したT県立G高等学校の教育実習担当者のK教師が教育実習終了後，しみじみと語ってくれた，以下のような内容を紹介したい。「この3週間の取り組みで私が強く感じた点は，実習生の**熱意**と**誠実さ**でした。生徒が後にした教室で一人黙々と机と椅子を整頓している姿，授業以外であっても，自分の仕事を積極的に見つけ，『自分にできることをやりたい』と言いながら生徒に熱心に声かけをしている姿，生徒との学び合いをしながら，生徒の目線に立って熱心に支援している姿など，どれをとってみても実習生のひたむきな

熱意や努力が伝わってきて，自分の初任者時代を振り返る機会を与えてくれました。実習生の活動は一人ひとりの生徒の心に響くものであったと思われます。学力をつけさせる基盤には，生徒たちのやる気を喚起させるための熱意や誠実さが大切であることをあらためて実感しました。また，実習生の向上しようとするひたむきな努力がそのまま生徒たちに理解されていました。私みたいに教師の仕事にどっぷりと浸かった驕りや傲慢さをもっていないので，生徒の気持ちに寄り添えて生徒たちと心の通い合った温かい雰囲気をつくっていました。若者のエネルギーは見ていて気持ちがいいです」と。筆者は，このK教師の語りに見られる精細な**生徒理解**や自身に対する豊かな**自己理解**から，生徒指導の本質である教師の資質・能力を洞察することができた。それは，**ルソー**の言う「**精神的な若さ**」，すなわち，教師が生徒や自分に対して，常に謙虚な姿勢をもち続ける瑞々しさであり，教師自らが自己にならう姿がとれていることである。このK教師は普段から生徒とともに悩み，考え，共感しつつ，一緒に一生懸命に生きながら一人ひとりの生徒を理解しようとする**柔らかな眼**をもっている。やはり教師の生き方として求められるものは，深みのある力強い愛情を惜しみなく生徒に与えようとする「教師の思い」である。教育という営みは，教師が確かな眼と心で生徒たち一人ひとりと向き合うことから始まる。また今の学校教育がその原点を教師から奪っているのも真実であるが，同時に生徒たちを伸ばすカギを握っているのも，私たち教師である。だからこそ，教師はどんなに時代が変わろうとも，またどのような状況の中に身を置こうとも，目の前の子どもたちに対峙した時は，K教師のような「精神的な若さ」をもって，「よし，またこの子らと一緒に一生懸命に生きていこう」と，今の自身の弱さを慈しみながら子どもたちと関わっていってほしい。このことは，コロナ禍や，働き方改革，学校のブラック化に対するバッシングの中であっても，決して例外ではない。

（3）教師として生きる勇気

　今現在，学校や教師を取り巻く社会状況は，先行き不透明な大変厳しいものがあり，これまで以上に，様々な文脈から学校や教師に期待が寄せられている。

このような社会状況の変化や諸課題に適切に対応するためには，必要な情報を正確に把握し，既成の思考枠組みにとらわれない柔軟な発想やバランス感覚を備え，教師自身の的確な判断を支える教師のための**教育哲学**が必要である。読者の皆さんには，教育活動の核心であり，教育の第一原理とも言うべき「勇気」をもってほしい。すなわち，子どもの**人格**（内面世界）とその**自己活動性**を何よりも尊重し強めることのできる「**勇気づけ**」(ermutigung) である。子どもを信頼して見守る場合であれ，子どもに何かを働きかける場合であれ，教育課程における生徒指導には，この「勇気づけ」が第一に考えられなければならない。そのためには，何よりもまず教育する者自身が，勇気ある生き方をする必要がある。そうでなければ，いかなる**教育的態度**も生きた力をもちえず，子どもの心に響き耕す力にはなりえないからである。皆さんが近い将来教師として飛び込んでいく学校という組織は，もしかすると，「勇気」を萎えさせるものであふれているかもしれない。自分の教師としての無力感に苛まれ，もっと力があればと悔やむ日もあるかもしれない。でも，それは皆さんが教師として勇気をもって誠実に生きている証拠である。子どもを教育する教師の「勇気ある生き方」は，子どもとの間で「勇気づけ」となって響き，また子ども同士でもそれが響き合い，影響を与え合うものである。皆さんには，単なる知識・技術を教え込むのだけの教師ではなく，心ある温かい生徒指導を実践して，「豊かな心を育てる」教師になってほしいものである。

学習課題　① 生徒指導における潜在的カリキュラムの影響について説明してみよう。
　　　　　② 学校教育の両輪である生徒指導と学習指導の関係を説明してみよう。

引用・参考文献

稲垣応顕・黒羽正見・堀井啓幸・松井理納（シナジェティックス研究会）『学際型現代学校教育概論——子どもと教師が共鳴する学校づくり』金子書房，2011年。

上田薫『人間の生きている授業』黎明書房，1986年。

梶田叡一『学びと育ちのフィールド——人間教育の具現を求めて』金子書房，1994年。

梶田叡一『意識としての自己——自己意識研究序説』金子書房，1998年。

岸田元美『人間的接触の学級経営心理学』明治図書出版，1980年。

岸田元美『教師と子どもの人間関係——教育実践の基盤』教育開発研究所，1987年。

黒羽正見「深い学びの本質についての探求的試論（特集4）」『学校教育研究』35，2020年，
　　50〜67頁。

ボルノウ，O・F『教育を支えるもの』森昭・岡田渥美訳，黎明書房，1989年。

ミラー，ジョン・P『ホリスティック教育——いのちのつながりを求めて』吉田敦彦他訳，
　　春秋社，1994年。

村瀬孝雄・村瀬嘉代子編『ロジャーズ——クライエント中心療法の現在』日本評論社，2004
　　年。

文部科学省『生徒指導提要』教育図書，2010年。

ルソー『エミール』今野一雄訳，岩波書店，1962年。

生徒指導の方法1
──集団課題への予防と対応──

　児童生徒は一人ひとりが個性豊かで，世界を超えて宇宙で唯一絶対の存在である。しかし，彼らは1人で生きていけるわけではなく，社会の中で他者と関わり合いながら生きる存在でもある。社会で生きるためには，規範意識や協調性・協働性，シチズンシップ能力，他者をいたわる情感や感謝の気持ちなどが不可欠である。それらの基礎は，家庭や学校生活において，集団生活（活動）や生徒指導を通して育まれる。

　本章では，生徒の「生きる力」を育むために求められるこれらの能力の育成を，集団を対象とした予防的・開発的生徒指導または集団心理教育の知見を援用しながら具体的に読み解いていこう。

1　新型コロナウイルス禍と社会化の育成・集団指導

（1）新型コロナウイルスによる集団指導への影響

　2019年，「平成」から「令和」へと変わった。時代が変わっても，学校教育における生徒指導や集団指導の原理・原則は変わらない。そして，集団指導の具体は授業場面や特別活動の領域に強く表れる。すなわち，生徒指導は授業や特別活動にも機能として存在する。しかし，我が国はこの新しい時代を迎えてすぐ，目に見えない未知の新型コロナウイルス感染症の世界的拡大の影響を受け，社会生活とともにパーソナルな日常生活も激変した。ちなみに，当時は筆者の勤務校においても卒業式も入学式も軒並みままならない状態で新年度が始まり，そのまま休校措置がとられた。感染症予防の一環となった巣ごもり生活は，自宅に居ながらのテレワークやネット通販などのICT化を浸透させ，個人主義を加速させている。学校教育の領域に目を戻せば，新型コロナウイルス

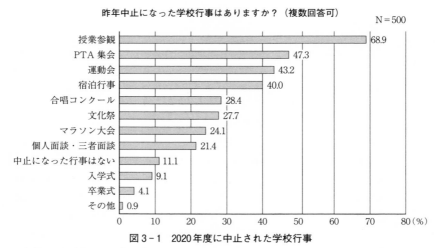

図3-1　2020年度に中止された学校行事

出所：スタジオアリス（2021）。

感染症は「子どもたちの学びを守ろう」を合言葉に，オンライン授業の導入を推し進めた。加えて，厚生労働省（2020）による「新しい生活様式」の公表を皮切りに，他者との関係性のもち方，生活様式の変化（ソーシャルディスタンス，マスク着用，3密〔密閉・密集・密接〕の回避など）などは，感染症法上の位置づけが変わった現在に至っても，実生活だけでなく心理的にも大きな影響を残している。当時の3カ月にも及ぶ一斉休校は，児童生徒を学校という社会集団の場から退却させ，家族以外の同世代の仲間と関わる機会を激減させた（図3-1）。

　もちろん，このような緊急事態において，政府や自治体によるあらゆるマスメディアを通した「いのちを守る行動を」の呼びかけは間違ってはいない。ただしそれは，特別活動が掲げる「望ましい集団活動」による児童生徒の成長発達を足止めさせていた。大きく言えば，児童生徒の社会性の育成に負の影響をもたらしている。私たち（教師・保護者・学校教育関係者）は，今後，この足止めされた児童生徒の成長をどのように補完できるのであろうか。

（2）コロナ禍における子どもの仲間関係

　学校の一斉休校が終わっても，分散登校や少人数授業の実施などが行われた。

飛沫感染の予防から，教室でのグループ学習は避けられた。児童生徒は，マスクやシールド越しのコミュニケーション，集団活動を主とする学校行事や地域交流などの中止・縮小によって個別学習が強いられた。これらは，集団力動の基盤とも言える児童生徒の仲間関係も停滞させ，彼らの社会化を足止めしたかのようにも思われる。

　たとえば，国立成育医療研究センター（2021）の調査によれば，小学生から高校生の児童生徒を対象とした「この 1 ヶ月間に，あなたが悩んだ／悩んでいることを選んでください」の質問では，「勉強のこと」が50％，「友だち関係のこと」「自分の心・気持ちのこと」が35％と回答されている（図 3 - 2）。また，保護者にも同様の回答が見られた。この結果からも，児童生徒の心理的健康には，日常生活における良好な仲間集団が不可欠であろうことがわかる。またそのためには，ヘルバルト（Johann Friedrich Herbart）が述べる，良好な人間関係形成とトラブル予防（回避）や対応のための「訓育」が求められると思われる。

　ところで，以下はきわめて私的な出来事である。学校および保育所が休校・登園自粛の措置をとっていた期間，我が家の息子たち（当時小学 1 年生と保育所年少組）は，実は何一つ退屈することなく，むしろ楽しく刺激に満ちた時間を過ごしていた。我が家は，新興住宅地の一角に立地している。家の裏に小さいながら庭があり，その先には田んぼが広がっている。そして，近所には息子たちを含め男女10人ほどの子どもがいる。保護者同士が，「迷惑をかけるのはお互いさま」と話し合えていることも功を奏して，息子たちギャングは，朝食を終えると片付けもそぞろに「行ってきま～す」と家を飛び出していく。そして，互いに他人の庭も関係なく突っ切ってかくれんぼ風鬼ごっこ（子どもたちの呼び名を用いれば"ハンター"）で汗まみれになって遊ぶのである。また，田んぼや誰かの家の庭先でカエルや虫を捕まえては，競争させたり戦わせたりなどをして子どもの世界に没頭していた。彼らはいつも集い，緑の空気の中で，協調・協働しながら遊び笑っていたのである。時には，明らかにケンカをしている声も聞こえてくるが，保護者を含め大人は誰も外に出ていかない。そのうち，年長者である中学年のお姉ちゃんが全員を集めて，「○○君は……したかったん

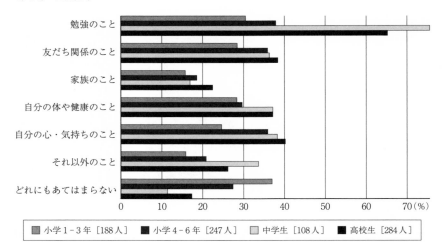

図3-2　「この1ヶ月間に，あなたが悩んだ／悩んでいることを選んでください」の回答
出所：国立成育医療研究センター（2021）。

でしょ。△△ちゃんは……っていうことなんだって。みんな，どうする？」など，仲裁兼交通整理（ファシリテート）をしている声が聞こえてくる。子どもたちは，またいつの間にか一緒に遊び大笑いしているのである。

　ちなみに，近所の子どもたちが集まると，乳幼児期から児童期までの異年齢集団になる。特に記したいのは，彼らが一緒に遊ぶ時は，誰一人として仲間外れにしない（されない）ことである。前述したハンターでは，年上の子が幼い子の手を引き逃げ隠れ，幼い子は年上の子に必死になってついていく。滝（2001／2010ほか）の述べる，年上の子が年下の子の世話をすることにルーツをもつ，ピア・サポートが自然とできているのである。日々，子どもたちの社会性ないし自治能力はこうして育まれていくのかと実感される。

2　生徒指導における集団指導・活動の意義

（1）学校と集団指導の原理

　学校とは，義務教育の視点に立てば，児童生徒が保護者の手を離れ初めて経験する社会集団の場である。そこで彼らは本格的な社会に出るための準備とし

表3-1 生徒指導のねらい

(a) 教師と児童生徒の信頼関係を築く。
(b) 児童生徒相互の好ましい人間関係を育てる。
(c) 児童生徒理解を深める。
(d) 児童生徒が自主的に判断，行動し積極的に自己を生かしていくようにする。

出所：文部科学省（2010）。

て，「基礎力・思考力・実践力」を身につける教育を受けることになる。また
そのための方法として国は，適正処遇交互作用（同じ刺激を与えても，子どもに
よりその効果〔＝結果の伸び〕に違いがあること）のあることを承知しつつも，彼
らの社会化を期した集団指導を主として行っている。

その背景をたどれば（国の教育予算を考慮に入れなければ），その思想はアメリ
カの教育学者デューイ（1957）の「学校は社会の縮図である」の言葉にあると
も思われる。

2008（平成20）年・2009（平成21）年告示の学習指導要領「第1章 総則」
（以下，総則）は「教師と生徒の信頼関係及び生徒相互の好ましい人間関係を育
てるとともに生徒理解を深め，生徒が自主的（主体的）に判断，行動し積極的
に自己を生かしていくことができるよう，生徒指導の充実を図ること」（括弧
内は高等学校）（中学校：第4の2(3)，高等学校：第5の5(3)）を指導の際の留意事
項としている。小学校では，担任教師がほとんどの授業と学級生活全体に関わ
ることから，学級経営の充実も日常的に図ることが付加される。同趣旨の文言
は，『生徒指導提要』（以下，提要）にも認められる（表3-1）。

（2）児童生徒の心理的成長と集団指導

前後するが，エリクソン（1977）は臨床心理学の視点から，人間が生涯の発
達段階という各ステージで突きつけられる発達課題と，獲得することが望まれ
る心理的能力を図3-3のように整理している。概説すれば，児童生徒は生ま
れた時から家族集団の中で両親の愛情を受け，これからの人生で出会うであろ
う他者や物事への基本的信頼を獲得する。そして，不安や恐怖を感じた際に避
難する心の基地（＝保護者や家庭）があるという安心感を基盤に，身近な仲間と
関わりながら社会性獲得への第一歩を踏み出していく。特に，遊びを通して自

	口唇期	肛門期	男根期	潜伏期	性器期	成人期	成人期	円熟期
Ⅷ　成熟期								統合性 対 嫌悪・絶望
Ⅶ　成人期							生殖性 対 停滞	
Ⅵ　初期成人期					連帯 対 社会的孤立	親密性 対 孤立		
Ⅴ　青年期	時間的展望 対 時間的拡散	自己確信 対 アイデンティティ意識	役割実験 対 否定的アイデンティティ	達成の期待 対 労働麻痺	アイデンティティ 対 アイデンティティ拡散	性的アイデンティティ 対 両性的拡散	リーダーシップの分極化 対 権威の拡散	イデオロギーの分極化 対 理想の拡散
Ⅳ　学童期				勤勉性 対 劣等感	労働アイデンティティ 対 アイデンティティ喪失			
Ⅲ　遊戯期 play age			自主性 対 罪悪感		遊戯同一視 対 空想アイデンティティ			
Ⅱ　早期幼児期		自律性 対 恥・疑惑			両極性 対 自閉性			
Ⅰ　乳児期	基本的信頼 対 不信				一極性 対 早熟な自己分化			
社会的発達／生理的発達	口唇期	肛門期	男根期	潜伏期	性器期	成人期	成人期	円熟期
基礎的対人関係	母親	両親	家族	近隣・学校	仲間・外集団	性愛・結婚	家庭	人類・親族

図3-3　エリクソンによる人生の発達漸成図

出所：エリクソン（1977）をもとに筆者作成。

律（ルールの遵守，規範意識）や自主性（積極性）を獲得していく。学校はその上位ステップとして，彼らが実存的存在としての児童生徒を「私」（＝家庭）から「公」（＝社会）をあわせもつ存在へと自己成長を促す場として位置する。異なる価値観をもつ家庭で育った仲間たちと，時に仲良く，時に言い合ったり競い合ったりしながら，良好な関係形成能力や道徳的心情，シティズンシップやインクルージョンの考え方，リーダーシップとメンバーシップなどの社会性を身につける。それらにより，集団に埋もれず自分は自分であるという，自分を大切に思う自尊感情を高め，共生して"生きる力"の基礎を学んでいくことが可能となる（松井，2011）。

　ちなみに，特別活動を専門領域として文部科学省の審議官を務めた杉田（2009）は，塾と学校の最大の違いについて，塾は個人の成績を1点でも上げることを至上命題としている。一方で，我が国の学校は，一人の天才や秀才を作ろうとはしていないと指摘した。そして，「我が国の学校は，児童生徒が望ましい集団活動を通し，互いに学び・学び合い，高め高まり合っていくことをねらいとしている」（杉田，2009）と論説する。生徒指導における集団指導も同様であり，「それ（＝集団指導）を通して個を育成し，個の成長が集団を発展させるという相互作用により，児童生徒の力を最大限に伸ばす」ことができる（松井・稲垣，2009）。

　この思考は，ラグビーのチームプレイ精神を代表する「One for all. All for one（一人はみんなのために。みんなは一人のために）」を想起させる。今日，学校教育界のみならず，社会全体でも重視されている連携，チーム（学校），障害の有無を問わず互いに歩み寄ろうという趣旨のインクルージョン，民主的な社会を形成するための市民性を意味するシティズンシップ，共生などの用語は市民権を得るまでに広がっている。一人では成しえない難解な問題や課題も，みんな（集団）で取り組むことで解決に至ることが多くある。そこで必要な資質能力が，集団のルール・モラル・マナーを守る規範意識と人間性豊かな温かな感情交流である。生徒指導における集団指導は，特別活動等と連動しながら，児童生徒の社会化を促進する。

（3）集団指導の教育的意義

　繰り返しになるが，集団指導における教育的意義にふれておく。それは，集団指導が①社会の一員としての自覚と責任の育成，②他者との協調性の育成，③集団の目標達成に貢献する態度の育成，などに寄与することである。

① 　社会の一員としての**自覚・責任**の育成

　児童生徒は集団指導を受けながら，集団の規律やルールを守ることができるようになる。また，互いに協力しながら各自の責任を果たすことができるようになる。これらの行いによって，集団や社会が成り立っていることを理解し行動できるようになる。

② 　他者との**協調性**の育成

　児童生徒は，所属する集団の活動を通して，他者を理解するとともに，自分の感情や行動をコントロールできるようになる。また，互いを尊重し認め合える良好な人間関係を形成し，共生していく態度を身につけるようになる。

③ 　集団の目標達成に**貢献**する態度の育成

　児童生徒は，集団における共通の目標設定に参画することができるようになる。その目標を達成するために，一人ひとりの児童生徒が互いの役割や分担を通して，彼らの力で様々な問題・課題の解決に取り組むことができるようになる。

　そして，これらは児童生徒一人ひとりに，個性とともに学校教育で育みたい，「感謝と思いやりの心」をもった社会性，すなわち協働しともに生きる力（＝共生〔inclusion〕）する能力を育んでいく（稲垣・松井，2010）。その一連の流れは，互いの権利を認め合い自分に課せられる社会的役割（＝分業）を果たすシティズンシップの力にも結びついていく。その過程で体験し，学び，身につけていく思考力と実践力は，特別活動の固有の学びである。それらは，学級（ホームルーム）活動，児童（生徒）会活動，クラブ（部）活動，学校行事によって体現される（橋本，2011）（表3-2）。これらの活動の充実に重要なのは，児童生徒相互の「ルールづくり」の意識と「温かな感情交流」である。両者の割合に違いがあっても，どのような集団にも適用されるキーワードである。したがって，教師にも，児童生徒との間にこの2要素を伴った学級風土づくりに努めることが求められる。

表 3-2　生徒指導との関連における特別活動の目標

項　　目	骨子（各項目の小見出し）	概要（内容あるいは筆者による概略）
2　学級活動・ホームルーム活動と生徒指導	(2)学級活動・ホームルーム活動の特色と生徒指導	①学級活動・ホームルーム活動を通して，自主的，実践的な態度や健全な生活態度を身に付けること ②学級活動・ホームルーム活動は，きめ細かな生徒指導を行う中核的な場であること ○適応及び健康安全：学級生活づくりの自発的，自治的な活動と関連させる。 ③学業生活の充実や進路選択の能力の育成を図る教育活動であること ○学業と進路：キャリア教育の観点も踏まえ，年間指導計画の下で指導する。 ④児童生徒の問題解決を援助する教育活動であること ⑤自己理解や他者理解と集団活動への自信と喜びを体験させる教育活動であること
<div style="border:1px solid">学級担任・ホームルーム担任の在り方 ア　人間的な触れ合いを基盤にする イ　問題を親身に受け止め，共感的理解に努め，共に考える ウ　常に温かく，公平に愛情を持って接し，信頼や期待に反する言動は厳に慎む エ　教育者としての識見，判断力を生かすとともに，問題によっては毅然とした態度でのぞむ オ　自主的，実践的な態度を促し，創意を生かした解決で達成感，成長の喜びを味わわせる</div>		
	(2)学級活動・ホームルーム活動の指導の工夫と生徒指導	①年間指導計画などの工夫改善に努めること ②活動の事前・事後の場や機会を確保すること ③児童生徒の自発的，自治的な活動の充実に向けたオリエンテーションを実施すること ④資料等の作成の工夫，協力的な指導の充実に努めること ⑤教育相談を充実し，家庭や地域との連携を図ること
3　児童会・生徒会活動，クラブ活動と生徒指導	(1)児童会・生徒会活動，クラブ活動の特色と生徒指導	①異年齢集団活動を通して，望ましい人間関係を学ぶ教育活動であること ②より大きな集団の一員として，役割を分担し合って協力し合う態度を学ぶ教育活動であること ③自発的，自治的な実践活動を通して，自主的な態度の在り方を学ぶ教育活動であること
	(2)児童会・生徒会活動，クラブ活動の指導の工夫と生徒指導	①児童生徒の創意工夫を生かす年間指導計画の作成と改善に努めること ②学級活動・ホームルーム活動，学校行事との関連を図ること ③実践活動の場や機会の確保，授業時数の確保に努めること
4　学校行事と生徒指導	(1)学校行事の特色と生徒指導	①学校生活を豊かな充実したものにする教育活動であること ②より大きな集団により人間関係を学ぶ教育活動であること ③多彩な内容を含んだ総合的，創造的な教育活動であること
	(2)学校行事運営上の工夫と生徒指導	①体験活動の工夫・改善と特色ある学校行事の実施 ②学校行事の精選と関連・統合など実施に当たっての工夫 ③家庭，地域社会との連携を一層推進する

出所：橋本（2011）をもとに筆者作成。

　なお，指導の際にもう一つ有用に機能する教師の働きかけが「**自己開示**」を伴った指導である。自己開示とは，一般に，自分の心を開いて相手と関わっていくことであると理解される。ただし，自分のことを何でも相手に開示すればよいという訳ではない。それは，幼児性の表現に他ならない。教師が行う自己開示について，国分（1997）は，①自分の過去を偽らずに話すこと，②現在の自分の気持ちを素直に話すこと，③これからに向けたヴィジョンを語れること，を挙げている。

（4）集団指導における教師の心構え（Teaching-Mind）

　集団指導においても，個別指導と同様に，教師は児童生徒を理解することが大切である。一人ひとりの児童生徒を十分に理解することは，より効果的な指導を導き出すヒントとなり，指導効果が期待できる。具体的には，①児童生徒個人の学習面，心理・社会面，進路面，健康面，②児童生徒を取り巻く環境，③児童生徒個人とそれを取り巻く環境との折り合いや経緯などを把握すること，である。そのために，担任教師が児童生徒との対話や保護者，クラブ活動，部活動，教科の担当者など，現在およびこれまでに対象児童生徒と直接関係してきた教師等から，総合的に情報収集を行うことが求められる。同時に，教師は学級集団へのアセスメントを実施することも忘れてはならない。教師は，集団指導において一人ひとりの児童生徒の成長を図るため，常に彼らが所属する集団の実態と児童生徒個人をどのようにマッチングさせていくかについて配慮する必要がある。アセスメントには，観察法，面接法，質問紙法による情報収集の方法が挙げられる。これらは，個別の児童生徒理解を基盤としながらも，集団指導を通した「個の育成」を図るうえで教師に求められる姿勢である。

　他方，教師間の共通理解の重要性を図ることも必要である。まず，学校集団として目指している方向性を，教師全体で共通理解していなければ，それぞれの教師によって対応が異なり，各学年や各学級においての指導に一貫性が得られないことになってしまう。学級集団においても，学級担任と教科担任などの集団に関係している担当教師間の指導基準についても同様である。このことは，集団に所属する児童生徒に混乱を招き，同時に不信感にもつながってしまうた

めに留意しておかなければならない。

3　集団指導における生徒指導の実際——学級活動を例に

（1）学級活動(1)の内容と教師の役割

　少し大げさな表現をすれば，学級活動とは，1998（平成10）年の学習指導要領改訂時に初めて登場した教育用語である。それまでの学習指導要領では，「学級指導」と「学級会活動」として表記されていた。イメージ的には，前者は教師が児童生徒の前もしくは上に位置し，目指す方向を示しながら児童生徒を引っ張っていく（＝集団のモラル・ルール・マナーを遵守するよう先導する，また予防的・開発的生徒指導の観点から望ましい集団活動を牽引する）**指導**である。他方後者は，教師は児童生徒の後ろまたは下に位置し，彼らの話し合い活動や役割遂行，自主的・主体的な活動を見守りサポートする**支援**の色合いが強い。今日では，両者が共に同一の学級を対象になされることから，教育課程上の用語として「学級活動」とされている。

　なお，2017（平成29）年・2018（平成30）年告示学習指導要領において学級活動（高等学校はホームルーム活動）は，大きく(1)〜(3)の 3 つの内容で構成されている。学級活動(1)は「学級や学校における生活づくりへの参画」，学級活動(2)は「日常の生活や学習への適応と自己の成長及び健康安全」，学級活動(3)は「一人一人のキャリア形成と自己実現」である。中でも(1)は，特別活動の中核を成す。すなわち，学級とは児童生徒の学校生活における家庭の意味合いが強いからである。とりわけ学級活動(1)の「学級や学校における生活づくり」は，概説すれば，教師の健全なリーダーシップのもとに，児童生徒が自主的・主体的に（自ら進んで）学級や学校の生活を充実・向上させようと行う活動である。そこにはもちろん，学級での話し合い活動も含まれている。なお，クラスとは授業を単位とした集団を意味している。

　学級活動(1)は，①望ましい人間関係を形成し，②集団（社会）の一員として学級や学校におけるよりよい生活づくりに参画し，③諸問題を解決しようとする，という目標を担っている。その活動内容を，表 3 - 3 に示す。

表3-3　学級活動の内容(1)における
具体的活動内容

ア　学級や学校における生活上の諸問題の解決
イ　学級内の組織づくりや仕事の分担処理
ウ　学校における多様な集団の生活の向上

出所：文部省（1988）。

表3-4　生徒指導の視点から捉えた学級活動(1)における
教師の指導ポイント

(a)　自己存在感を与える。
(b)　共感的な人間関係を育成する。
(c)　自己決定の場を与え，自己実現の喜びを味わわせる。

出所：文部省（1988）。

　これらの活動内容が生徒指導の機能とどう関連するか，換言すれば，教師は何を意識して指導にあたればよいのかは，表3-4のようにまとめられている。

（2）学級活動(1)の内容と生徒指導の関連

　前項で述べたように，教師は，学級や学校の生活の充実と向上に関する諸問題を取り上げ，何がどのように問題なのか，問題解決の方法として何ができるかについての児童生徒による話し合いをコーディネートする。その際，表3-5のように児童生徒を主体とした自主的な活動を促すことで，当事者性をもたせることができ，表3-4の「(a)自己存在感を与える」ことにつながっていく。そのうえで，彼らは協働して学級活動における役割分担をするなど，実生活に即しながら活動を積み重ね，望まれる学級風土を作るとともに，よりよい人間関係を築く態度を学ぶ。これが「(b)共感的な人間関係を育成する」機能につながっていく。そこで重要なのは，児童生徒が，自分の思いや考えをはっきりと表明し，他者の考えをしっかりと聴き，他者との折り合い，すなわち集団の合意形成の方法を学ぶことである。この過程で児童生徒は，自己決定し，自分らしい判断や行動を選択していくことになる。教師は，学級の誰もが安心・安全な雰囲気の中で発言できるよう，学級をコントロールする必要がある。なお，これが「(c)自己決定の場を与え，自己実現の喜びを味わわせる」自己実現の

表3-5　集団づくりにおけるコーディネートの具体

(a) 安心・安全な環境を整える（ルールづくり）。
(b) 個性を発揮するような発言を誘発する。
(c) 自己決定の機会を与える。
(d) 集団に貢献できる役割分担を行い，自己効力感（「自分はやれるのだ」という一種の自信）や自己有用感（自分は他者の役に立てるという満足感），また達成感を与える。
(e) 集団での存在感と所属感をもてるよう，認め励ますよう並走しサポートする。
(f) 他の児童生徒と好ましい人間関係を築けるよう，ファシリテートする。
(g) 自己肯定感・自己有用感を培うことができるよう，結果や成果を称える。
(h) 自己実現の喜びを味わう事ができるよう，シェアリング（分かち合い）の時間をもつ。

出所：文部科学省（2010）をもとに筆者作成。

機能に結びつく。その過程で児童生徒は，他者尊重の意識と自尊感情の向上を学び，そしてそれらを獲得することが期待できる。

4　集団指導に生かす集団心理教育

（1）集団心理教育の基本原理

　ここまで述べてきたような実のある集団指導を実践するためには，（指導の原点に戻るが）教師と児童生徒ないし児童生徒同士の良好な人間関係が重要である。児童生徒間の良好な関係性形成は，新型コロナウイルス感染症の拡大を含む今日的社会状況においては，児童生徒の自治能力に委ね見守るだけでは難しい。そこで，教師には意図的・戦略的に積極的な生徒指導・集団指導を行うことが望まれる。

　現代においては，学校教育現場におけるいじめ・不登校・学級崩壊などの問題が指摘され，深刻化・多様化している。1990年代以降，文部科学省が「心の教育」を推奨してから，様々な集団心理教育の技法が適用され，浸透するようになった。その背景の一つに**開発的生徒指導**（すべての児童生徒を対象とした問題行動の予防や心の成長を育てるプロアクティブな生徒指導）の考え方があるのであろう。

　加えて，2017（平成29）年および2018（平成30）年の学習指導要領改訂では，児童生徒の「生きる力」を育むために「何を学ぶか」だけでなく，「どのよう

に学ぶか」に重点が置かれた。具体的には，教師が児童生徒の「自主的・主体的な学び」と「対話的な学び」を成立させ，「深い学び」を促進できるような授業を実施することである。それには，**アクティブ・ラーニング**の要素を取り入れた集団心理教育が貢献できると思われる。

　教育カウンセリング心理学から提唱されるサイコエデュケーション（心理教育）は，思考（認知），感情，行動を通して児童生徒の発達課題に達成や解決を促すことを目的とした「生徒指導志向の教育」と位置づけられている（大友，2008）。國分（1998）は，心理教育は伝統的な心理療法的カウンセリングの方法とは異なり，①集団に対して，②心理学的な考え方や行動の仕方を，③能動的に教える，④予防的・教育カウンセリングであることを述べている。

　さらに，集団心理教育は文部科学省（2010）が提唱する「21世紀型能力」の3つの力（基礎力・思考力・実践力）（本書第1章を参照）を，より現実社会において般化させていくために重要な役割を果たすことが期待できる。以下に，そのいくつかを例示する。

（2）グループ学習

　教師が授業を行う際，アクティブ・ラーニングを意識した学習法の一つとしてグループ学習が取り入れられている。少人数グループによる共同（協働）活動のことを意味し，2人以上の児童生徒が，1つの集団（グループ）をつくってともに，"学習"するような形態の指導様式である。代表的な学習法としてのいくつかを紹介する。

①　バズ学習

　一種のブレーン・ストーミング（集団発想法）である。教師の提示した課題について，6人ほどの小グループメンバーが「蜂の羽音＝バズ（buzz）」のように，ワイワイ・ガヤガヤと自由に話し合いながらその解に迫って行く学習方法である。小グループは，意見の対立が生まれやすいよう偶数人数にすることが望まれる。この学習法には，メンバーの人間関係の親密さを促進する効果が指摘されている。そのためにも，教師にはメンバー相互の人間関係や，それがもたらすポジティブ／ネガティブな相互作用を予測し，必要な介入を行う力量が

求められる。

②　PBL（Project Based Learning；問題解決型学習または課題解決型学習）

　1990年代初頭にジョン・デューイにより提出された学習方法であり，文科
省が推奨するアクティブ・ラーニングの一つである。答えが複数ある課題につ
いて，児童生徒が自分で仮説を立てて調査し，仮説の実証を目指す。一例を挙
げれば，複数の解のある課題について，より日常的な自然状況で得られた一次
資料をもとに仮説を立て，調査し，検証するということを繰り返す。児童生徒
には当該の学習過程で，様々な知識を得られるメリットがある。

③　フィールド・ワーク（フィールド・スタディー）

　実地調査または実地研究を意味する。実験室での研究は，被験者を実験室に
招き実験群と統制群を厳格に統制することで，因果関係の実証を目指す。しか
し実社会や実生活には，様々なバイアスが介在するため，実験で得られた結果
は現実性の乏しさ（信頼性の低さ）や倫理上の問題などの批判を受ける。それ
に対し，フィールド・ワークは，事象が実際に生じている現場で様々なバイア
スを含んだ現実を探求する学習である。このことから，近年では，この学習法
は，生態学的妥当性を保障する手法として関心が高まっている。

④　ジグソー法

　アロンソン（Elliot Aronson）により考案された小集団学習による共同学習の
一つである。その特徴は，グループのメンバーが協力して学び教え合うことが
できるように，メンバー各人に役割が与えられている点である。具体的には，
提示された学習課題について 5 〜 6 人のジグソーグループが編成される。その
後，各グループから一人ずつが集まり，別に編成される新たなグループ（カウ
ンターパートグループ）で協議する。その後，メンバーは初めのジグソーグルー
プに戻り，自分の学習した内容を他のメンバーに教え共有し，学習課題の全体
像に対する解を検討し，知識と理解を深めていく（図3-4）。

（3）構成的グループエンカウンター

　國分康孝によって，1970年代後半に提唱されたのが構成的グループエンカ
ウンター（Structured Group Encounter；SGE）である。リーダーの提示した課題

〈ジグソーグループ〉　　　　　　　　　　〈カウンターパートグループ〉

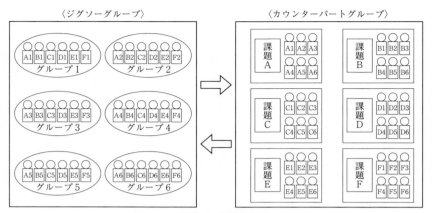

図3-4　ジグソー法学習のイメージ

出所：新井・濱口・佐藤（2009）。

について，小グループ単位で見解を検討し，その結果を全体に対して発表し合う。そして，小グループごとで発表された見解および，自分が体験したグループ学習自体の雰囲気や自分の態度と言動などの質を検討しグループ内でシェアする（分かち合う）。この学習法の理論背景には，実存主義カウンセリング理論とゲシュタルト心理学を有する。「ふれ合い」と「自他発見」を通して，児童生徒の「行動変容」を目標とするグループ体験型の教育指導法である（犬塚，2006）。

　教員研修，新入生オリエンテーションや学級開き，特別活動，総合的な学習，朝活動（ショートプログラム）など，学校教育現場において幅広く活用することができる。

（4）対人関係ゲーム

　対人関係ゲームは，行動理論を背景とした，系統的脱感作法の「逆制止理論」やシェーピング法を基盤に開発されている（田上，2010）。集団の凝集性を高めるための「群れ（＝ある目標を達成するための集団）」づくりがねらいである。なお，逆制止とは「2つの異なる感情は同時に生じない」という考え方である。ゲーム中のポジティブな（楽しい，嬉しい）感情体験が児童生徒のネガティブな

（苦しい，悲しい）感情を抑制することで，不安や緊張を和らげ，仲間意識を高める効果が期待できる。

　学級・集団不適応傾向にある児童生徒にも適用しやすいことが魅力であり，学級の凝集性を高める，いじめ・不登校を予防する，学級の立て直しなどの効果を期待して実施することができよう。なお，教師や児童生徒にとっても身近な活動も含まれているため，内容やルールなども取り扱いやすいものとなっている。

（5）ピア・サポート

　ピア（pear）は「仲間」，サポート（support）は「支え合い」を意味する。教師の指導・援助のもとで児童生徒が互いに思いやり，助け合い，支え合う人間関係を育むために行う学習活動として位置づけられている（日本ピア・サポート学会，2008）。

　児童生徒をピア・サポーターとして養成（トレーニング）することから始まり，SGE と同様に自己受容，他者受容，グループコンセンサス能力の向上をねらいとした課題を教室内で展開していく。SGE と異なるのは，教室で課題を展開していくリーダーが教師ではなく，訓練されたピア・サポーターであるところにある。担任教師がすべての児童生徒の気持ちを把握できることが理想ではあるが，多くの場合，実際には教室内で教師は1人，児童生徒は複数人であるため難しい。そうであれば，児童生徒同士で助け合える関係性を形成してしまえばよいという発想を根底に置く。教室で課題解決のために必要な前述の3つの資質能力を，児童生徒同士で草の根的に広げること（お世話活動）で，思いやりのある学校・学級風土の醸成を目的としている。他方，教師自身が研修でピア・サポートを体験・学習し，その後，授業を通して教師が児童生徒にサポート方法を行動レベルで伝えていく考え方もある。

　ピア・サポート活動は，学校にとどまらず様々な集団を対象として活用することが可能である。学校では，学年・学級にとどまらず，ピア・サポーターの希望者を募ることもでき，委員会，児童・生徒会，クラブや部活動などの単位でも実施できる。また，活動内容においても「相談活動」「縦割り班活動」「学

習支援」「あいさつ運動」「異文化交流」など多種多様である。この活動を通して，異学年や異集団が協働し合うことで思いやりの心の深化を期待できる。

（6）PA プログラム

　プロジェクトアドベンチャー（Project Adventure；PA）は，アドベンチャー（Adventure＝冒険）の要素を取り入れた体験学習（冒険教育）の一つである。対象とする集団の能力よりも少し高めの課題を提示し，小グループごとでその課題の達成を促す。たとえば，体育祭や記録会などの競走を小グループ単位で行うなどをイメージしてもらえるとよい。そのような活動を取り入れることで，集団の凝集性を高めることをねらいとしている。学校教育への導入は，1970年代頃にマサチューセッツ州のハミルトン・ウェンハム高等学校（Hamilton-Wenham Regional High School）の教師を中心としたプログラム開発が最初であると言われる（徳島，2019）。その後，日本の学校教育では，少年自然の家などにおいてプログラムの一環として普及し，現在では宿泊体験学習のプログラムに取り入れられることが多い。なお，宮城県では PA の要素を取り入れた独自の教育技法を開発し（みやぎアドベンチャープログラム；MAP），学校教育活動に導入している。

5　集団活動における生徒指導の展望と今後の課題

　本章では，予防的・開発的視点や育てる生徒指導の視点を重視した集団指導について概説してきた。生徒指導のねらいは，児童生徒の自己指導能力（自分の長所を自分で伸ばしていける力）を高めることにある。また『生徒指導提要』では，一見，生徒指導は厳しい指導を連想されがちだが，優しさ（温情的な指導）こそが生徒指導の本筋であると述べられている（文部科学省，2010）。本章は，その論述を支持している。生徒指導には，もちろん毅然とした教師の態度が必要ではある。しかし，イソップ物語の北風と太陽の両者が意味するものを思い出してほしい。そして，本章の冒頭でもふれた「宇宙の中で唯一の存在である児童生徒」のみならず，教師である大人も，人間はすべて「優しく丁寧に

関わってほしい」と願うのである。これは、心理教育の一つである「リフレイミング」（物事の捉え方や見方といった認知を転換することで、物事の多様性に気づいていく思考法。「価値観は1つだけではない」という認知心理学に由来している）などを実践すると、必ず言及される児童生徒の願いに通じる。児童生徒は、自身がネガティブな状況にある時、優しい先生が一緒にいてくれたらどう感じるだろうか。「優しい」とは、「人を憂う」と書く。何らかの事情で憂いている生徒の傍らにいてくれる先生は、本当の意味での優しい先生なのではないかと思われる。この時、教師は Doing する職業人であるとともに、Being としての児童生徒や保護者を支える存在となっているのである。

　ちなみに、本章では集団指導における生徒指導の全体像を示すことをねらいとした。しかし、学校現場で求められる知見は常に具体論であろう。いじめ問題や不登校（登校拒否）、また価値項目を教え込む道徳から「考え議論する道徳」として特別な教科化された道徳が注視するモラルジレンマに対する予防と対応、予後指導など、それらの問題に対する集団指導については、本章の引用・参考文献等も活用しながら学んでいくとよいであろう。

学習課題　① 集団指導の意義を述べたうえで、「集団指導の中で個を育てる」とはどのような意味をもつのかを説明してみよう。また、その方法を考えてみよう。

② 集団指導に活用する集団心理教育を1つ挙げ、理論背景を説明してみよう。また、具体的な実践方法をまとめてみよう。

引用・参考文献

会沢信彦・諸富祥彦・大友秀人『教育カウンセリングで徹底サポート！　不登校の予防と対応』図書文化社，2020年。

新井邦二郎・濱口佳和・佐藤純『教育心理学――学校での子どもの成長をめざして』培風館，2009年。

稲垣応顕・松井理納「『思いやり』と『感謝の心』を育む宿泊体験学習に関する検討――小学生を対象としたプログラムの試みとその結果」『上越教育大学研究紀要』29，2010，23～32頁。

犬塚文雄編集『社会性と個性を育てる毎日の生徒指導（図でわかる教職スキルアップ4）』図書文化社，2006年。

大友秀人「サイコエジュケーション」国分康孝監修『カウンセリング心理学事典』誠信書房，2008年，267～269頁。

厚生労働省「新型コロナウイルスを想定した『新しい生活様式』の実践例」2020年。

国分康孝『教師の使えるカウンセリング』金子書房，1997年。

國分康孝『カウンセリング心理学入門』PHP研究所，1998年。

国立成育医療研究センター「コロナ×こどもアンケート第4回調査報告書」2021年。https://www.ncchd.go.jp/index.html（2023年7月16日最終閲覧）

杉田洋『よりよい人間関係を築く特別活動』図書文化社，2009年。

スタジオアリス「学校生活と行事に関する調査」PRTIMES｜プレスリリース，2021年。https://prtimes.jp/main/html/rd/p/000000001.000080330.html（2023年7月16日最終閲覧）

相馬誠一『学級の人間関係を育てるグループ・アプローチ』学事出版，2006年。

田上不二夫『実践 グループカウンセリング――子どもが育ちあう学級集団づくり』金子書房，2010年。

滝充『ピア・サポートではじめる学校づくり　実践導入編――「予防教育的な生徒指導プログラム」の導入と実践』金子書房，2001年。

滝充「『日本のピア・サポート・プログラム』と予防教育的生徒指導」『月刊生徒指導』1月号，2003年，24～27頁。

滝充「人間関係の基盤をつくるピア・サポート――他者から認められる喜びを学ぶ」『児童心理』10月号臨時増刊，2010年，65～69頁。

徳島祐彌「アメリカにおけるアドベンチャー教育論に関する一考察――単元設計と授業計画における教科内容の位置づけに着目して」『京都大学大学院教育学研究科紀要』65，2019年，373～385頁。

日本ピア・サポート学会『ピア・サポート実践ガイドブック』ほんの森出版，2008年。

橋本定男「第9章　生徒指導と特別活動」犬塚文雄監修，稲垣応顕編著『生徒指導論――真心と優しさと』文化書房博文社，2011年，183～203頁。

林泰成『新教育課程ライブラリⅡ　vol. 8「考え，議論する」道徳科――授業づくりのポイント』ぎょうせい，2017年。

広岡義之・林泰成・貝塚茂樹監修，走井洋一編著『道徳教育の理論と方法（ミネルヴァ教職専門シリーズ9）』ミネルヴァ書房，2020年。

松井理納「第3章　人間関係論の視点からの学校づくり」稲垣応顕・黒羽正見・堀井啓幸・松井理納（シナジェティックス研究会）『学際型現代学校教育概論――子どもと教師が共鳴する学校づくり』金子書房，2011年，56～81頁。

松井理納・稲垣応顕『集団を育むピア・サポート――教育カウンセリングからの提案』文化書房博文社，2009年。

文部科学省『生徒指導提要』教育図書，2010年。

文部科学省『生徒指導提要　令和 4 年 12 月』東洋館出版社，2023 年。

文部省『生徒指導資料第 20 集』1988 年。

八幡睦実・黒沢幸子『サポートグループ・アプローチ完全マニュアル──解決志向アプロー
　　チ＋ピア・サポートでいじめ・不登校を解決！』ほんの森出版，2015 年。

エリクソン，E. H.『幼児期と社会 1』二科弥生訳，みすず書房，1977 年。

エリクソン，E. H.『幼児期と社会 2』二科弥生訳，みすず書房，1980 年。

デューイ，J.『学校と社会』宮原誠一訳，岩波文庫，1957 年。

第4章

生徒指導の方法2
―――個別課題への予防と対応―――

　本章では，児童生徒の問題行動の原因を，人格や個人の善悪に求めるのではなく，「児童生徒が社会的に容認されない行動を選択している」との視点で述べていく。子どもの行動の誤りを修正し，社会的に容認される適応行動を獲得させるための考え方と支援方法を学んでいこう。それは，子どもの現状を査定することができ，介入後の変容目標を設定することができ，そのための支援を遂行できるという3側面で構成される。また，有効な支援方法と無効なそれを弁別できる力も求められる。ここでは，今日，学校教育で深刻な問題となっている不登校問題，いじめ問題，自殺予防の3つのテーマに焦点をあて，教師としてこの問題をどのように捉え，何をすればよいのかを具体的に学んでいこう。

1　児童生徒理解と個別指導

（1）個別指導の要点

　すでに本書第1章および第3章で述べた通り，生徒指導はすべての児童生徒の適応を支援するものである。しかしそれは全員に同じ指導をすれば，同じ成果が得られるということではない。集団での指導が有効に働く児童生徒もいれば，教師が期待するような成果が見られない児童生徒もいる。また，同じ児童生徒であっても，有効に働く領域もあれば成果が見られない領域があったりする。この時必要となるのが，個別指導であり，個別課題への予防と対応である。生徒指導は，常に集団への指導と個別課題への支援の組み合わせと考えておきたい。それは，同じ指導を全員に施す「平等」ではなく，それぞれの児童生徒が必要とする支援を提供する「公平」という発想だともいえる。

　個別課題の予防と対応について考える時，次のことを理解しておきたい。

① 　個人ではなく，個人の行動に注目する

　個別指導の対象となる児童生徒は，しばしば「わがままな子ども」や「だらしない子ども」，「乱暴な子ども」など，評価的な言葉で描写される。しかし，それでは標的となる行動が特定できず，有効な支援方法を検討することができない。また，どの行動を修正しようとしているのか，教員間で共通理解ができないという事態を招く。そこで，それぞれの課題は，たとえば「授業中に立ち歩く」など行動レベルで取り出す必要がある。

② 　「できない」時ではなく，「できる」時に注目する

　教師が，個別指導の対象となる児童生徒について記録やメモをとる時，それは「○○ができない」という表現になりがちである。しかし，否定的な表現からは支援の糸口を見つけにくい。ここで必要なのは，意図的であっても偶然であっても，「できた時」に注目するという発想である。授業中に立ち歩く児童生徒も，着席している時がある。その時，いつもと何が違うのかに焦点をあてたい。たとえばそれは，「教科書の要点をまとめる」などの抽象的な課題の時ではなく，「指示の通りに白地図に色塗りをする」という具体的な作業の時かもしれない。「どのような時はできるのか」を発見し，その条件を拡大して，適応的な行動の量を増やすのが教師の役割である。

③ 　原因追及よりも有効な支援方法に注目する

　個別指導の対象者について，「親が過保護だから」「過干渉だから」「指導力がないから」，さらには「社会が悪いから」「時代が変わったから」と理由を挙げて，問題行動や不適応の原因が語られることがある。しかし，それは事実ではなく，教師にはそう見えるにすぎない。まったく同じ課題を，保護者や社会は，学校教育の指導力の責任にするであろう。責任を押しつけ合っても，事態は変わらない。そこで，個別指導に際しては，根本の原因から取り除く努力よりも，その児童生徒の状態に合った有効な支援方法に関する知識が重要となる。そこでは，児童生徒の状態を査定する力，有効な支援方法を選択する力，その支援が有効に機能しているかを評価する力が必要となる。

④ 　善悪ではなく，行動の機能に注目し，行動選択の失敗と理解する

　問題行動があった時，善悪を教えることも必要であるが，善悪を教えるだけ

で，あるいは叱るだけで，行動を修正できる児童生徒は一部にすぎない。大人から見れば悪いことであっても，児童生徒には，その行動をとることで得られているものがある。それが悪だと教え禁止しても，その行動によって得られるもの，つまり欲しかったものが別の許される方法で得られなければ，大人に隠れてその行動を繰り返すだけである。教師の役割は，善悪を判定しそれを言い渡すだけでも，それがダメだと叱るだけでもなく，その問題行動を社会的に許される行動に変容させることにある。そこには，「悪いことでもこの児童生徒には必要なことであった」と理解する発想が必要となる。この発想は，**暴力行為や非行，性に関わる課題**などに取り組む時，特に力を発揮する。

（2）児童生徒を理解する枠組み
① 行動分析学に基づく理解
●三項随伴性

　たとえば授業中，内容が理解できずいたずらを始めてしまった児童生徒を，教師は注意する。注意をしてもそれが繰り返されると，教師の注意は厳しさを増し怒鳴りつけ威圧的になる。しかし，今度は逆に児童生徒が椅子を蹴って暴れ出す。すると教師は，落ち着かせようとなだめ，その優しい対応により児童生徒は落ち着きを取り戻す。一見，上手な指導のように見える。しかし，そこには「教師が威圧的になった時には暴れればよい」「そうすれば教師は優しくなってくれ，叱られずにすむ」という行動生起の仕組みが成立してしまっている。教師による叱責を回避するため，この児童生徒はこれからも「暴れる」という行動を繰り返すであろう。一方で教師も「児童生徒が暴れた時は優しくすればよい」と理解できることからそれを繰り返す。「暴れれば，叱られることが回避できる」という仕組みを，教師自身が助長していることになる。

　このような現象は，行動分析学の**オペラント条件づけ**によって説明することができる。行動分析学は，観察可能な行動と環境要因との相互作用に着目し，行動の生起や非生起を理解しようとする学問である。これに沿えば，「だらしない」「反抗的な」など観察できない抽象的な捉えを避けるのが要点となる。オペラント条件づけでは，行動が生起する前には何らかのきっかけ（先行事象）

があることと，行動の後には結果（後続事象）があるとされている。そして，その結果が行動した人に利益のある良いこと（強化事態）であれば行動の頻度は増え，悪いこと（嫌悪事態）であれば行動は起こりにくくなる。

　先の例で言えば，「授業内容が理解できない」というきっかけが「いたずら」（具体的には「落書き」など）という行動を招き，その児童生徒に「面白さ」という結果がもたらされる。「教師に威圧された」というきっかけが「椅子を蹴る」という行動を招き，「教師が優しくなる」という結果がもたらされる。きっかけと行動と結果が一連の動きとなることから，これを**三項随伴性**と呼ぶ。

●機能的アセスメント

　この仕組みを上手に利用すれば，児童生徒の適切な行動を増やし，不適切な行動を減らすことができる。そしてそのためには，結果がどのように機能しているのか理解しなければならない。機能とは，その結果によって児童生徒が何を得ているのかという視点でもあり，次の 5 つが挙げられることが多い。①気分を変える：たとえば，イライラした時（きっかけ），人に八つ当たりをして（行動），すっきりする（結果）。②物や機会の獲得：たとえば，後輩の財布にお札が入っているのを見つけた時（きっかけ），後輩を殴って（行動），お金を得る（結果）。③注目の獲得：たとえば，授業中に寂しさを感じた時（きっかけ），ふざけた発言をして（行動），みんなの笑いをとる（結果）。④嫌なことの回避：たとえば，教師に叱られそうになった時（きっかけ），奇声を発して（行動），なだめられる（結果）。⑤感覚刺激の獲得：たとえば，授業の内容が理解できない時（きっかけ），自分で頭髪を抜いて（行動），抜く感覚に満たされる（結果）。その行動を社会的に受け容れられる代替行動に変え，同じ機能を果たさせることが，この場合の個別指導の要点となる。

② ストレスモデルによる理解

　児童生徒理解をしようとする時，ストレスモデルという枠組みも役に立つ。何か悪いことをした時，「イライラしたからストレス発散で」などとストレスという言葉が使われることがあるが，それは，このモデルの一部であって全体ではない。しかも，このような理解は，それを我慢させるために叱るか，課題や要求などの負荷を与えないようにするかという極端な発想しかもたらさない。

この時，ストレスモデルが，ストレッサー，認知的評価，対処行動，ストレス反応の４つの側面から構成されることを知っておくと，児童生徒の課題を理解しやすくなる。そして同時に，解決のヒントをもたらしてくれる。

●ストレッサー

　人に負荷を与えるものを**ストレッサー**と呼ぶ。学校教育では，ストレッサーはしばしば課題や目標という名前で児童生徒の前に現れる。宿題やテスト，学級や児童生徒会での役割，部活動の試合や発表会も，ストレスモデルにおいてはストレッサーである。また，すべてのストレッサーが人に悪影響を及ぼす訳ではない。何かに挑戦しようとするものと，我慢しようとするものとを弁別し，前者を排除する必要がないことを，教師は理解しておきたい。その一方，人権を侵すようないじめや虐待など，児童生徒本人が取り組む必要のない，周囲の大人の責任でこれを排除しなければならないストレッサーもある。

●認知的評価

　同じ課題（ストレッサー）が人によって大きく見えすぎたり，小さく見えすぎたりする。そのストレッサーの受けとめ方が**認知的評価**である。たとえば，友人と口喧嘩をした児童生徒が，「大変な状況になった」「もう仲直りすることはできない」と思い込んだ場合，口喧嘩をしたというストレッサーが大きく見えすぎていることになる。解決が見通せなくなった児童生徒は，相手を屈服させようと暴力的になったりすることもある。その時，影響の大小や解決の可能性の評価に失敗していることを，教師は理解したい。「明日，『ごめん』って言えばいい」という解決の見通しをもっている児童生徒は適応的である。

●対処行動

　ストレッサーにさらされた時，人はその苦しさを低減させたり解決したりすることを試みる。この意図的な取り組みや工夫が**対処行動**であり，それは「問題を解決する」と「気分を換える」に大別される。意図的な工夫といっても，有効に働くものばかりではない。口喧嘩というストレッサーにさらされた児童生徒が，暴力で問題解決を試みる時もある。その暴力は問題を解決しようとして選択したものであるが，社会的には許されない。児童生徒の問題行動には，しばしばこのような誤った対処行動が含まれる。その時，教師はそれを禁止や

制止をするだけではなく，認められる対処行動に換える支援をしなければならない。

●ストレス反応

　有効な対処行動を選択できなかった時に，人には**ストレス反応**が生じる。ストレス反応は，眠れないなど「身体」に，不安など「感情」に，他者を責めるなど「思考」に，そして言動が乱暴になるなど「行動」に現れる。教師に注意された児童生徒が，言動を乱暴にして反抗することは行動に現れた反応であり，「他の人が悪い」と言い訳をすることは思考に現れた反応だと理解できる。反抗的でわがままだと捉えてしまうと，指導は禁止や制止になりやすい。しかし，これがストレス反応だと理解できれば，処理できないストレッサーは何か，なぜそれが大きな問題に見えすぎているのか，どのような対処行動をとりなぜそれが成功していないのかについて，検討することが可能となる。

2　不登校問題の理解と対応

（1）不登校問題の現状

　不登校児童生徒とは，「何らかの心理的，情緒的，身体的，あるいは社会的要因・背景により児童生徒が登校しないあるいはしたくともできない状況」にある，病気や経済的な理由によるものを除いた**長期欠席者**（年間欠席30日以上）を指す（文部科学省，2022）。不登校は，登校に不安を訴える場合のみを指すのではない。非行や無気力による者を含め，長期欠席者は不登校児童生徒であり，すべて支援対象者である。不登校児童生徒の在籍率は，2001年以降しばらくは明確な上昇が見られなかったが，2012年を底に，以後上昇を続けている。また，不登校問題は高校生にとっては**中途退学**の問題につながる。

（2）不登校児童生徒への支援のあり方と学習保障

　文部科学省（2017）は，2016年に成立した**教育機会確保法**（義務教育の段階における普通教育に相当する教育の機会の確保等に関する法律）を背景に，「不登校児童生徒への支援は，『学校に登校する』という結果のみを目標にするのではな

く，児童生徒が自らの進路を主体的に捉えて，社会的に自立することを目指す
必要がある」としている。そして，学業の遅れや進路選択上の不利益や社会的
自立へのリスクが存在することを指摘し，既存の学校教育になじめない児童生
徒については，ICT を活用した学習支援を含む柔軟な対応による学習保障を
求めている。学習保障は，不登校児童生徒支援の大きな柱の一つである。その
機会を提供するためにも，**教育支援センター**や不登校特例校，**フリースクール**
などの民間施設や NPO（非営利団体）等と積極的な連携が推奨されている。

（3）不登校の要因

　文部科学省（2022）は，これまで不登校の理由や要因，原因について，主に
学校に係る状況，家庭に係る状況，本人に係る状況に分けて追究してきた。学
校要因については，いじめ，いじめを除く友人関係，教職員との関係，学業不
振，進路不安，部活動，学校の規則などを挙げている。本人要因については，
無気力，不安，あそび・非行などを挙げている。

　不登校対応で最初にすべきことは，この中の学校要因の点検である。その理
由さえ解決できれば学校生活が取り戻せるという明確な理由があるのであれば，
これを確かめ，解決したり取り除いたりする。しかし，このような対応をして
いても改善されない場合には，次に本人要因に注目することになる。

（4）不登校児童生徒の理解と支援
① 　不登校状態を捉える観点

　本人要因に注目することは，その要因を取り除くことではない。無気力や不
安に代表される本人要因は，性格と同じで容易には変えられないからである。
そこで，児童生徒の特徴に応じた支援方法を選択することが要点となる。ここ
では，代表的な特徴である無気力と不安について学ぶことにしよう。

● 無気力

　「基本的生活習慣が身についていない」「面倒なことを嫌がる」など，行動や
生活の乱れを中核とする観点である。教師には「やる気がない」「だらしない」
と見えることも多い。さらに，「本人がやる気を出さないから」，あるいは「家

庭が学校に押し出してくれないから」と思えてしまうことも少なくない。しかし，これらは原因をすべて本人と家庭に押しつけるもので，解決や支援には役立たない。教師に必要なのは，「『面倒なことを嫌がる』という特徴をもつこの児童生徒に応じた指導や支援は何だろう」との発想である。

●不安

「『○○しなければ』という思い込みがある」「些細なことにこだわる」など，頑なさや不安を中核とする観点である。几帳面で何事にもきちんと取り組む真面目な児童生徒と見えることも少なくない。また，自分に対する厳しさを他者にも要求することから，周囲の不興を買う例も見られる。

②　教師による有効な支援方法

支援方法の中には，「不登校児童生徒との関係を維持し続ける」など，どの不登校児童生徒にも通用するものと，無気力や不安のいずれかの児童生徒だけに有効となる特徴的なものがある。ここでは後者について考えてみよう。

個人は本来一人ひとり異なり，支援も一様ではない。しかし，それは不登校についてあらかじめ何も学ばず，「出たとこ勝負」をすることではない。不登校児童を理解するための観点をもち，支援方法のレパートリーをもち，その有効な組み合わせに関する知識を，教師は教育の専門家として備えなければならない。それが個に応じた支援の第一段階であり，支援を試み，その結果を評価しながら，理解や支援方法を修正していく作業が第二段階である。

●無気力

意欲が見られず行動や生活に乱れのある無気力の場合には，生活指導や登校の促しにより，その行動や生活に一定の枠組みを設けることが有効である。「自主性に任せたい」「やる気になるのを待ちたい」との姿勢は解決を先延ばしにする作用しかない。この児童生徒に「登校するか休むか」という選択肢を提供すれば，欠席を選びがちである。この選択肢には「面倒なこと」と「楽なこと」が提示されているからである。選択肢としては「面倒なこと」と「もっと面倒なこと」を提示するのが良策となる。たとえば「登校するか」，それとも「欠席して，夕方，先生に家に来てもらって1時間しっかり勉強するか」という選択肢の提供である。この時，選択肢の「どちらも嫌」とならないよう，選

択肢の負荷の程度を調整したり，良好な関係を維持したりしておくことが要点となる。

●不安

　こだわりが強く不安を中核とする場合には，児童生徒なりの理屈を理解しようとする試みが有効となる。また，別室登校などの支援体制を整えることも有効となる。幼い頃には完璧にできたことが次第にできなくなると，自分自身の信念と現実の格差に悩むようになる。あるいは，正しいと信じて大切にしてきた正義や規則が，実際の世の中では軽んじられていることを知った時，それを受け容れられずに適応できなくなるのが，このような児童生徒の特徴である。あるべき自分が強すぎて不自由になっていることを聴き取り理解しようとするのが教師の役割となる。それでも学校においては，全体への指導の都合から「○○するべき」を曖昧にすることは難しい。その「○○するべき」の緩和のために，教室外や学校外の援助源が有効に働く。

（5）再登校の試み

　次に，不登校児童生徒が再登校をしようとする時の様子について考えてみよう。長い不登校期間を経て，児童生徒が再登校を試みる際の問題である。

　たとえば，金曜日の家庭訪問時には，自らの不登校の原因について落ち着いて考えられるようになったり，今できることを具体的に考える様子が見られるようになったりして，週明けの再登校を約束する。しかし，月曜日を迎えると，考えすぎて混乱したり，怖くなってしまったりする様子が見られ，結局登校できない。再登校を試みる際には，しばしば見られる様子である。

　この時，「本人の意思を尊重して無理をさせない」という方略をとることは優しい対応のように見えるが，これでは本人の意思の半分しか尊重していないことになる。児童生徒には「怖い」という気持ちと「再登校したい」という気持ちが同居している。無理をさせないという姿勢は前者には寄り添っているが，後者の気持ちを無視している。単に無理をさせないだけでは，再挑戦について，すべて本人の自力に任せることになる。そして，その次の機会にも児童生徒は登校を怖がり，周囲は無理をさせないだろう。

その繰り返しを不登校児童生徒に強いるのは酷なことだと言える。本来，「本人の意思を尊重する」とは，「怖い」と「再登校したい」のいずれも児童生徒の本心として支持することであり，片方の気持ちだけを応援することではない。ここでは，「『怖い』という気持ちもあるけれど，『再登校したい』という気持ちもあるんだね」と支える必要がある。支えるとは，怖い気持ちから守りかばうことでも，背中を押し再登校を強いたりすることでもない。再登校に挑戦しようと身を前に乗り出した児童生徒が，怖さで後ずさりしないようその背後に立って支えるという姿勢であることを理解したい。

3　いじめ問題の理解と対応

（1）いじめ問題の現状
① いじめの定義

　2013 年に施行されたいじめ**防止対策推進法**は，「いじめ」について，「児童等に対して（中略）一定の人的関係にある他の児童等が行う心理的又は物理的な影響を与える行為（インターネットを通じて行われるものを含む。）であって，当該行為の対象となった児童等が心身の苦痛を感じているもの」（第 2 条第 1 項）と定義している。ここで言う「児童等」とは，小中高等学校，特別支援学校等に在籍する児童生徒を指す。定義にある「行為」に関し，この法律が制定される直前の文部科学省の定義では，「攻撃」とされていた。同法は，行為者の攻撃の意図にかかわらず，行為の対象児童生徒の「苦痛」という主観的理解を判断の基準とすることにしたのである。
② いじめの防止等のための基本的な方針

　文部科学省（2013）は，同法の定めるところにより「**いじめの防止等のための基本的な方針**」を示している。「**いじめ防止等**」とは，**未然防止**，**早期発見**，**事案対処**の 3 つの取り組みを指し，そのポイントを下のように解説している。

　未然防止の措置としては，全校集会や学級活動（ホームルーム活動）などで日常的にいじめの問題についてふれ，いじめに向かわない態度・能力の育成のため，学校の教育活動全体を通じた道徳教育や人権教育の充実が求められる。い

じめ加害の背景には，勉強や人間関係等のストレスが関わっていることをふまえ，授業改善や集団づくり，さらに**自己有用感を育む**ことが有効となる。

　早期発見のための措置としては，定期的なアンケート調査や教育相談の実施等により，いじめの実態把握に取り組むとともに，児童生徒が日頃からいじめを訴えやすい雰囲気をつくることが重要となる。保護者用のいじめチェックシートなどを活用し，家庭と連携して児童生徒を見守り，健やかな成長を支援していくことも有効である。

　事案対処に対する措置としては，発見・通報を受けた場合には，被害児童生徒を守るとともに，教育的配慮のもと，加害児童生徒を指導する。その際，謝罪や責任を形式的に問うことに主眼を置くのではなく，社会性の向上等，児童生徒の人格の成長に主眼を置いた指導を行うことが大切である。これらは，いずれも一部の教師が抱え込むのではなく，学校における「**いじめの防止等の対策のための組織**」で情報を共有し，組織的に対応することが必要である。

（2）いじめ防止対策推進法の目的と定義の関係

　「いじめは決して許されない」と言われる一方で（文部科学省，2013），「いじめは，社会性を身に付ける途上にある児童生徒が集団で活動する場合，しばしば発生するもので，たとえば言い過ぎてしまい相手を傷つけるなど成長の過程で様々な失敗を経験することから，どこの学校においても，一定数のいじめが認知されるのが自然」とも言われる（文部科学省，2015）。さらに，文部科学省（2013）は，いじめの「全てが厳しい指導を要する場合であるとは限らない」とし，「好意から行った行為が意図せずに相手側の児童生徒に心身の苦痛を感じさせてしまったような場合，軽い言葉で相手を傷つけたが，すぐに加害者が謝罪し教員の指導によらずして良好な関係を再び築くことができた場合等においては，学校は，『いじめ』という言葉を使わず指導するなど，柔軟な対応による対処も可能である」と述べ寛容な姿勢を示す。

　これらは矛盾するように見えるが，それは法律の目的と定義の2つの側面から生じている。いじめ防止対策推進法はその第1条で，いじめが児童生徒の教育を受ける権利を著しく侵害するものであり，児童生徒の尊厳を保持するため

に防止等を行う必要があるとしている。一方で，同法のいじめの定義によれば，行為の対象となった児童生徒が苦痛を感じた場合はいじめだとしている。同法は，教師の「この程度はいじめではない」などの判断で人権侵害を受けている児童生徒を見逃すことがないよう，「被害者」側の判断を優先させたのである。そのため，いじめと認知されたものの中には，決して許されない人権侵害があった場合と，人間関係調整の至らなさから苦痛を感じさせてしまった（あるいは，感じてしまった）場合の，両方が含まれていると捉えることができる。

（3）被害者支援と加害者支援

　児童生徒を支援する立場からは，人権を侵害された者はもちろん，侵した側も指導・援助の対象となる。人間関係調整の至らなさから生じたいじめの場合にも，苦痛を感じた側はもちろん，意図の有無にかかわらず苦痛を感じさせた側も支援対象者となる。「被害者には寄り添い，加害者に毅然とした態度で」と言われることもあるが，以下では具体的な支援方法について解説する。

① 被害者支援

　被害者やその保護者が求めるものは，安全の確保と恐怖の解消であり，その結果としての納得の獲得である。

●安全の確保

　被害者に「いじめから守る」と約束しても，その後「守ってもらえなかった」との訴えを受けることは多い。それは，「守る」が何を指しているのか不明瞭であることに由来する。被害者は恐怖から解放されることを守られることだと期待し登校する。そのため，加害者と目が合い恐怖の場面を想起した際には，いじめが続いていると理解してしまうのである。この時，たとえば「守る」とは「叩かれない環境を保障すること」であることを示し約束することが必要となる。一方，「無視されない」という環境は約束として成り立たない。その時，相手が何をするのか示されていないからだ。「挨拶をする」や「問われたことに回答する」など「する」という行動に変換しておく必要がある。

●カウンセリングの発想

　恐怖の解消の基本は，情緒に焦点をあてた傾聴である。ところが，「あなた

の気持ちがわかります」と言っても，「うんうん」とうなずいても進展はない。それは，被害者の立場に立てていなかったり，被害者の言い分を聴き取れていなかったりするからである。立場に立つとは，「その人にはそう思えたのだ」という当事者の理解の枠組みを用いることを言う。そして，「聴き取っているつもりなのに」と思える時は，聴くべき複数の気持ちの一部分しか聴き取れていないのかもしれない。たとえば「助けを求めたかったけれど，言い出せなかった」の前者と後者はいずれも本心であり，聴くに値するものである。また，「言い出せなかった」と言う被害者に，「次は言ってくださいね」と伝えるのは，助言のように見えて，当事者には叱責に聞こえてしまうこともある。

②　加害者支援

　加害者にも，指導を含む支援が必要である。その要点は，教師が，その行動で得られるものを理解することである。「欲しかったものは何だろう」というアプローチが改善につながる。その時，「いじめ」という曖昧で評価的な表現ではなく，改善すべき標的となる行動を明確にすることも要点となる。

●行動分析学による理解と支援

　ここでは，第1節で示した三項随伴性を用いる。たとえば「加害者は，先生に叱られたので（きっかけ），友だちを叩いて（行動），そのイライラを解消（結果）し，気分を換えた（機能）」のだと理解できる。「いじめ」を叱るという教師の介入は，そのすべてを否定してしまうことになり，加害者はこれからも同じ機能を得たいために，隠れていじめを繰り返すことになるであろう。しかし，「気分を換える」という機能は叱責の対象ではない。「イライラを解消する」という結果は，誰もが欲しがる通常のものである。問題は「友だちを叩く」という行動であり，この方法を選択したことだけが責められるべき対象である。そして，「先生に叱られる」というきっかけは，教師側がコントロールできることであり，本人には工夫しにくい部分である。「そんな叱られるようなことをしたから悪いのだ」と責めたくなるかもしれないが，指導や支援の方法は「叱る」だけではない。威圧を伴うような叱責を受けとめることが苦手な児童生徒に対して，この方法を選択したこと自体が，教師側の誤りだと考えてみよう。

● ストレスモデルによる理解と支援

　上記のきっかけである「先生に叱られる」は，ストレスモデルでは，ストレッサーだと理解できる。イライラして友だちへの言動が無意図的に乱暴になった場合，その乱暴な言動はストレス反応だと理解することもできる。「いじめは悪いこと」と理解できている児童生徒が，ついいじめをしてしまうのには，このような心身の仕組みが背景にある。それでも「我慢ができる人になってほしい」と教師は願うが，元来，人は我慢が苦手なものである。そこで，我慢に代えて，上手に対処行動を選んで処理をすることになる。対処行動は意図的な工夫であるが，いつも正しく成功するわけではない。対処行動の選択に失敗し，いじめという誤った行動を選ぶこともある。たとえば，前項の「気分を換える」ために「友だちを叩く」のはその例である。また，「いじめられたくないから，いじめる側になる」という行動もこれにあたる。あるいは，3人の微妙な友人関係の中で2人が組んで他の1人を排斥するのは，「1人の側になったらいじめられてしまうかもしれない」という不安から生じた対処行動である。この時「いじめてはいけない」と指導するだけでは，改善は見られない。ストレッサーは排除されておらず，欲しかった「安心」も得られていないからである。

● 未然防止と再発防止

　加害者に「欲しかったものをいじめ以外の方法で手に入れる」支援をすることが教師の役割となる。ここまで，行動分析学とストレスモデルを用いてこの問題を捉えてきた。このような発想と方法で加害者支援を行った時，それはいじめの解消だけではなく，再発を防止することにもなる。いじめの解消は，加害者の反省と我慢によって成立するものではなく，上述の心身の仕組みの中で形成される必要がある。そうでなければ，反省を忘れ我慢ができなくなった時には再発してしまうからである。いじめの未然防止が語られる時，規範に関する教育を施したり，わかりやすい授業に努めたりすることが例示されることが多い。これらはいずれも有益であるが，発生しそうないじめを直接防止する力は十分ではない。発生しそうないじめとは，すでに発生し一旦収まっている，再発しそうないじめのことでもある。ここで述べた発想と方法で事態を収拾させることは，いじめを直接防止する機能をもつものだと言えよう。

（4）いじめの構造と傍観者

　いじめの持続や拡大には，いじめる側といじめられる側という二者関係だけでなく，それをはやし立てる観衆や暗黙の了解を与える傍観者の存在が寄与していると言われることがある（文部科学省，2022）。集団の仕組みとしては事実であり，被害者から見れば，傍観者は自分を見捨てる者であり強い孤独感を生じさせる機能をもつことから，傍観者にも指導が必要だとの意見もある。それは，大切なことではあるが，いじめに加担した者として責めることとは異なる。ここでも「欲しかったもの」による点検が必要となる。傍観者には正義感や規範意識が不足している訳ではない。傍観者は，「いじめを止めてあげたい」「先生に相談したい」と思いながら，「でも怖くてできない」という葛藤に苦しんだ者である。その判断力や規範意識の不足を責めるよりも，その葛藤を，両方とも本心として支持することが次回の行動の改善につながる。

（5）重大事態への対応

　いじめの重大事態とは，いじめにより重大被害が発生した疑いがあると認める事態と，いじめにより相当期間学校を欠席することを余儀なくされている疑いがある事態だと，いじめ防止対策推進法は定めている。前者については，生命，身体，財産，精神に関する重大被害の発生が明らかであることのみが要件であり，いじめの実行行為の発生やその因果が不明であっても，重大事態と認められることとなる。また，後者の相当期間とは不登校の定義に合わせて30日を目安にされることが多い。これらの2種類に加えて，被害児童生徒・保護者からの申し立てがあった場合は，学校の判断によらず，この時点で重大事態としての報告と調査が必要となる。

　いじめ問題が，他の生徒指導上の問題と異なるのは，児童生徒の適応を支援するだけでは十分でなく，法令に沿った適切な手続きが求められる点である。

4　自殺予防

（1）自殺問題の現状と学校の役割

　2006年に施行された**自殺対策基本法**は，成人の自殺予防には一定の成果を
もたらしたが，未成年者の自殺予防には効果を発揮できなかった。そこで同法
は2016年に改正され，学校教育に次の努力義務を課したのである。まず，児
童生徒に対し「各人がかけがえのない個人として共に尊重し合いながら生きて
いくことについての意識の涵養等に資する教育又は啓発」に努めるとしたうえ
で，「困難な事態，強い心理的負担を受けた場合等における対処の仕方を身に
付ける等のための教育又は啓発」を行うこととした（第17条第 3 項）。これは希
死念慮が大きくなり自殺企図に至る事態になった時，児童生徒が誰かに**援助要
請行動**をとることができるよう，あらかじめ指導しておくことを指す。援助要
請は必ずしも教師や保護者に対して行われるばかりでなく，むしろ友人にこれ
を求める可能性が大きいことから，文部科学省・厚生労働省（2018）は，友人
から「死にたい」と言われた時に，これを支え教師など支援者につなぐことが
できるよう，児童生徒にあらかじめ指導しておくことを求めている。さらに同
法は「心の健康の保持に係る教育又は啓発を行う」ことにも努めるものとした
（同条同項）。これは，本章第 1 節で述べたストレスモデルをもとにした**ストレ
スマネジメント教育**をはじめとする，**心の健康教育**の実施を指す。

（2）自殺が心配される児童生徒

　自殺は，その原因だと容易に推察できる「直接契機」と，容易には推察され
ない「蓄積された背景」によって起こると考えられる。文部科学省（2022）は
「自殺した児童生徒が置かれていた状況」として，自殺の原因を挙げている。
そこで示された進路や学業成績の問題，いじめや友人関係の問題などは直接契
機である。家庭不和や生きることに価値がないと考える厭世などは蓄積された
背景である。しかし，同省が報告する中で最多のものは，周囲から見ても普段
の生活の様子と変わらず，特に悩みを抱えている様子も見られなかった等の

「不明」である。このように自殺の予兆を把握することは容易ではないからこそ，「死にたい」「消えてしまいたい」など否定的な表現の出現だけではなく，「楽しい」「頑張りたい」などの肯定的な発言・態度の減少にも注意する必要がある。さらに，援助要請行動や心の健康教育をあらかじめ児童生徒に行うことが肝要となる。

（3）介入と安全の確保

　教師は，児童生徒が死にたいと話した時に，その行動化を防ぐために有効な支援方法を身につけておく必要がある。このような場面では，①言葉に出して心配していることを伝えること，②「死にたい」という気持ちについて率直に尋ねること，③絶望的な気持ちを傾聴すること，④安全を確保することの4点が重要だと言われる（文部科学省，2009）。

　①の言葉に出して心配していることを伝えることは，「私は死んでほしくないと思っている」という姿勢であり，「死ぬべきでない」と話すこととはまったく異なる。前者は当該児童生徒と「私」とのつながりを意識させるものである。一方，後者は社会の常識を伝えるものであり，希死念慮のある児童生徒は，そうは思えないことから，社会からの孤立をよりいっそう強く感じさせることになる。

　②の「死にたい」という気持ちについて率直に尋ねることは，児童生徒の気持ちを直接扱えることに加えて，危機の査定にもつながる。死を願望する**希死念慮**，自殺を願う**自殺念慮**よりも，実際の行動に着手した**自殺企図**の方が，より深刻な状況にある。自殺企図は自殺既遂と自殺未遂から成る。事故防止の観点からは，自殺未遂は自殺の試みだけでなく，ロープや薬品の購入などの準備を含む。さらに，場所や時期などを具体的に考えている場合には，④の安全確保が必要となる。**リストカット**は，非自殺性自傷ばかりでなく行動の着手である場合も少なくなく，軽視できない。

　③の絶望的な気持ちを傾聴する時には，十分な技術が必要となる。たとえば，児童生徒の話を聴いて，「うんうん」と頷くだけでは傾聴をしたことにならない。教師が理解したことを伝え返しておらず，児童生徒の思いが正確に聴き取

れているのか点検できていないからである。そして，たとえば「絶望したから
死にたくなったのですね」という応答も傾聴としては不適切である。この場合
は，「死にたいと言いたくなるほど，絶望したのですね」と，行為と感情を入
れ替えて「ほど」でつなぐ必要がある。児童生徒の心に起こったのは「絶望」
であり，これを支えたいからである。そして，自殺という選択肢は，本来であ
ればいくつもある「絶望」への対処の内の一つにすぎないからでもある。

　④の安全を確保することは，教師 1 人でできることではない。できないこと
を教師の個人的熱心さから行おうとすることは無責任な行為であり，あっては
ならない。自殺問題に限らず，生徒指導では組織的な**チーム支援**や**多職種連携**
が欠かせない。校内には養護教諭，**特別支援**コーディネーター，**スクールカウ
ンセラー，スクールソーシャルワーカー**など各領域の専門家がいる。さらに学
年主任や生徒指導主事，主幹教諭や校長，副校長，教頭など組織上の支援者の
存在があり，チーム支援が重要となる。校外には，医療や福祉や司法，警察な
ど専門家や専門機関の存在がある。特に医療に関して，命の危機が迫っている
場合には，措置入院をはじめ法律上の保護措置を講じることも可能である。そ
して保護者も，安全を確保し児童生徒を支援するための，重要な連携対象であ
る。

（4）支援の実際

　しかし，実際の場面では，児童生徒が保護者に連絡をすることに同意しない
こともある。保護者だけではなく，学校内外の連携をも制限するように「先生
にだけ話すから，秘密を守ってほしい」と求められることは少なくない。この
ような時，本章の各所で述べた支援上の理解や介入技術が役立つ。

　理解と支援の要点の一つに児童生徒の「欲しいもの」の点検があったことを
思い出してもらいたい。「先生にだけ」と話すことで，この児童生徒は何を欲
しがっているのであろう。それは「だけ」という特別な関係や信頼，理解かも
しれない。秘密にすることで得られるものは何であろう。それは騒ぎにならな
いという安全かもしれない。他の教師や保護者からの叱責を避けることかもし
れない。「自殺を考えるような弱い人間」という評価を避けたいのかもしれな

い。そこにある欲しいものは，秘密にしなくても得られることを児童生徒が理解できれば，さらに，このことを重要な他者に知ってもらう利益を実感することができれば，秘密の制限は解除される。自殺そのものについても，自殺以外の方法で自らの欲しいものが手に入るという見通しを獲得することで，危機を回避することが可能となる。

　また，児童生徒の中には「楽になりたい」「思い知らせてやりたい」などと率直に話す者もいる。死ぬことで得たいと思っている願いを理解できれば，それが死以外のもので得られることの支援にもつながる。「今度生まれ変わったら」など非現実的で空想的な表現がされる時は，それがきわめて危険な兆候であると同時に，何を願っているのか，児童生徒の真の願いを聴き取る機会でもある。

　実際の支援の中では，自殺が心配される生徒と，危機に直面している生徒との境は曖昧である。その査定を教師1人で行うことは避けたい。学校内外の組織的対応や多職種連携は，協力して安全を確保するためのものだけではなく，児童生徒の状況と介入の効果を正しく査定するためのものでもある。そしてそれは，本章第2節で述べた不登校問題，第3節のいじめ問題をはじめ，あらゆる個別課題への予防と対応に共通するものである。

学習課題　①　本章で扱わなかった「暴力行為」について，文部科学省の発表を調べて，その対応の方法について話し合ってみよう。

②　出身校の「学校いじめ防止基本方針」をホームページで閲覧し，それがいじめ対策に有効なものとなっているか話し合ってみよう。

引用・参考文献

文部科学省「教師が知っておきたい子どもの自殺予防」2009年。

文部科学省「いじめの防止等のための基本的な方針」2013年（最終改訂2017年）。

文部科学省「平成26年度『児童生徒の問題行動等生徒指導上の諸問題に関する調査』の一部見直しについて（依頼）」2015年。

文部科学省「不登校児童生徒による学校以外の場での学習等に対する支援の充実について（通知）」2017年。

文部科学省「不登校児童生徒への支援の在り方について（通知）」2019年。

文部科学省「児童生徒の自殺予防について（通知）」2021 年。

文部科学省「令和 3 年度　児童生徒の問題行動・不登校等生徒指導上の諸課題に関する調査結果について」2022 年。

文部科学省『生徒指導提要　令和 4 年 12 月』東洋館出版社，2023 年。

文部科学省・厚生労働省「児童生徒の自殺予防に向けた困難な事態，強い心理的負担を受けた場合などにおける対処の仕方を身につける等のための教育の推進について（通知）」2018 年。

山本獎「思春期の自殺予防」『高校保健ニュース』570，573，576，2016 年。

山本獎・大谷哲弘・小関俊祐『いじめ問題解決ハンドブック――教師とカウンセラーの実践を支える学校臨床心理学の発想』金子書房，2018 年。

第5章

生徒指導に関わる法律・制度・行政

本章では，生徒指導の教育的位置づけを教育の法律・制度から確認するとともに，学校が組織的に機能していくための生徒指導のあり方について検討する。そして，新時代に向けた生徒指導のあり方として，学習指導と関連づけて生徒指導を充実させることの必要性について考察をしていこう。

1　現行の法制度等における生徒指導の位置づけ

（1）根拠の必要性

　公教育の場である学校では，教職員はこれまでの経験則のみではなく，根拠である法律や制度をふまえて児童生徒を指導することが求められる。本節では，学校は何を根拠に（どのような法制度等をふまえて）生徒指導をしたらよいのか。ここでは，主に児童生徒の問題行動への対処に焦点化して確認をする。

（2）懲戒と体罰
① 懲戒

　学校教育法第11条には，「校長及び教員は，教育上必要があると認めるときは，文部科学大臣の定めるところにより，児童，生徒及び学生に懲戒を加えることができる。ただし，体罰を加えることはできない」と明記されている。懲戒とは，教育目標を達成するためにやむをえない措置として認められている教育作用の一種であるが，同時に学校の秩序を維持するためのものでもある。

　なお，学校教育法施行規則第26条には，「懲戒を加えるに当つては，児童等の心身の発達に応ずる等教育上必要な配慮をしなければならない」（一部抜粋）

と明記されている。

　2022年に改訂された『生徒指導提要』によれば，懲戒を行う際には，「組織的に指導の方向性や役割分担を検討した上で，児童生徒の特性や心情に寄り添いながら本人や関係者の言い分をしっかりと聴くとともに，それ以外にも必要な情報を収集するなどして，事実関係の確認を含めた適正な手続きを経るようにする必要があり」，「指導後においても，児童生徒を一人にせず，心身の状況の変化に注意を払うことに留意するとともに，保護者等の理解と協力を得られるようにしていくことが重要」（文部科学省，2023：103）としている。

　学校で行う懲戒は，「事実行為としての懲戒」と「法的効果を伴う懲戒」の2種類に分けられる。

　「事実行為としての懲戒」とは，児童生徒への叱責や罰を与えたりすることである。具体的には，叱責，起立，居残り，宿題，清掃当番の割り当て，訓告など，児童生徒の教育を受ける地位や権利に変動をもたらす法的効果を伴わないものがある。

　「法的効果を伴う懲戒」とは，学校教育法施行規則第26条に定められている退学や停学といった懲戒が挙げられ，退学は，児童生徒の教育を受ける権利を奪うものであり，停学はその権利を一定期間停止するものである。懲戒の手続きについては，法令上の規定はないが，懲戒を争う訴訟や損害賠償請求訴訟が提起される場合もあり，学校は懲戒に関する基準をあらかじめ明確化し，児童生徒や保護者に周知し，理解と協力を得るように努めることが求められる。

　なお，懲戒は児童生徒の問題行動に対して行うものであり，いわゆる事後指導である。現在，生徒指導の予防的側面がこれまで以上に重視されていることから，日頃から，児童生徒の問題行動が起こりにくい学校（学級）づくりをする意識をもつことが大切である。そのためにも，児童生徒一人ひとりを理解するとともに，彼らとの信頼関係を築き，日々の教育活動において，きめ細やかな生徒指導をすることが求められる。

② 体罰

　児童生徒への体罰は，前述したように，学校教育法第11条によって禁止されている。また，文部科学省による通知「体罰の禁止及び児童生徒理解に基づ

く指導の徹底について」（2013年3月13日）では，「体罰により正常な倫理観を
養うことはできず，むしろ児童生徒に力による解決への志向を助長させ，いじ
めや暴力行為などの連鎖を生む恐れがある」と規定された。

　体罰に該当する行為については，文部科学省の通知「問題行動を起こす児童
生徒に対する指導について」（2007年2月5日）において，児童生徒に対して
行った懲戒の内容が「身体的性質のもの，すなわち，身体に対する侵害を内容
とする懲戒（殴る，蹴る等），被罰者に肉体的苦痛を与えるような懲戒（正座・
直立等特定の姿勢を長時間にわたって保持させる等）に当たると判断された場合」
は，体罰に該当すると規定された。なお，懲戒行為が体罰にあたるかは，当該
児童生徒の年齢，健康，心身の発達状況，当該行為が行われた場所的・時間的
環境，懲戒の態様等の諸条件を総合的かつ客観的に考え，個々の事案ごとに判
断する必要がある。また，教育委員会，学校，校長，教職員はそれぞれの立場
で，体罰の未然防止や組織的な対応を徹底する必要がある（文部科学省，2023）。
ただし，教職員が児童生徒による暴力行為や他の児童生徒に被害を及ぼすよう
な暴力行為に対して，これを制止・防衛したり，危険を回避するためにやむを
えず行った行為は，児童生徒の身体への侵害や肉体的苦痛を与えた場合であっ
ても体罰には該当しない。

（3）出席停止制度

　出席停止制度とは，学校教育法第35条に規定されているように，公立小学
校および中学校において，性行不良であって他の児童生徒の教育に妨げがある
と認められる児童生徒がいる時は，市町村教育委員会が，その保護者に対して，
児童生徒の出席停止を命じる制度である。このように，本人の懲戒という観点
からではなく，学校の秩序を維持し，他の児童生徒の義務教育を受ける権利を
保障するという観点から設けられている。

　出席停止制度の行使にあたっては留意しておくべきことがある。出席停止制
度の趣旨等について，市町村教育委員会や学校からの説明が不十分であるため
に，加害児童生徒とその保護者が出席停止の意味を事前に十分に理解していな
かったり，市町村教育委員会および学校が行うべき出席停止期間中や措置解除

後の指導や支援が十分でなかったりすることがある。このような場合，被害児童生徒を暴力行為などの被害から一時的に守ることはできても，加害児童生徒の自己反省の促進につながらない。ゆえに，出席停止制度を行使する際には，その趣旨を加害児童生徒とその保護者に十分に説明し指導をすることが重要である。そして，出席停止制度を適切に運用するためには，学校はこれまでの指導等に対して，不備がないかどうかを定期的に点検するとともに，出席停止措置に関する事前の手続き，期間中および学校復帰後の指導等について留意すべき点を事前に確認しておく必要がある。

（4）校則

　校則とは，児童生徒が健全な学校生活を送り，よりよく成長・発達していくために設けられるものである。校則は，各学校が教育基本法等に沿って教育目標を実現していく過程において，児童生徒の発達段階や学校，地域の状況，時代の変化等をふまえて，最終的には校長により制定されるものである。なお，「校則」の代わりに，「生活のきまり」「生徒心得」などと呼ぶ学校もある。校則のあり方は，特に法令上は規定されていないものの，これまでの判例では，社会通念上合理的と認められる範囲において，教育目標の実現という観点から校長が定めるものとされている。なお，校則の制定にあたっては，少数派の意見も尊重しつつ，児童生徒個人の能力や自主性を伸ばすものとなるように配慮することも必要である（文部科学省，2023）。

　また，改訂された『生徒指導提要』では，校則の運用について，次の留意点が挙げられている（文部科学省，2023）。

- 教職員は，校則が設けられた背景や理由について理解をする。
- 教職員は，児童生徒が校則を自分事としてその意味を理解するとともに自主的に守るように指導をする。
- 教職員は，児童生徒の内省を促すような指導をする。
- 学校は，校則の内容や制定した背景について，学校のホームページ等に公開をしておく。

　さらに，校則が制定された後も，絶えず見直しを行うことが求められる。そ

れは，学校や地域，社会の状況は絶えず変化するため，校則の内容が児童生徒の実情や保護者の考え方，地域の実情，時代の進展などをふまえたものになっていなければ，校則の運用が適切に行われなくなるからである。

　なお，校則の見直しにあたっては，最終的な決定は校長の権限であるが，児童会・生徒会や保護者会といった場において，校則について確認したり議論したりする機会を設けるなどが必要である。具体的には，生徒会や PTA 会議，学校評議員会において，現行の校則について，時代の要請や社会常識の変化等をふまえ，見直しが必要な事項について意見を聴取する機会を設けるなど，児童生徒や保護者が参加する例が全国各地で見受けられる。

（5）いじめ防止対策推進法

　「いじめ防止対策推進法」（以下，推進法）は，学校側が適切な対応をしなかったことが原因とされた滋賀県大津市の中学 2 年生のいじめ自殺事件（2011年10月）を契機として，2013年 6 月28日に議員立法によって制定され，同年 9 月28日に施行された。なお，この事件は「第 4 のいじめの社会問題化」と言われている。

　推進法では，被害者が苦痛を感じるものをすべていじめと定義するとともに，学校には複数の教職員や専門家が情報共有して対応する「対策組織」の常設を求め，自殺や不登校等の事案は第三者委員会で調べることを義務づけるなど，いじめの調査や防止対策を徹底することを目的としている。

　日本では，法律のもととなる法律案を提出できるのは，「国会議員」か行政を担う「内閣」であるが，これまで立法（法律が成立）されてきたものの多くは「内閣」が提出をしたものである。推進法が議員立法（国会議員が提出した法律が成立すること）された背景には，「いじめの社会問題化」が何度も繰り返されてきたことが挙げられる。つまり，一般市民の「いじめの対応を学校や行政のみに任せてはおけない」という声が大きくなってきたと言える。

　推進法は各学校に「学校いじめ防止基本方針」を策定し（第13条），体系的・計画的に，いじめの未然防止や早期発見に取り組むこと（第15・16条），また，いじめ問題への対策のための組織を各学校に設置し（第22条），組織的に対応

することを求めている。

　また，一人ひとりの教職員に対しては，日頃から児童生徒の予兆やサインを見逃さないようにするとともに，情報共有を図りながら，学校に置かれた組織で対応することを求めている。

　推進法は第28条において，各学校や教育委員会に，いじめにより，児童生徒の生命や心身，財産に重大な被害が生じた疑いや，いじめにより相当の期間（年間30日または一定の期間連続）学校を欠席している疑いがあると認められる場合を「重大事態」と定義した。そして，その場合には，学校の設置者に報告し，事実を明確にするための調査を行い，当該児童生徒および保護者に必要な情報を適切に提供することを求めている。

2　中学校学習指導要領における生徒指導の位置づけ

　本節では，中学校学習指導要領の中で，生徒指導がどのように位置づけられているのかを，それぞれの改訂ごとに見ていくこととする。
① 1969（昭和44）年改訂
　「第 1 章　総則」第 1 の 9(3)に「教師と生徒および生徒相互の好ましい人間関係を育て，生徒指導の充実を図ること」が配慮事項として明記された。また，特別活動に学級指導が新設され，「生徒指導の全機能を補充し，深化し，統合する役割を果たすもの」と明記された。
② 1977（昭和52）年改訂
　総則の「生徒指導」に大きな変更点はなかったが，特別活動との関係については「特別活動におけるすべての指導は，生徒指導そのものであると解してよいほど，この両者の関連は深い」とされた。
③ 1989（平成元）年改訂
　「第 1 章　総則」第 6 の 2(3)の配慮事項において，「教師と生徒及び生徒相互の好ましい人間関係を育て，生徒が自主的に判断，行動し積極的に自己を生かしていくことができるよう，生徒指導の充実を図ること」に変更された。

④　1998（平成10）年改訂

　「第1章　総則」第6の2(3)の配慮事項において，「教師と生徒の信頼関係及び生徒相互の好ましい人間関係を育てるとともに生徒理解を深め，生徒が自主的に判断，行動し積極的に自己を生かしていくことができるよう，生徒指導の充実を図ること」に変更された。

⑤　2008（平成20）年改訂

　総則の配慮事項に変更はなかった。しかし，『中学校学習指導要領解説　特別活動編』では，「生徒指導の推進に当たっては，生徒が規範意識を高め，集団や社会の一員としての自覚と責任感をもって自律的に行動できるよう，学校として計画的・組織的に指導するとともに，適切な情報提供や案内・説明などのガイダンスの機能を充実していくことが，学級活動等の場で特に必要」（文部科学省，2008：24）であると明記された。

⑥　2017（平成29）年改訂

　「第1章　総則」第4の(2)に「生徒理解を深め，学習指導と関連付けながら，生徒指導の充実を図ること」と明記された。また，第4の1「生徒の発達を支える指導の充実」の(1)には，次のように明記されている（小学校，高等学校にも同様の記述あり。下線は筆者による）。

(1)　学習や生活の基盤として，教師と生徒との信頼関係及び生徒相互のよりよい人間関係を育てるため，日頃から学級経営の充実を図ること。また，<u>主に集団の場面で必要な指導や援助を行うガイダンスと，個々の生徒の多様な実態を踏まえ，一人一人が抱える課題に個別に対応した指導を行うカウンセリングの双方により，生徒の発達を支援すること。</u>

　下線部は生徒指導の範疇であり，全員を対象としたガイダンスと個別に支援を行うカウンセリングの2つに分けて児童（生徒）の発達を支援することが強調されている。なお，ガイダンスは全員を対象とするため「未然防止」であり，カウンセリングは個々の児童（生徒）を対象とするため「初期対応」であるということができる。

3　地方教育行政が行う教職員研修

　地方教育行政（教育委員会事務局）の生徒指導に関わる役割としては，地方教育行政の組織及び運営に関する法律第21条から広く捉えて，一般的に次のことが挙げられる。

- 教職員の任免その他の人事に関すること。
- 児童生徒の就学，転学及び退学に関すること。
- 校舎その他の施設及び教具その他の設備の整備に関すること。
- 学校やその他の教育機関の環境整備に関すること。
- 教職員，児童生徒の保健，安全等に関すること。
- 学校給食に関すること。
- 教職員の研修に関すること。
- 教育に係る調査及び統計に関すること。
- 広報に関すること。
- その他。

　本節では，上記のうち「教職員の研修に関すること」と「教育に係る調査及び統計に関すること」について確認をする。

　地方教育行政（教育委員会事務局）が行う教職員研修は，本庁の教育委員会が行う場合もあるが，主に教育委員会の出先機関でもある教育センター等が行う。ここでは，教育センター等が行う教職員研修とはどのようなものか見ていこう。

　教職員研修は，域内の教職員の資質と能力を向上させるために行われるものである。主として，学校や教職員の実態に即して立てた年間指導計画によって実施され，当然，生徒指導に関わる内容も重点項目の一つとしている。

　教職員研修では，校内研修では得られない他校種や他教科の教職員との交流の機会がある。教職員の視野を広げる機会として非常に有益である。特に若手の教職員が少ない学校や，養護教諭も含めて校内に教科担当者が一名しかいない状況にある教職員にとっては，日常のちょっとした疑問や悩み等を相談できる場所としての側面もある。同じような状況の中にあって，教育実践をともに

語り，悩みを共感し合えることは大きな励みとなる。

　2017（平成29）年・2018（平成30）年の学習指導要領の改訂に伴い，教育センターにおける研修内容についても，内容の転換が進められている。まずは講義型からアクティブ型研修への転換が挙げられる。参加型・体験型研修，いじめや不登校等の課題研究・討論など課題解決的な研修を多く取り入れるなど，研修実施者には，研修カリキュラムをより実効的なものとするような工夫が求められている。また異なる規模の学校での研修や他校種での研修等，他の学校での経験を得る機会の確保を図ることも大きな目的の一つである。さらに，新型コロナウイルス感染症の流行下においては，各教育センターはオンライン研修の実施等，様々な工夫を行った。

　これらに共通して言えるのは，教職員が自主的・主体的に研修を展開していく姿勢を育むことにある。「学び続ける教員像」の確立のために，今後なおいっそうの制度や取り組みの充実が図られることになる。

　なお，生徒指導に関わる研修については，生徒指導主事等の担当者のみを対象にしていることが少なくないが，これからは，管理職はもちろんのこと，教務主任や学年主任等も含めて，児童生徒への指導に関わるすべての教職員を対象にすることが求められている。

　また，校外の研修としては，「課題別研修」「宿泊研修」等が所管の教育委員会で実施される。教育センター以外の研修には，企業体験，ボランティア活動，異校種参観，警察や児童相談所等の現地研修などがあるが，それぞれがもつ特色とこれまでの研修内容との関連づけを行うことが重要である。単純な体験だけではなく，教職員に今後の自校の教育活動（生徒指導）とどのように結びつけるかのビジョンをもたせることが目的の一つである。

　先述したように，教育センター等の生徒指導に関わる研修では，都道府県教育委員会の生徒指導プランを基盤に，国の生徒指導の動向や課題，また，それぞれの市区町村教育委員会が抱えている今日的な課題などを取り入れた独自の計画が立てられ，進められる。

　教育センター等での生徒指導に関わる研修内容は，学校での生徒指導に必要とされるすべてのことが対象である。児童生徒の問題行動等への対処や初期対

応のみならず，問題をいかに起こりにくくするかという未然防止に関すること
についての講義や事例研究など，教職員の意識と行動を高める内容である。特
に近年の学習指導要領には，生徒指導に関わる内容が明記されてきているので，
学習指導と関連して生徒指導を充実させるなど，学習指導要領に対応した新た
な学びについても網羅する必要がある。

　また，現在，どの自治体の生徒指導に関わる研修でも，児童生徒理解や生き
方を重視する生徒指導・進路指導などについて，事例研究や演習等を取り入れ
たプログラム等が組まれている。今後は，学校評価や学習指導の評価と同様に，
未然防止も含めた生徒指導の取り組み評価（検証）についても，研修内容に組
み入れることが不可欠であると言えるだろう。

4　生徒指導に関わる校内体制の機能

（1）チームとして機能する学校

　本節では，教職員と外部専門家スタッフとの業務分担および連携の明確化と
ともに，教職員の生徒指導業務分担を目的とした「チーム学校」のモデルを生
徒指導の場面別に示す。また，国立教育政策研究所の調査結果をふまえて，生
徒指導が組織的に行われ，問題が起こりにくくなっている学校の特徴と，その
ような学校における生徒指導主事等のミドルリーダーの行動の共通点を示す。

（2）業務分担の必要性

　まずは，生徒指導の担当者について，日米の状況を比較し，業務分担の必要
性を検討してみよう。表5−1は生徒指導の4つの場面（「秩序維持（懲戒処分等
を含む）」「心理的援助」「環境調整（ソーシャルワーク）」「進路指導・キャリア教育」）
における生徒指導主担当者の日米比較を示したものである。

　米国の中学校・高等学校では，一般的に生徒指導の4つの場面において，す
べて常勤の専門家スタッフ（スクールサイコロジスト，スクールカウンセラー，ス
クールソーシャルワーカーなど）が主担当者となっており，教師は担当していな
い。一方，日本の中学校・高等学校では，一般的に生徒指導の4つの場面のす

表5-1　中学校・高等学校における場面別主担当者の日米比較（一般的な例）

場面	日本	米国
「秩序維持」 （懲戒処分等を含む）	管理職（副校長，教頭）， 生徒指導主担当者 学年主任 **担任教師**	管理職（校長，教頭）， スクールサイコロジスト スクールカウンセラー スクールポリス
「心理的援助」	管理職（副校長，教頭）， 教育相談主担当者 生徒指導主担当者 **担任教師** 養護教諭 スクールカウンセラー	スクールサイコロジスト
「環境調整」	管理職（副校長，教頭）， 教育相談主担当者 生徒指導主担当者 **担任教師** 養護教諭 スクールソーシャルワーカー	スクールソーシャルワーカー
「進路指導・キャリア教育」	進路指導主事 **担任教師**	スクールカウンセラー

出所：藤平（2021：35）。

べてにおいて，担任教師が主担当者となっている。もちろん，「心理的援助」や「環境調整」の場面において，担任教師はスクールカウンセラーやスクールソーシャルワーカーと連携を図っているだろうが，彼らは1年契約の非常勤職員であることが多く，また複数の学校を掛けもちしている場合が多いことから，連携を図りつつも担任教師の役割が大きくならざるをえない。このように，日本では担任教師の業務負担が多いため，米国のように外部専門家との業務分担をすることが必要である。

　そこで，日本の学校では，担任教師は外部専門家スタッフとの業務分担および連携をより強化するとともに，担任教師の業務負担を減らすべきという観点から，生徒指導の業務分担を目的とした「チーム学校」としてのモデルが考えられる（表5-2）。

　中央教育審議会「チームとしての学校の在り方と今後の改善方策について

表5-2　日本の初等中等教育の学校における生徒指導の場面と機能

生徒指導の場面	主たる取組	生徒指導の機能				「チーム学校」のモデル
未然防止	（主に）集団指導・支援ガイダンス（健全育成）	秩序維持			進路指導・キャリア教育	「チームＴ」教職員の同僚性を踏まえた「チーム学校」
初期対応	（主に）個別指導・支援カウンセリング		心理的援助	環境調整		「チームＳ」外部専門家や関係機関等と連携した「チーム学校」
事後対応						

注：「チームＴ」の「Ｔ」は教員（teacher），「チームＳ」の「Ｓ」は専門家（specialist）の
　　ことである。
出所：藤平（2021：38）。

（答申）」（2015年）では，専門性に基づくチーム体制の構築を求めている。この「チーム学校」の概念は，外部専門家や関係機関等と連携をする（表5-2における）「チームＳ」である。しかし，外部専門家スタッフのほとんどが非常勤職員である日本では，後述するように，担任教師も含めた専任教職員同士による「役割連携」の考え方をふまえた「チームＴ」も重視すべきである。表5-2のように，生徒指導の場面や機能等に応じた働きかけを教職員一人ひとりが理解して取り組むことが，担任教師の業務負担軽減はもちろんのこと，何よりも，一人ひとりの児童生徒の適切な成長に結びつくことであると考えられる。

（3）問題が起こりにくくなっている学校の共通点

国立教育政策研究所生徒指導研究センター（2012年4月より生徒指導・進路指導研究センター）の調査結果によると，問題が起こりにくくなっている学校では，情報を軸とした実態把握に重点が置かれ，課題および指導方針が明確であることから，教職員全員での円滑な取り組みに結びついているという共通点が見られた。その流れは図5-1のように示される。その際，ミドルリーダーである生徒指導主担当者（生徒指導主事等）に求められる基本的な行動はA〜Gの7つに分類される。

図5-1　問題が起こりにくい学校の生徒指導サイクル

注：A〜Gは生徒指導主担当者の行動。

出所：国立教育政策研究所（2011a：3）。

（4）ミドルリーダー（生徒指導主事等）の具体的な行動

　国立教育政策研究所（2010）の調査は，問題が起こりにくい学校での日常的な流れや，ミドルリーダーの行動を分解し，そのプロセスを可視化しようとしたことが特徴的である。教職員全員で生徒指導に取り組み，問題が起こりにくくなっている学校では，次の5点が共通点として見られた。

　①児童生徒に関する情報を教職員全員で収集し，課題を共有している。

　②学校の指導方針が現状と課題をふまえたものとなっている。

　③指導における具体的な行動基準を教職員へ示している。

　④一部の教職員のみに負担が偏っていない。

　⑤随時，取り組みを見直し，軌道修正している。

　①〜⑤のそれぞれについて，より具体的な行動は次の通りであった。

①　児童生徒に関する情報を教職員全員で収集し，課題を共有している

　教職員全員が学年や学級の垣根を越えて，児童生徒の情報を収集し，生徒指導の担当者がその情報を適切に集約することで現状と課題を明確にしている。その際，次のような具体的な行動が共通点として見られた。

- 児童生徒の何についての情報を集めるのかが明確になっている。
- 「報告メモ」や「連絡ノート」などを活用している。
- 短時間でも定期的に情報交換する機会を設けている。
- 収集した情報の信頼性を確認するために，不足している情報を集めようとしている。

②　学校の指導方針が現状と課題をふまえたものとなっている

　校長が①により明確になった現状と課題をふまえて，指導・対応方針を示している。

- 児童生徒に関する情報が最終的に校長に集まるシステムができている。
- 生徒指導主事等の担当者は，日常的に校長・教頭（副校長）と生徒指導の状況について対話をしている。
- 現状と自校の生徒指導の重点事項とのずれを把握している。

③　指導における具体的な行動基準を教職員へ示している

　方針を具現化するための取り組み計画と，指導における具体的な行動基準を示している。

- 教職員全員が納得するような指導の根拠を客観的なデータで示している。
- 取り組みの全体像とともに，段階的にスモールゴールを示している。
- 指導すべき基準を教職員全員で確認している。
- 指導における具体的な行動基準を教職員に示している。

④　一部の教職員のみに負担が偏っていない

　分担した役割を明確にしたうえで，教職員全員が互いの役割を意識して相互補完的に協力する意識を醸成している。

- 各教職員の力を生かした役割分担をしている。
- 生徒指導主事等の担当者は調整役に回っている。
- 状況に応じて，分担者の負担の増減を図っている。

⑤　随時，取り組みを見直し，軌道修正している

　方針はぶれないが，方策は状況に応じて変えるという姿勢を示していることが取り組みの活性化につながっている。

- それぞれの役割ごとの取り組み状況を集約するための伝達方法を明確にしている。
- 教職員が定期的に意見交換できる場を設定している。
- 生徒，保護者，地域の関係者等の声も反映させている。
- 日常の状況変化を数値などで表すようにしている。

　これらの分解したミドルリーダーの行動は，どれも一人ひとりの教職員の動きをつくることに結びついており，その結果として，問題が起こりにくい学校になっていると考えられる。

　このことは，前述した表5-2で示したように，生徒指導の業務分担を目的とした「チーム学校」としてのモデルに結びつくことである。

5　新時代に向けた生徒指導のあり方

（1）学習指導の場で生徒指導を重視する根拠

　本節では，新時代に向けた生徒指導のあり方として，学習指導と関連づけて生徒指導を充実させることの必要性について確認をしよう。

　学習指導の場で生徒指導を重視すべき根拠には2つの法がある。

　まず，教育基本法第6条（学校教育）第2号には，「教育を受ける者が，学校生活を営む上で必要な規律を重んずるとともに，<u>自ら進んで学習に取り組む意欲を高めることを重視して行われなければならない</u>」と規定されている（下線は筆者による）。教育基本法で，児童生徒の学習に取り組む意欲を高めることを義務づけているということは，学習意欲を育むことが教育課題として最重要視されているということである。

　2つ目の根拠として，2017（平成29）年3月に告示された「小・中学校学校学習指導要領」の「第1章　総則」第4の1「児童（生徒）の発達を支える指導の充実」(2)には次のように明記されている（括弧内は中学校）（「高等学校学習

指導要領」は第 1 章第 5 款 1 の(2)に同じ内容が明記されている)。

(2)　児童（生徒）が，自己の存在感を実感しながら，よりよい人間関係を形成
　　し，有意義で充実した学校生活を送る中で，現在及び将来における自己実
　　現を図っていくことができるよう，児童（生徒）理解を深め，学習指導と
　　関連付けながら，生徒指導の充実を図ること。

　生徒指導とは，読んで字のごとく，「生徒」（児童も含む）への指導すべての
ことであると言える。つまり，学校教育の中で最も時間が費やされている学習
指導においても，生徒指導の観点がたくさん含まれている。具体的には，授業
規律面のみならず，児童生徒の学習意欲等の非認知的能力を引き出すような働き
かけも，たとえ学習指導の場面であっても，それは生徒指導であると言える。
　特に改訂された 2017（平成29）年・2018（平成30）年告示の学習指導要領で
は，新しい時代に必要となる資質・能力の育成として三つの柱が示されている
が，そのうちの一つである「**学びに向かう力・人間性等の涵養**」は，まさしく
学習指導の場での生徒指導の働きかけによるものである。
　学習指導の場面で児童生徒の学習意欲を育むことは，教壇に立っている教師
であれば，日常的に当たり前のこととして行っているだろう。しかし，学習指
導要領に「学習指導と関連付けながら，生徒指導の充実を図ること」と明記さ
れたことから，あえて，その働きかけを生徒指導であると意識して行うことが
大切である。なぜなら，このように意識することで，「生徒指導は在籍してい
るすべての子どもが対象である」→「生徒指導は課題を抱えている子どものみ
への対応ではない」→「本来の生徒指導の意義に近づく」→「生徒指導は担当者
のみが行うことではない」→「生徒指導は未然防止の観点を持って，教職員全
員で行うものである」というように，生徒指導に対する考え方の転換につなが
るからである。このことは，生徒指導がもつネガティブなイメージからも脱却
でき，教職員の生徒指導に対する負担感の減少にもつながることと考えられる。

（2）学習指導における生徒指導の意義

　生徒指導の指針を示した改訂版『生徒指導提要』（文部科学省，2023）では，教育課程における生徒指導の位置づけを明確にしている。それによると，「学習指導の目的を達成する上で，また生徒指導の目的を達成し，生徒指導上の諸課題を生まないためにも，教育課程における生徒指導の働きかけが欠かせ」ない。したがって，教育課程の編成や実施に当たっては，学習指導と生徒指導を分けて考えるのではなく，相互に関連付けながら，どうすれば両者の充実を図ることができるのか，学校の教育目標を実現できるのかを探ることが重要にな」る（文部科学省，2023）と明記されている。ここに，学習指導における生徒指導の原点がある。

　生徒指導が学習指導の場で充実するということは，学習指導に生徒指導が貢献しているということでもある。

学習課題　① 学校が校則をつくるうえで留意すべきことを説明してみよう。
　　　　　　　② 授業の中で生徒指導を行うとはどういうことかを説明してみよう。
　　　　　　　③ 2つのチーム学校のモデルについて説明してみよう。

引用・参考文献

国立教育政策研究所『生徒指導資料第3集　規範意識をはぐくむ生徒指導体制——小学校・中学校・高等学校の実践事例22から学ぶ』東洋館出版社，2008年。

国立教育政策研究所「生徒指導の役割連携の推進に向けて——生徒指導主事に求められる具体的な行動（中学校編）」2010年。

国立教育政策研究所「生徒指導の役割連携の推進に向けて——生徒指導主事に求められる具体的な行動（高等学校編）」2011年a。

国立教育政策研究所「生徒指導の役割連携の推進に向けて——「生徒指導主担当者」に求められる具体的な行動（小学校編）」2011年b。

中央教育審議会「チームとしての学校の在り方と今後の改善方策について（答申）」2015年。

藤平敦「2　なぜ日本の教師は多忙なのか」片山紀子・藤平敦・宮古紀宏『日米比較を通して考えるこれからの生徒指導』学事出版，2021年，34～39頁。

文部科学省「出席停止制度の運用の在り方について（通知）」2001年。

文部科学省「問題行動を起こす児童生徒に対する指導について（通知）」2007年。

文部科学省『中学校学習指導要領（平成20年告示）解説　特別活動編』ぎょうせい，2008年。

文部科学省『生徒指導提要』教育図書，2010年。

文部科学省『生徒指導提要　令和 4 年 12 月』東洋館出版社，2023年。

文部科学省「体罰の禁止及び児童生徒理解に基づく指導の徹底について（通知）」2013年。

第 6 章

生徒指導における連携体制と方法

　学校内で児童生徒の暴力が増加し，学校には「ゼロトレランス」という厳しい指導が求められている。その一方で，家庭や地域の教育力が低下する中で，学校は子どもたちを組織的・体系的に育てることができる唯一の教育専門機関であり，子どもを守り育てる「生き方の援助」機能を有している。
　本章では，今日の児童生徒の問題行動をふまえ，児童生徒を取り巻く学校内外の教育環境を俯瞰的に捉えながら，学校だけでなく，学校と家庭，地域との連携による「面」としての生徒指導体制をどのように考え，構築していくべきかについて述べる。これからの生徒指導のあり方を一緒に考えてみよう。

1　児童生徒の問題行動と俯瞰的な視点から見る 生徒指導体制

（1）児童生徒の問題行動と求められる「面」としての対応

　いじめが原因の事件で全国の警察が摘発・補導した児童生徒は，2013年に前年より41％増加し，700人を超えた（図6-1）。これは2013年6月に制定された「いじめ防止対策推進法」によって，いじめの定義が拡大され，加害者側の児童生徒の責任が明確にされたことと密接に関わっている。その後，いじめに起因して補導される児童生徒は減少したものの，現在も200人台で推移している。

　文部科学省（2020）の「令和元年度児童生徒の問題行動・不登校等生徒指導上の諸課題に関する調査結果」によれば，少子化によって児童生徒数が減少しているにもかかわらず，学校内における暴力行為，いじめの重大事態数，不登校児童生徒数は，過去最多を更新している。特に，小学校を中心に学校内にお

（平成12年～令和元年）

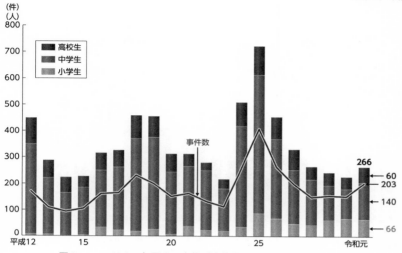

図6-1　いじめに起因する事件（事件数・検挙・補導人員数の変遷）

注1：警察庁生活安全局の資料による。
注2：『いじめに起因する事件』とは，いじめによる事件及びいじめの仕返しによる事件をいう。
出所：法務省（2020）。

　ける児童生徒の暴力が増加している（文部科学省〔2020〕によれば，暴力行為が学校の管理下で発生した学校数は1万2774校あり，全学校数に占める割合は36.2％と小・中・高等学校全体の3割を超えている）。その中には犯罪に近い暴力もある。

　それゆえ，学校では，寛容をなくして規律指導を厳しく行う「**ゼロトレランス**」の生徒指導が求められている。しかし，図6-2からもわかるように子どもの荒れは家庭でも急激に増加している。これは，子どもの荒れの原因の根深さを示唆しており，学校における厳しい指導だけで収束させてよいとは思えない。学校は，家庭や地域の教育力が低下していると指摘される中で，幼い子どもたちを組織的・体系的に育てることができる唯一の教育機関であり，子どもを守り育てる「生き方の援助」機能も有していることを再認識すべきだろう。

　「いじめ防止対策推進法」は，いじめ問題が見えにくくなっている状況にもかかわらず，いまだにそれを「点」としてばらばらに対応している学校や教育委員会，そして国の対応のあり方を「面」として根本から問い直すものである。

（平成12年～令和元年）

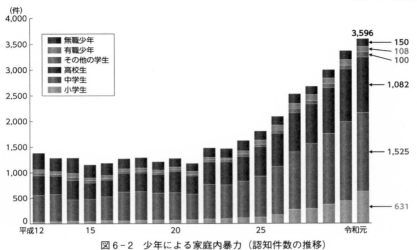

図 6 - 2　少年による家庭内暴力（認知件数の推移）

注1：警察庁生活安全局の資料による。
注2：犯行時の就学・就労状況による。
注3：一つの事件に複数の者が関与している場合は，主たる関与者の就学・就労状況について計上
　　　している。
注4：『その他の学生』は，浪人生等である。
出所：法務省（2020）。

　そして，第1条に明記されるように，いじめが起こった後の対処だけでなく，いじめの早期発見を含んだ事前防止の視点からも「面」的な対応を求められている。すなわち，いじめを含む，いわゆる児童生徒の問題行動に対して，早期に発見し，児童生徒に寄り添える環境を再構築するためには，日常的な学校，家庭，地域の連携を前提とした生徒指導体制が欠かせないのである。

　ちなみに，少年の問題行動等に関する調査研究協力者会議報告書「心と行動のネットワーク」（2001年）や文部科学省「児童生徒の問題行動対策重点プログラム」（2004年）等は，近年の児童生徒の問題行動は，これまでのようにはっきりとした理由がつかめないところにその特徴があることを示している。問題行動の粗暴化，いわゆる「キレル，ムカツク」児童生徒が増加し，「キレル，ムカツク」が一挙に粗暴な犯罪に結びつきやすいこと，悪いことを悪いと認識できない規範意識の低下，従来指摘されてきた学業成績や家庭環境，さら

には非行歴との関係が見えにくい児童生徒の犯罪などが目立っている。今日，こうした見えにくい児童生徒の問題行動をどのように把握するか問われている。

　非行など反社会的な逸脱行動も含めた，児童生徒の学校，家庭，地域への不適応行動は，その児童生徒にとって1回1回の個人史の積み重ねによる自己表現であり，我々が操作的な欲望を捨ててその本人に語らせるという態度をとらない限り，主体としての児童生徒の不適応行動は理解できない。その点，学校における生徒指導は，子どもの立場から，子どもを丸ごと捉える体制を構築できているのかどうか，根本的に問われている。「子どもを丸ごと捉える」とは，公教育体制のもとでの学校という，いわば操作的な環境のもとで規定される子ども（こうした子どもを「児童生徒」と呼ぶ）を児童生徒という視点だけで捉えようとすることの無理や難しさに気づくことでもある。そうした気づきのためには，学校が単に学習の場だけでなく，生活の場でもあることに留意して，学校が家庭や地域と連携し，家庭や地域で生活する児童生徒の姿を把握することに努め，寄り添う姿勢が求められる。

（2）「学校病理」として生徒指導環境を見直す

　現状では，学校における学習活動と生徒指導の関係性を意識することが必ずしも十分ではなく，依然として，服装，髪型などの細かいチェックなど外的規範重視の生徒指導がなされている。校則の遵守を中心にした生徒指導では，なぜ不適応行動という形で自己表現をするのかという児童生徒の気持ちや，自己表現の背後にある児童生徒の育ちをふまえた生徒指導にはなりにくい。特に，高等学校では，偏差値で輪切りにされた個々の学校の生徒に対する偏見（スクール・カーストとも同調する傾向がある）があり，生徒を丸ごと捉え，その可能性を十全に伸ばそうとする姿勢に欠ける状況も見受けられる。

　松本良夫（1986：142）は，児童生徒の不適応問題を引き起こす学校の機能障害を「学校病理」と呼び，それを学校制度の病理，学校組織の病理，学校成員の病理の3つのレベルに分けて捉えている。児童生徒の問題行動の見えにくさや対応の難しさが指摘される今日，児童生徒の不適応問題を学校の制度，組織，成員という学校の構成要素に関わる病理として，基本的なところから要因分析

して捉える視点は示唆的である。

　ちなみに,「学校病理」あるいは「教育病理」という言葉が一般的に使用されるようになったのは, 1970年代以降である。学校における児童生徒の不適応行動が目立つようになり, その原因として学校の教育システムのあり方が指摘されてきた頃である。しかし, 学校の教育システムは, 今日でもそれらの課題が解決されないままに残っている。学校制度と学校組織に関わる生徒指導体制の基本的な課題を, 以下に2点, 指摘しておこう。

① 多様性を認める学校教育制度になっているか

　近年, 学校設置者の多様化とともに, 学校制度の縦の接続や連携が進み始めている。たとえば, 幼保連携による認定こども園などの創設, スタートカリキュラムを含む保幼小連携, ともに義務教育機関である小中一貫(義務教育学校の創設), 中等教育機関同士の連携である中高一貫(中等教育学校の創設), 高大接続などがある。学校制度の縦の接続や連携は, 児童生徒一人ひとりの個性や能力の発達に寄り添いながら, できる限りスムーズに進学させることに寄与する制度改革と言える。しかし, 連携することで教師のさらなる多忙化も指摘されており, 結果的に児童生徒をじっくり観察することができず, 児童生徒自身が自らの進路を納得のいくまで決めることを支えられていない状況にある。学校制度の縦の接続や連携は, あくまで児童生徒の成長に沿ったボトムアップの指向性を大切にするべきで, 上位の学校段階に合わせるようなトップダウンの連携, あるいは生徒指導・進路指導になってはならない。

　学校は, 児童生徒の荒れや, 少子化にもかかわらず減らないいじめ問題や不登校児童生徒の増加などに加えて, LGBT など多様な児童生徒の実態にどのように対応していくべきだろうか。今日, そのために, 横の連携としてのコミュニティ・スクールの積極的な導入や連携のためのコーディネーターの配置など, 縦と横の接続や連携がスムーズに機能するような制度的な対応が求められている。

② 教育目的と一貫性のある生徒指導組織になっているか

　生徒指導を全校体制の中で推進するには, 学校の教育目標や校長の経営方針のもとに, 学校内のあらゆる組織が効率的に機能することが重要である。

　学校全体の方向性を定めるのは，基本的に各学校の教育目標である。これまで学校が決定する各学校の教育目標に関しては，「抽象的である」「学校差・地域差がほとんど反映されていない」「学校内における諸々の集団活動（学校行事，校務分掌など）の目的との一貫性がない」など，多くの問題点が指摘されてきた。すなわち，**教育目標**が児童生徒一人ひとりの具体的な行動目標の段階まで具体化されていないために，教育活動そのものが児童生徒の実態とは関係なく行われる（空洞化する）危険性や，教授―学習の技術的領域と管理―経営の組織的領域，あるいは教授組織と生徒・進路指導組織に二分される原因を内包してきたと言える。

　教育目的の曖昧さは，行政的基準や親の恣意を容易に反映しがちな学校の体質を形成する大きな要因となる。たとえば，学校は，アチーブメントを重視する中で選抜機能を強化してきた。それは，合理的なシステムとして評価されず，「平均以下の成績の生徒にとっては，失敗と懲罰のシステムでしかなく，残りの半分の生徒もこれをのがれるために教育的に不毛な学習行為を強いられる」（市川，1972：13）という状況を生み出してきた。

　すべての義務教育諸学校の掲げる教育目標には，児童生徒の実態に重きを置いた項目が必ずあると言っても過言ではない。しかし，現実には，児童生徒にとって主体性を発揮する場は限られ，アチーブメント本位の一元的な評価が下されてしまう場合が多い。一元的な評価という点では，不登校やいじめ件数の減少を数値目標にする学校においても，熱心に生徒指導に取り組んでいる学校においても同様な状況にある。要するに，学校教育の目標が曖昧で学校の教育活動全体のグランドデザインとして具体性に欠けることが，児童生徒に焦点化しにくい学校組織全体の構造的弛緩性をもたらしている。

　学校に対する期待と不安が増大する今日的状況に照らして，学校教育のこれまでの枠組みを与件として，児童生徒の学習権を保障できると学校や教師が自明に考えているとすれば，それは学校や教師自身，いわゆる成員の機能障害と言えるのかもしれない。学校や教師は，児童生徒の不適応行動に対して「罪悪感がない，見えにくい」というレッテルを貼る前に，教師自身が多忙な毎日の教育活動の中で，児童生徒一人ひとりの人間性をどこまで把握できているのか，

自らに問わなければならないだろう。

（3）「新しい公共」と学校と家庭，地域のさらなる連携

　2009年9月，民主党政権になって首相の所信表明で使われた「新しい公共」という言葉は，新たに学校の存在基盤を再構築しようという今日的な動きと密接に関わっている。「新しい公共」の考え方は，たとえば，内閣府『平成16年度版国民生活白書』でも以下のように述べられており，民主党政権以前から提唱されていた新しい国づくりの視点と言えよう。

　国や自治体といった「官」が創りあげてきた単一の「公共」に対して，福祉やまちづくりなどにおける特定の問題に関心を持ち目的を共有する人々が自発的に活動して創り出す「公共」はいくつもあり，それらが複層的に存在するような状況は新しい形の「公共」といえるのではないか。新しい形の「公共」は，住民の自発的で多様な活動を中心とし地域の様々な組織と対等の立場で協働することで創り出されることが最大の特徴である（内閣府，2004）。

　「新しい公共」とは，これまで中央集権的に「官」がつくってきた「公共」を，NPOをはじめボランティアなど多数の市民のつながりの中で形成していこうとするものであり，新しい行政施策というよりも，失われつつある人や地域の絆（ソーシャルキャピタル）を再編成しようとする理念と言ってもよい。「新しい公共」では，単一の「公共」から複数の利害関係者（ステークホルダー）が創り出す「公共」のあり方を謳い，「公共」を作り出す「協働」という手法の重要性が指摘されている。

　「新しい公共」を教育改革という側面で言えば，1998年9月の中央教育審議会（以下，中教審）答申「今後の地方教育行政の在り方について」以降に成立した，学校評議員制度（2000年4月より施行），民間人校長の採用（2000年4月より施行），学校運営協議会制度（2004年6月地方教育行政の組織及び運営に関する法律改正に基づき9月より導入），新たな学校評価の導入（2007年6月学校教育法改正），そして，2008年度から国庫補助がつく形で実施された学校支援地域本部

事業（現在の地域学校協働本部事業）など，公教育のこれまでの「公」を再構築する施策として展開されてきたと言えよう。

　こうした施策は教育をガバナンス（統治，管理体制）の視点から問い直すと同時に，児童生徒の学習権保障のためにそれを取り巻く保護者，教師・学校，地域（行政）の協働関係が機能不全に陥って，教師・学校の過重負担になっていた「公」の構造をもう一度見直そうとする施策と言ってもいいかもしれない。学校では，学力向上策を含む生徒指導が家庭教育と密接に関わっており，学校と家庭教育の連携や協働が単なる参加論を超えて，「みえる学力」とのつながりで新たに問われるようになっている。

　特に，2018（平成30）年告示「高等学校学習指導要領」では，「公共」が必修科目とされ，「18歳選挙権」を実現するための法律が成立し（2015年6月17日），成人年齢が20歳から18歳に引き下げられる改正民法が成立する中で（2018年6月13日），法や経済に関わる幅広いテーマを扱うことになった。それは，我が国における「**市民性教育（シティズンシップ教育）**」のこれからのあり方とも密接に関わっている。当然のことながら，教科の枠にとどまる学習になってしまっては，実践に生きる市民としての自覚や責任を学ぶことはできない。「新しい公共」を支える「市民性教育」も，学校と家庭，地域の連携のもとで実効性のあるものとなるだろう。

2　生徒指導と学校経営

（1）学校組織と生徒指導

　学校では，個々の学級担任による指導だけでなく，生徒指導部や進路指導部を中心に，学校全体としての指導体制を構築しており，学級担任の指導を生徒・進路指導それぞれを専門にする部会が束ねて，学校全体の指導体制を構築するという体制になっている。特に，学校全体の生徒指導，進路指導の要になるのは，充て職である**生徒指導主事（主任）**と**進路指導主事（主任）**である（表6-1）。

　そして，こうした体制に，スクールカウンセラーや，養護教諭，さらに新た

表6-1　生徒指導主事と進路指導主事の役割

生徒指導主事	校長の監督を受け，生徒指導に関する事項をつかさどり，当該事項について連絡調整及び指導，助言に当たる。	学校教育法施行規則第70条第4項
	校長の監督を受け，学校における生徒指導計画の立案・実施，生徒指導に関する資料の整備，生徒指導に関する連絡・助言等生徒指導に関する事項をつかさどり，当該事項について教職員間の連絡調整に当たるとともに関係教職員に対する指導，助言に当たるものであること。	施行通達等
進路指導主事	校長の監督を受け，生徒の職業選択の指導その他の進路の指導に関する事項をつかさどり，当該事項について連絡調整及び指導，助言に当たるものであること。	学校教育法施行規則第71条第3項
	校長の監督を受け，進路指導に関する学校の全体計画の立案，進路情報の収集，整理及び生徒の進路相談等進路指導に関する事項をつかさどり，当該事項について教職員間の連絡調整に当たるとともに，関係教職員に対する指導，助言に当たるものであること。	施行通達等

出所：窪田・小川（2021）をもとに筆者作成。

な職として主幹教諭が加わり始めている。

　学校には，教頭職の省令化（1957年），主任の省令化（1975年），そして，2007年6月の学校教育法改正を経て，主幹教諭が明確に位置づけられるようになった。そして，地方公共団体の人事委員会や教育委員会においてそれに関わる検討や勧告がなされ，今，全国的に主幹教諭の設置が進んでいる。

　主幹教諭は，「校長（副校長を置く小学校にあっては，校長及び副校長）及び教頭を助け，命を受けて校務の一部を整理し，並びに児童の教育をつかさどる」（学校教育法第37条第9項）とされ，中間管理職としての位置づけが明確になり，ミドルリーダーとしての指導・助言機能の強化が期待されている。また，「教育をつかさどる」ゆえに，ミドルアップダウンで実践感覚を生かしたリーダーシップが図れることも期待される。特に，生徒指導においては，学級担任が子どもに寄り添う時間を少しでも多くもてるような基本的な戦略とともに，学校全体で一枚岩になって多様な課題に対応することが求められており，生徒指導担当の主幹教諭はそのキーパーソンとなりうるだろう。

　生徒指導においても進路指導においても，児童生徒をまるごと捉える方向性

を大切にして「校内の生徒指導の方針・基準を定め，これを年間指導計画に盛り込むとともに，授業研修など校内研修を通じてこれを教員間で共有し，一人ひとりの児童生徒に対して，一貫性のある生徒指導を行うことのできる校内体制」（文部科学省，2010：75）を構築することが求められる。ただし，主幹教諭は，小さな組織体としての学校において垂直型の職制がもたらすとされる，上命下服型の上から下への意思形成が，一人ひとりの児童生徒に責任をもって対応する教師の専門職としての自律性を阻害しないように留意する必要がある。

（2）実効性のある生徒指導の組織・運営

　学校現場では，「児童生徒は悩みがあっても教育相談に来ない」という話をよく聞く。児童生徒が主体的に自由に悩みを打ち明けられるはずの**教育相談**に対しても，なぜ，児童生徒の反応は鈍くなるのだろうか。

　その理由の一つには，学校内において，大人を代表する教師と児童生徒の間の本質的な隔たりがある。特に，中学生期においては，発達段階から見ても大人に対する反抗が強くなる時期であり，悩みがあっても，縦のつながりより，友人等の身近な人間との横のつながりにその救いを求めようとする傾向は当然だと思われる。しかし，生徒指導の枠組みが学校教育システムに組み込まれていく中で，生徒指導本来の目的が児童生徒本人にとって素直に受け入れにくいものになっているという側面もある。児童生徒にとって，管理社会として画一的に捉えられがちな学校の硬い枠組みと，アチーブメント本位で選抜機能のみ強化されやすい個々の学校の存在は，児童生徒の主体性や個性を否定するものとして映りやすい。それゆえに，こうした枠組みをそのままに反映した，制度的権威に依拠した生徒指導では児童生徒をまるごと捉えるには限界がある。

　児童生徒が気軽に教育相談に来れないもう一つの理由として，児童生徒の現実に対応できない生徒指導組織および学校組織そのものの脆弱性が挙げられる。

　特に，今日の生徒指導の機能は非常に複雑であり，多様な児童生徒に対する指導を内包している。複雑多様であるがゆえに，学級担任の指導だけで個々に対応するのではなく，生徒指導部を中心として，学年，学校という広がりをもって実施されなければならない。しかし，最近の児童生徒の不適応問題のわ

かりにくさ，生徒指導は機能であるから計画は立てにくいとする考え方の存在，同様に生徒指導の結果は長期のスパンでしか評価できないという評価自体の難しさ，世代差等から生じる教師間の生徒指導観などのコンセンサスの未確立などによって，学級担任に任せっきりで生徒指導部の対応が曖昧であったり，その逆であったり，生徒指導組織が児童生徒に対して「面」として焦点化されて機能していない現実がある。

　こうした状況下においては，結果的に，生徒指導が児童生徒の問題が起こってから後手後手に行われることとなり，児童生徒の主体的な自己実現に結びつかない。児童生徒の生徒指導に対する認識は，学校組織における職制細分化による分化傾向や，学習組織と指導組織の脆弱な関係性によっていっそう大きくなっていると言える。

　『生徒指導提要』では実効性のある組織・運営のあり方として，以下の5点を基本原理として挙げている（文部科学省，2010：76〜77）。

　①全教職員の一致協力と役割分担

　②学校としての指導方針の明確化

　③すべての児童・生徒の健全な成長の促進

　④問題行動の発生時の迅速かつ毅然とした対応

　⑤生徒指導体制の普段の見直しと適切な評価・改善

　学校は「法規や規則で動いている管理社会である」と言われることがあるが，法規や規則の枠組みのうえで，個々の児童生徒の実態に合わせた教育目標を有効に生かせる生徒指導体制を有機的に作り出していくことが大切であろう。それには，教育目標を「教育実践活動を通じて検証されるべき仮説」と捉え，個々の児童生徒の実態に合わせてフィードバックする生徒指導体制づくりが求められる。現在，緊急時の対応として「危機管理マニュアル」が作成されているが，一度作成したらそれでよしとすることなく，児童生徒の実態に応じて常に更新され続けなければならない。当然のことながら，こうした生徒指導体制の起点となる児童生徒の評価は，形成的評価や定性的評価を加味し，多角的に行う必要がある。前述した5つの基本原理のうち，⑤の「生徒指導体制の普段の見直しと適切な評価・改善」が前提となって，①から④の対応につながるの

である。

（3）「チームとしての学校」と生徒指導

　中教審答申「チームとしての学校の在り方と今後の改善方策について」
（2015年）において，これからの学校が教育課程の改善等を実現し，複雑化・
多様化した課題を解決していくためには，学校の組織としてのあり方や，学校
の組織文化のあり方を見直し，「**チームとしての学校**」を作り上げていくこと
の重要性が提言されている。

　この答申では，「チームとしての学校」とは，「校長のリーダーシップの下，
カリキュラム，日々の教育活動，学校の資源が一体的にマネジメントされ，教
職員や学校内の多様な人材が，それぞれの専門性を生かして能力を発揮し，子
供たちに必要な資質・能力を確実に身に付けさせることができる学校」（中央
教育審議会，2015b）と定義される。そして，以下の3つの視点に沿って検討を
行い，これからの学校のマネジメントモデルの転換を図っていくことを求めて
いる。

　①専門性に基づくチーム体制の構築

　②学校のマネジメント機能の強化

　③教職員一人一人が力を発揮できる環境の整備

　これら3つの視点のうち，特に①では，養護教諭や栄養教諭，スクールカウ
ンセラー，スクールソーシャルワーカーなど，数が少ない職種が孤立しないよ
うに学校全体で意識改革を行い，専門性や立場の異なる人材をチームの一員と
して受け入れることが指摘されている。

　いじめや不登校（登校拒否）の問題が深刻になる中で，文部科学省では，そ
れらの問題に悩んでいる子どもたちのために，スクールカウンセラーを派遣し
たり，生徒指導などの教育相談専門家を地域の教育事務所に配置し，定期的に
複数の学校を巡回して相談活動をするなどの施策を行ってきた。今日，スクー
ルカウンセラーのほとんどは，大学院において心理学を専攻し，臨床心理士や
公認心理師の資格をもつプロのカウンセラーである。教育実践の場において，
いじめや不登校の解決に向けて，これまでも幾度となく「カウンセリング・マ

インド」の重要性は問われてきたが，問題状況がなかなか好転しなかった。スクールカウンセラーの導入は，これまでの生徒指導・(学校)教育相談とは指向性が異なる心理療法的手法を直接導入する試みと見てよいだろう。

　しかし，一方で，いじめ，不登校など1970年代以後目立つようになってきた児童生徒の問題行動は，これまでの学校や学級において行われてきた教育活動のありようとの関わりが指摘されていることも見逃すことはできない。すなわち，国が中心になって進めているスクールカウンセラーの導入などの心理療法的な手法の成否は，これまで学校における教育活動や教師の生徒指導という観点に立脚して行われてきた，生徒指導の現状と問題点をふまえて行われるか否かにかかっている。それゆえに，スクールカウンセラーが学校内で同僚性をもった専門家として機能するために，コーディネーターとしての教師の役割が問われている。こうした役割は，生徒指導を担当する生徒指導主任や主幹教諭に必要とされるマネジメント能力といってもよいかもしれない。具体的に言えば，生徒の発達上の課題や精神疾患，人間関係づくりの手法などに関する専門的な知識，多様な考えをもった人たちと話し合う力，児童生徒を援助するチームを形成し統率する力，企画運営能力，状況判断能力，そして，生徒指導主任や主幹教諭自身がこれらの力を発揮しやすいように「連携するという新たな専門性」が問われている。

　これまで，校内教師集団と生徒指導を結びつける妨げになるものとして，教師の同僚性に見られる平等主義の名のもとで存在する「互いに干渉しない」という規範の問題も指摘されてきた。今の児童生徒をいかに見て，いかに受容するかは常に教師一人ひとりが感覚を鋭敏にしていかなければならない。それは，ある意味で教師としての存在意義を問われる問題であるが，教師の多忙化，家庭や地域の教育力の低下などの状況において，見えにくくなっている児童生徒の問題行動に対応するには，スクールカウンセラーや福祉の専門家としてのスクールソーシャルワーカーをはじめとして，児童生徒に対して多様な見方やサポートができる専門家といかに連携しうるかが問われよう。その点，2022年12月に公表された『生徒指導提要』(改訂版)では，「チーム学校による生徒指導体制」を重視していることに留意したい(文部科学省，2023：68〜118)。

3　新しい生徒指導体制と方法の構築

（1）学級経営を基盤にしたネットワーク型生徒指導

『生徒指導提要』では，最終章（第8章）に学校と家庭・地域・関係機関との連携についてわかりやすく述べられている。

家庭や地域は，学校に通う児童生徒がそこに生き，その保護者たちがそこで生活しているという点で，学校教育の前提条件として常に存在してきた。それは「無形の教育条件」や「潜在カリキュラム」と呼ばれるものであり，「教育をもって，一つの社会過程である」とする教育観からすれば，学校教育の基盤として重要な意味をもっていたと言ってよい。それゆえ，各学校が教育課程を編成し教育実践をする際に，地域や学校，幼児，児童生徒の実態をふまえることが大切であるという点は，戦後一貫して明記されてきた教育課程編成の原則（学習指導要領の総則）となり，学校が個々の学校の存在基盤として「地域性」をふまえて教育実践をすることは自明なのである。しかしながら，家庭・地域の教育力の低下，少子化による学校の統合，それに関わる校区の拡大，教師の多忙化や短期のスパンでの異動などの問題を考えた時，「地域の実態をふまえる」ことはいっそう難しくなっている。

ちなみに，児童生徒の個性や個人差を重視し，自己教育力育成の観点から教育方法や指導内容を根本的に見直していこうとする動きを歴史的に振り返ると，そこには常に学級解体的発想があった。すなわち，学級は，最も安定した生徒指導の場が形成されるところに大きな独自性をもっており，児童生徒をじっくり観察できる場ではあるが，そのためには児童生徒に「我がクラス」という帰属意識をもたせることが重視される。この「我がクラス」という集団重視の意識は，排他性や画一性を生み出してしまう危険性をもち，こうした閉鎖的な枠組みの中で行われる一斉授業形態は，児童生徒一人ひとりの個性，能力に応じた指導をいっそう難しくしてしまうと指摘されたのである。

しかし，児童生徒の実態を把握しにくくなっている現状のもとで，まず大切なのは，教師が一人ひとりの児童生徒の人間性を総合的に理解し，また，彼ら

自身にも自己を理解させるという点である。そして，総合的な人間理解に基づいて，児童生徒一人ひとりに合わせた指導をすることが大切である。そのためには，児童生徒一人ひとりをじっくり見ることが可能な学級経営のよさを，柔軟な学校経営体制のもとで発揮できるようにすることが求められる。

　学級経営が，児童生徒一人ひとりの能力，関心等を総合的に理解するために必要な基盤であるならば，**学年経営**，**学校経営**は，学級経営で得られた個々の児童生徒についての様々な情報を，学年，学校で交換し合い，指導方針や教育方法についての共通理解を深めていく場でなければならない。学級経営活動における，児童生徒自らが自己のよさを知るための活動と指導，それと連動した学年経営，学校全体の指導体制を前提に，一斉授業やアチーブメント重視の評価などの教育方法を根本的に問い直していくことが，児童生徒の自己教育力を重視する今日の生徒指導体制を確立させることにつながる。

　学校における生徒指導の枠組みについて，『生徒指導提要』では，図 6 - 3 のように示している。

　学校では，「以前のように学校行事のための準備や練習の時間がとれない」「学級会やクラブ活動の時間がとれなくなった」など学校時間の不足を嘆く声をよく聞く。特に，2017（平成29）年に告示された学習指導要領では，教職員の働き方も問われる中で，2008（平成20）年に告示され実施された学習指導要領より授業時数がさらに増加した。授業時間が増加する一方で，ますます学級活動の時間がとりにくくなっている。学校においては，週 5 日の時間の中で，児童生徒の総合的な人間理解の基地としての学級経営の時間をどう位置づけ，どのように確保するかが今後の生徒指導のあり方に大きく関わってくる。

（2）コミュニティ・スクール（新しい学校経営）と生徒指導

　中教審答申「新しい時代の教育や地方創生の実現に向けた学校と地域の連携・協働の在り方と今後の推進方策について」（2015年）では，「地域とともにある学校」に転換していくための持続可能な仕組みとして**コミュニティ・スクール**を捉え直し，地域学校協働本部の整備や「コミュニティ・スクールと地域学校協働本部が相互に補完」（中央教育審議会，2015a）する仕組みが提言され

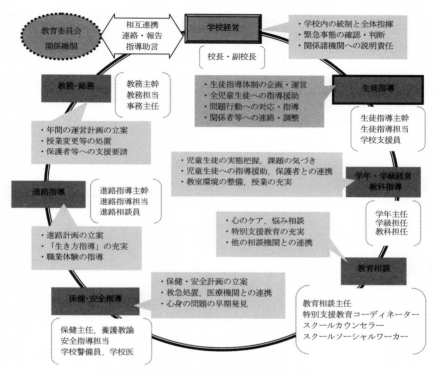

図6-3　生徒指導の学校教育活動における位置づけ

出所：文部科学省（2010：78）。

た。ちなみにコミュニティ・スクールとは，学校運営協議会制度を導入した学校のことをいう。コミュニティ・スクールは，主に，①校長が作成する学校運営の基本方針を承認する，②学校運営について意見を述べることができる，③教職員の任用に関して（教育委員会規則に定める事項について）意見を述べることができるという機能をもっている。

　学校運営協議会を設置するコミュニティ・スクールが制度化されたのは，2004年である。その後，徐々に増加し，2022年5月1日現在，**学校運営協議会を設置している公立学校**は，1万5221校となり，全国の公立学校のうち全体の42.9%がコミュニティ・スクールを導入している。

　文部科学省のこれからの教育施策として，「チーム学校の前提」として，ま

た，「開かれた教育課程」の実現に向けた学校の基盤づくりの前提として，コミュニティ・スクールが位置づけられている。

　当然のことながら，コミュニティ・スクールという仕組みを入れることが目的ではなく，その仕組みを導入することで，学校と家庭，地域のつながりをもう一度見直すきっかけになる。コミュニティ・スクールは，個々の学校が目指す教育の方針を家庭や地域と共有し，学校と家庭，地域の連携および協働のもとにまさに「社会総がかり」で教育活動を充実させていく機能をもっている。

　今日，学習指導要領で提言された**「社会に開かれた教育課程」**とは，「これからのよりよい社会を創るよりよい学校教育とは何か」「これからの社会を創っていく子供たちが身に付けるべき資質・能力とは何か」「目標を達成するためにどのように社会との連携・協働を行っていくか」を考え，実践することであり，コミュニティ・スクールは，「社会に開かれた教育課程」の実現に向けた連携・協働による取り組みを効果的かつ計画的に進めることができる仕組みとして捉えられている（文部科学省，2018）。

　実際に，コミュニティ・スクールの導入によって得られた地域住民の多くのまなざしや協力は，社会での多様な経験をふまえた保護者や地域住民の温かく柔らかなまなざしとして子どもたちを包み込み，子どもたちの自己肯定感の向上のみならず，教師のやりがいにもつながっている。現代の教育格差の拡大に伴う子どもの貧困や児童虐待など，子どもの多様で複雑な育ちの課題に向き合うために，スクールソーシャルワーカーを中心とした福祉のネットワークとの結びつきが強くなっているが，それ以前に求められるのは，こうしたまなざしの復活なのかもしれない。

　「学校教育の出口としての社会」を意識した児童生徒の自己教育力は，学校という時間，空間だけでなく，**「地域に開かれた学校」**がもつ温かく多様なまなざしのもとに育成されるものである。

学習課題　①　今の子どもたちの問題行動（学校不適応問題）をどのように考え，どのように指導したらよいだろうか。新聞やニュース等で取り上げられる問題行動を事例として，学校で行われている「ゼロトレランス」との関係もふまえながら話

　　し合ってみよう。
　②　学校における生徒指導や進路指導について，あなた自身はこれまでどんな印
　　象をもってきただろうか。学級担任が行う生徒指導と生徒指導担当教師（生徒
　　指導部）が行う生徒指導の関わりについても考えてみよう。
　③　全国各地で行われるようになったコミュニティ・スクールの実践を調べ，市
　　民性教育（シティズンシップ教育）を含めた，生徒指導における可能性と課題
　　について考えてみよう。

引用・参考文献

市川昭午「学校とは何か――役割・機能の再検討」『教育社会学研究』27，1972年，4～18頁。

犬塚文雄監修，稲垣応顕編著『生徒指導論――真心と優しさと』文化書房博文社，2011年。

窪田眞二・小川友次『令和3年版　教育法規便覧』学陽書房，2021年。

黒川雅子・山田知代編『生徒指導・進路指導』学事出版，2014年。

国立教育政策研究所生徒指導研究センター「学校と関係機関等との連携――学校を支える
　　日々の連携」2011年。https://www.nier.go.jp/shido/centerhp/4syu-kaitei/pdf/4syuu_all.
　　pdf（2023年7月17日閲覧）

佐藤晴雄『コミュニティ・スクールの成果と展望――スクール・ガバナンスとソーシャル・
　　キャピタルとしての役割』ミネルヴァ書房，2017年。

中央教育審議会「新しい時代の教育や地方創生の実現に向けた学校と地域の連携・協働の在
　　り方と今後の推進方策について（答申）」2015年a。

中央教育審議会「チームとしての学校の在り方と今後の改善方策について（答申）」2015年b。

内閣府『平成16年版　国民生活白書　人のつながりが変える暮らしと地域――新しい「公
　　共」への道』国立印刷局，2004年。

法務省（法務総合研究所）編「令和2年版犯罪白書――薬物犯罪」2020年11月。

堀井啓幸「家庭教育支援と学社協働――家庭教育調査にみる『子育ち』と『子育て』の実態
　　から」『日本教材文化研究財団研究紀要　No. 46　教育現場の諸課題――学校・幼保園，
　　家庭』2017年，77～84頁。

松本良夫「学校の病理学」麻生誠・小林文人・松本良夫編著『学校の社会学』学文社，1986
　　年，141～154頁。

文部科学省「コミュニティ・スクール2018――地域とともにある学校づくりを目指して
　　（パンフレット）」2018年。

文部科学省『生徒指導提要』教育図書，2010年。

文部科学省『生徒指導提要　令和4年12月』東洋館出版社，2023年。

文部科学省「令和元年度児童生徒の問題行動・不登校等生徒指導上の諸課題に関する調査結
　　果」2020年。

第Ⅱ部

キャリア教育

第 7 章

キャリア教育の意義と課題

　本章では，キャリア教育の意義と課題について，日本においてキャリア教育が求められるようになった背景を概観し，これからのキャリア教育を展望する。具体的には，キャリア教育の歴史的な変遷を振り返りながら，①キャリア教育が求められるようになった背景，②キャリア教育で育成すべきもの，③キャリア教育と学習指導要領といった視点から論じていくので，学校現場におけるキャリア教育の実践を思い浮かべながら読み進めていこう。

1　キャリア教育の概念と意義

（1）キャリアとは何か

　キャリア（Career）という言葉が，企業と個人，教育と個人といった文脈や生涯発達の分野において使用されるようになって一定の年月が経過した。しかしながら，キャリアという言葉には定まった定義はなく，それぞれの立場や主張によって多様に意味づけられている。キャリアの語源は，一説では「道」「轍」などを意味するラテン語の carraria に由来し，これが「競技場などのトラック」や「車輪」などを意味するフランス語の carriere を経て英語の career となったと言われている。現在，一般の書籍や論文で使用されているキャリアは，①昇格・昇進，②専門職，③生涯にわたる仕事の連鎖，④役割経験の生涯にわたる連鎖のいずれかの意味で使用されている（Hall, 2002）。

　心理学の分野においては，スーパー（Donald E. Super）の**職業的キャリア発達理論**を契機に，キャリア発達のフレームワークは，「職業モデル」から「キャリアモデル」へと移行し（Herr & Cramer, 1995），キャリアというものを

家庭生活や地域生活等も含めた広い概念で捉えるようになった。そして，近年では，個人が自分のキャリアを意味あるストーリーとして振り返り，他者との相互作用の中でキャリアを作り上げるプロセスに着目した，**キャリア構築理論**（Career Construction Theory）（Savickas, 2002）へと展開を見せるようになった。また，下村（2008）は，最近のキャリア発達理論では，社会正義（Social Justice）に向けたキャリア教育・キャリアガイダンスが強調される傾向が強くなっていることを指摘し，アーヴィングとマリク（Irving & Malik, 2005）が述べた「キャリア教育やキャリアガイダンスをより包括的に考えるならば，個人の人生を改善するということだけでなく，より幅広い社会的責任があるということを認識するという見方が不可欠である」（下村, 2008）という見解を取り上げ，個人および個人の職業選択にのみ焦点をあてていたキャリア教育・キャリアガイダンスは，より社会的な役割を担いうるというものであると述べている。

（2）キャリア教育とは何か──職業指導と進路指導，キャリア教育

　人のキャリアに関する行動は，時間的経過の中での発達とともに社会的・文化的文脈からの影響を受けながら変化していくものである（Vondracek et al., 1986）。そして，ブラウン（Brown, 2007）は，ヴォンドラチェック（Fred W. Vondracek）らが示したような変化を目的とした介入がキャリア教育であると述べている。このことから考えると，学校段階からキャリアに関する教育を行うことはきわめて重要なことである。

　キャリア教育は，アメリカに始まり，100年以上に及ぶ歴史がある。1900年代初頭のアメリカは，産業化から様々な問題が派生し社会的混乱の時代にあった。こうした事態に対処するために，職業指導が国内各地で行われるようになった。その先駆けとなったのが，「職業指導」の創始者として知られるパーソンズ（Frank Parsons）が1908年に創設したボストン職業局である。ボストン職業局の創設後，ボストンでは学校教育の中に「職業指導」が公式に取り入れられ，これが全米に広まった（吉田, 2005）。この「職業指導」が「キャリア教育」のはじまりと考えられる。

　日本の学校教育におけるキャリア教育は，1915年に入沢宗寿が『現今の教

育』の中で，vocational guidance の訳語として職業指導という用語を使用・
紹介したのがはじまりとされる。その概念は教育としての職業指導であった。
その後，1927年に文部省訓令第20号「児童生徒ノ個性尊重及職業指導ニ関ス
ル件」が示され，これが「職業指導」を普及させるきっかけとなる（坂本，
2008）。そして，1957年の中央教育審議会答申「科学技術教育の進行方策」が
提出され，「進路指導」という言葉が公式に使用されるようになり，その後の
学習指導要領からは「職業指導」に代わって「進路指導」という用語が用いら
れるようになった。その後，中央教育審議会（1999）の答申において，小・
中・高等学校12年間のキャリア教育強化への期待が表明され，「キャリア教
育」という言葉が表舞台に登場することになる。このように，日本における
キャリア教育は「**職業教育**から**進路指導へ**」という段階の後，「進路指導から
キャリア教育」へという段階へと進むことになる。

2　キャリア教育が求められるようになった背景

（1）学力低下論と進路意識

　日本でキャリア教育が求められる背景には，内的な背景と外的な背景がある。
内的な背景の一つに，**学力低下論**と**進路意識**があり，これらは義務教育修了段
階である15歳を対象として OECD が実施している PISA（Programme for In-
ternational Student Assessment）調査の結果に見ることができる。

　PISA 調査は，それぞれの生徒がもっている知識や経験をもとに，自らの将
来の生活に関係する課題を積極的に考え，知識や技能を活用する能力があるか
を測定することを目的としたものである。2000年には読解力を中心とした調
査（参加32カ国），2003年には数学的リテラシーを中心とした調査（参加41カ
国），2006年には科学的リテラシーを中心とした調査（参加57カ国）が行われた
（OECD，2001／2004／2007）。

　これらの調査結果では，日本の生徒の各リテラシー平均得点は若干下降傾向
にあるものの上位グループに位置している。しかしながら，2003年の PISA
調査における数学に関する全般的な興味・関心，楽しさ指標では，41カ国中

41位，数学学習に対する道具的な動機づけ指標では41カ国中41位と最下位を示し，2006年の PISA 調査における科学に関する全般的な興味・関心指標では，57カ国中47位，科学の楽しさ指標では57カ国中56位，理科学習に対する道具的な動機づけ指標では57カ国中57位と最下位を示している。このことについて，鈴川ら（2008）は，PISA 2003 の分析結果から，日本の生徒の数学の学力は高いのに対して，日常生活において数学的知識を活用する力が国際的に低いことを指摘している。また，長崎（2005）は日本の児童生徒の算数・数学の学力水準は国際的に高いが，数学が生活や社会と関連していると考える意識は国際的に低いことを指摘している。このような状況は，数学や科学分野だけでなく他の分野においても同様であることが予測される。

　このことから，日本では生徒の学力は比較的高いにもかかわらず，学んだ知識を実感することができず，日頃の学習を社会生活や将来の職業生活と結びつけることができていない現状が浮かび上がった。このような日本の子どもの実態を改善する一つの教育手法として，学習と将来の職業生活を結びつけるキャリア教育が注目を集めるようなったのである。

　しかしながら，その後の2012年に実施された PISA 調査では，数学的リテラシーが536点（7位／65カ国）と上位グループに位置しているものの，「数学における興味・関心や楽しみ」指標は，－0.23 (0.02)[1]（60位／65カ国），「数学における道具的動機付け」指標は，－0.50 (0.02)（64位／65カ国）.「数学における自己効力感」指標は，－0.43 (0.03)（63位／65カ国）となっており（図7－1），鈴川ら（2008）が日本の生徒の数学の学力は高いのに，日常生活において数学的知識を活用する力が国際的に低いことを指摘した2003年の PISA 調査の結果と変わらない状況であった。

　また，2015年に実施された PISA 調査では，科学的リテラシーが538点（2位／72カ国）と上位グループに位置しながらも，「科学に関連する活動」指標は，－0.57 (0.02)（56位／57カ国），「科学の楽しさ」指標は，－0.33 (0.02)（66位／72カ国），「理科学習に対する道具的な動機付け」指標は，－0.02 (0.02)

---

(1)　数値は平均値，（　）内数値は標準誤差。

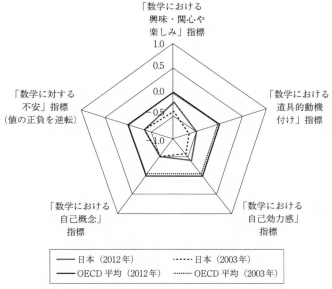

「数学における
興味・関心や
楽しみ」指標

「数学に対する
不安」指標
（値の正負を逆転）

「数学における
道具的動機
付け」指標

「数学における
自己概念」
指標

「数学における
自己効力感」
指標

―― 日本（2012年）　　　…… 日本（2003年）
―― OECD 平均（2012年）　…… OECD 平均（2003年）

図 7-1　日本の生徒の学習成果に関わる要因（経年変化）
出所：文部科学省（2013：23）。

（62位／72カ国），「理科学習者としての自己効力感」指標は，−0.46（0.02）（68位／72カ国），「広範な科学的トピックへの興味・関心」指標は，−0.11（0.02）（48位／55カ国），「探究に対する科学的アプローチへの価値付け」指標は，−0.06（0.02）（31位／72カ国）であった（図 7-2）。この結果を2006年に実施された PISA 調査と比較すると，「理科学習に対する道具的な動機付け」指標においては，国際平均に近づくといった変化が認められるものの，「科学に関連する活動」指標，「科学の楽しさ」指標，「理科学習者としての自己効力感」指標については変わらない状況にあり，日頃の学習で学んだ知識を実感しながら理解できず，学ぶことの意義について身をもって体得できていない現状が浮かび上がった。

　このような現状を改善するために，キャリア教育が求められるようになったのである。

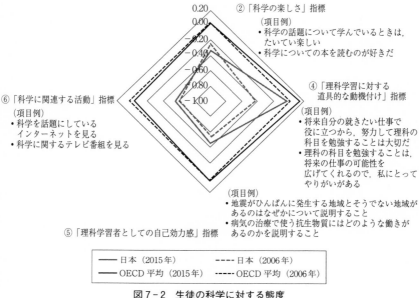

図7-2　生徒の科学に対する態度

出所：文部科学省（2016：13）。

（2）少子高齢社会の到来と産業・経済の構造的変化

　一方，キャリア教育が求められる外的な背景としては，少子高齢社会の到来と産業・経済の構造的変化が挙げられる。

　急速な少子高齢化の中で，日本の生産年齢人口（15～64歳）の絶対数は1995年以降，一貫した減少傾向をたどり，若い労働力の減少や労働力の高齢化，総労働力の減少をもたらすことが予測されている（図7-3）。そして，2065年には，総人口に占める生産年齢人口の割合がほぼ5割となると推測されていることから，定年年齢の延長，外国人労働力の活用，家庭の主婦の労働力の活用，人工知能の活用など様々な論議がなされ，社会の構造改革が必要となっている。

　また，このような人口変動を背景とした子どもたちの変化を，高等学校卒業者の進路状況の変化から見てみると，大学・短大への進学率は，1995年が37.6％であるのに対して，2007年では，51.2％と上昇し，2020年には，55.9％と過去最高を記録している（文部科学省，2020）。さらに，大学卒業者の

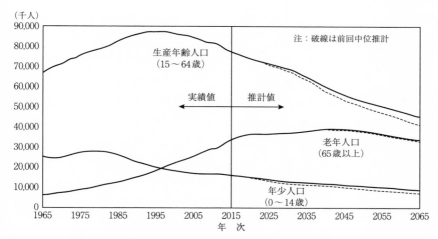

図7-3　年齢3区分別人口の推移——出生中位（死亡中位）推計

出所：国立社会保障・人口問題研究所（2017：3）。

就職率では，1991年が81.3％であるのに対して，1995年は67.1％と減少，その後，50〜60％台を推移するものの，2015年には72.6％と70％台に回復，2019年は78.0％となっている（文部科学省，2020）。

　これらのデータを照らし合わせてみると，学習をしなくても大学進学が可能な時代になり，入試目的で学習をすることさえも，しなくなっているという実態が浮かび上がってくる。そして，このことが**若年無業者**の増加に影響を与えることが推測される。

（3）就職・就業をめぐる環境の変化と若年層の現状

　キャリア教育が求められるもう1つの外的な背景として，就職・就業をめぐる環境の変化と若年層の現状があると言える。

　日本の若年層を取り巻く雇用の現状を1990年代前後で比較して考察すると，1990年代以前までの若者たちの学校から社会人へのプロセスは，「新規学卒就職」という「学校から雇用への移行」パターンを土台としながら，「職業的自立」の道筋に「親からの自立」「社会的自立」を促す仕組みが随伴することによって成し遂げられてきた（児美川，2007）。しかし，若者の学歴や企業の規模

などによっても，その処遇や社会的な威信に階層的な格差が生まれ，学歴社会と呼ばれる現象も生まれていた。1990年代のバブル経済の崩壊・構造不況は，「新規学卒就職」という仕組みを崩壊させ，若者たちは学校から社会人へとプロセスを歩むことが非常に困難な時代を迎える。日本企業は，新規の採用活動を手控え，「正規雇用」を「非正規雇用」に置き換え，正規雇用の内部でも年功型賃金を見直して成果主義を導入する企業が急増する（児美川，2007）。このような「日本的雇用慣行」の再編の結果，新規学卒での採用枠は大きく縮小し，不安定な非正規雇用での就労に参入せざるをえない若者たちが急増した。フリーターの登場である。そして，就職氷河期とも言われる雇用環境が長引く中，職に就かず，学校機関に所属せず，就労に向けた具体的な動きもしない若者が登場する。これがニート（NEET；Not in Education Employment or Training）と呼ばれる若者たちである。

　若年フリーター（15～34歳のパート・アルバイトとその希望者）の当該年齢人口に占めるフリーターの割合は，2002年が6.1%（208万人）であったが，2010年より上昇し6.4%（182万人）となり，2014年の6.8%（179万人）をピークに減少し（内閣府，2015／総務省，2021），2020年には5.5%（136万人）となっている（内閣府，2021／総務省，2021）。このうち，2006年までは，「15～24歳」の方が「25～34歳」よりもフリーターの割合が高かったが，2007年以降は「15～24歳」よりも「25～34歳」の割合の方が高くなる傾向にあり，フリーターの高齢化傾向が認められる。また，若年無業者（15～39歳の無業者）の当該年齢人口に占める割合は，1995年が1.2%（55万人）であったが，2004年になると2.0%代（82万人）になり（内閣府，2015／総務省，2021），2020年には2.7%（87万人）と過去最高を記録している（内閣府，2021／総務省，2021）。

3　キャリア教育で育成すべきもの

（1）キャリア教育で育成すべき能力

　キャリア教育で育成すべき能力として，日本経済団体連合会は，「志と心」「行動力」「知力」で構成される「3つの力」を挙げている。これは，深く考え

目標を達成する社会の一員としての使命感をもたらすものである。一方で，内閣府は，社会を構成し運営するとともに，自立した一人の人間として力強く生きていくための総合的な力として「知的能力的要素」「社会・対人関係力的要素」「自己制御的要素」といった3要素で構成される「人間力」を挙げている。また，経済産業省は，組織や地域社会の中で多様な人々とともに仕事を行っていくうえで必要な基礎的な能力として「前に踏み出す力（アクション）」「考え抜く力（シンキング）」「チームで働く力（チームワーク）」といった3つの力で構成される「社会人基礎力」を挙げている。厚生労働省は，企業が採用にあたって重視し，比較的短期間の訓練により向上可能な基礎的な能力として「コミュニケーション能力」「職業人意識」「基礎学力」「ビジネスマナー」「資格取得」で構成される「就職基礎能力」を挙げている。そして，文部科学省は，社会的・職業的に自立するために必要な基盤となる能力として，「人間関係形成・社会形成能力」「自己理解・自己管理能力」「課題対応能力」「キャリアプランニング能力」といった4つの能力で構成される「**基礎的・汎用的能力**」を挙げている。

　基礎的・汎用的能力は，中央教育審議会（2010）の第二次審議経過報告「今後の学校におけるキャリア教育・職業教育の在り方について」において示されたものである。

　このうち，「**人間関係形成・社会形成能力**」とは，社会との関わりの中で生活し，仕事をしていくうえで基礎となる能力である。多様な他者の考えや立場を理解し，相手の意見を聴いて自分の考えを正確に伝えることができるとともに，自分の置かれている状況を受け止め，役割を果たしつつ，他者と協力・協働して社会に参画し，今後の社会を積極的に形成することができる力である。具体的な要素としては，他者の個性を理解する力，他者に働きかける力，コミュニケーション・スキル，チームワーク，リーダーシップなどが挙げられる。

　「**自己理解・自己管理能力**」とは，子どもや若者の自信や自己肯定観の低さが指摘される中，「やればできる」と考えて行動できる力である。言い換えると，自分が「できること」「意義を感じること」「したいこと」について，社会との相互関係を保ちつつ，今後の自分自身の可能性を含めた肯定的な理解に基

づき主体的に行動すると同時に，自らの思考や感情を律し，かつ，今後の成長
のために進んで学ぼうとする力である。具体的な要素としては，自己の役割の
理解，前向きに考える力，自己の動機付け，忍耐力，ストレスマネジメント，
主体的行動などが挙げられる。

　「課題対応能力」とは，自らが行うべきことに意欲的に取り組むうえで必要
な能力である。仕事をするうえで様々な課題を発見・分析し，適切な計画を立
ててその課題を処理し，解決することができる力である。具体的な要素として
は，情報の理解・選択・処理等，本質の理解，原因の追究，課題発見，計画立
案，実行力，評価・改善などが挙げられる。

　「キャリアプランニング能力」とは，社会人・職業人として生活していくた
めに生涯にわたって必要となる能力である。「働くこと」を担う意義を理解し，
自らが果たすべき様々な立場や役割との関連をふまえ，多様な生き方に関する
様々な情報を適切に取捨選択・活用しながら，自ら主体的に判断してキャリア
を形成していく力である。具体的な要素としては，学ぶこと・働くことの意義
や役割の理解，多様性の理解，将来設計，選択，行動と改善などが挙げられる。

　学校教育において，これらの能力の育成を図るためには，児童生徒の発達課
題の達成と深く関わりながら，社会的にも職業的にも自立していくことをふま
えて，児童生徒の全人的な成長・発達を支援することが重要である。人間の成
長・発達の過程は，いくつかの段階に分けて考えることができ，各段階で取り
組まなければならない発達課題がある。これを各学校段階別にキャリア教育の
視点から考えると，①幼児教育段階では，一人ひとりに応じた総合的な指導を
通して，遊びを中心とした生活体験を重ね，主体的・自発的な活動を促すこと
が重要となる。②小学校段階では，各教科や道徳・特別活動・総合的な学習の
時間の学習，校内活動や地域社会と関わる活動などを通じて，社会生活の中で
の自らの役割や，働くこと，夢をもつことの大切さを理解させ，興味・関心の
幅の拡大を図り，自己および他者への関心をもたせながら，学習意欲の向上に
つなげることが重要となる。③中学校段階では，職場体験をはじめとする進路
指導，各教科や道徳・特別活動・総合的な学習の時間の学習の体系的な取り組
みなどを通じて，社会における自らの役割や将来の生き方・働き方等について

考えさせるとともに，目標を設定し計画的に取り組む態度の育成を図り，進路の選択・決定へ導くことが重要となる。④後期中等教育段階（高等学校）では，社会・職業の現実的理解を深めることや，自分が将来どのように社会に参画するかを考えさせ

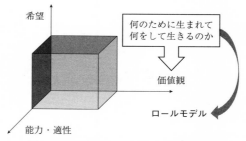

図7-4　希望・能力・適性と価値観の関係
出所：筆者作成。

る教育活動を通じて，生涯にわたる多様なキャリア形成に共通して必要な能力や態度を育成し，勤労観・職業観等の価値観の形成・確立へと導くことが重要となる。⑤高等教育段階（大学）では，教育課程の内外を通じた学習や活動を通じて，実際の社会・職業への移行へと導くことが重要となる。また，⑥特別支援教育学校においては，障害のある児童生徒の個々の障害の状態に応じたきめ細かい指導・支援の下で，適切なキャリア教育を行うことが重要となる。

　このように，学校段階から個人のキャリア発達に対する支援としてのキャリア教育の推進を図ることは，きわめて重要なものと考えられる。

（2）能力と価値観

　先述の「3つの力（日本経済団体連合会）」「人間力（内閣府）」「社会人基礎力（経済産業省）」「就職基礎能力（厚生労働省）」「基礎的・汎用的能力（文部科学省）」などについては「力」や「能力」であり，量的に測定が可能なものと考えられる。たとえば，能力や希望も測定することが可能で，より高い値であることが求められる。他方，キャリア教育にとって大切なものとして「何のために生まれて，何をして生きるのか」といったような価値観がある。これは量的には測定することができないものである。このような価値観は，児童生徒が自分の将来を見据え，ロールモデル等を認識することによって生まれるものである（図7-4）。各学校では「基礎的・汎用的能力」を育む取り組みとともに，価値観を温める取り組みも工夫・改善していくことが重要である。

4　キャリア教育と学習指導要領

（1）キャリア教育と法令

　キャリア教育を効果的に展開するためには，児童生徒の発達段階を考慮して，学校の教育活動全体で組織的・計画的にキャリア教育を展開することが不可欠である。ここでは，その前提となる法令について概観する。

　2006年12月に改正された**教育基本法**の条文の中には，キャリア教育といった文言は直接的には使用されていないが，「第1章　教育の目的及び理念」の第1条（教育の目的）において，「教育は，人格の完成を目指し，平和で民主的な国家及び社会の形成者として必要な資質を備えた心身ともに健全な国民の育成を期して行わなければならない」，第2条（教育の目標）の2において「個人の価値を尊重して，その能力を伸ばし，創造性を培い，自主及び自律の精神を養うとともに，職業及び生活との関連を重視し，勤労を重んずる態度を養うこと」，第3条において「国民一人一人が，自己の人格を磨き，豊かな人生を送ることができるよう，その生涯にわたって，あらゆる機会に，あらゆる場所において学習することができ，その成果を適切に生かすことができる社会の実現が図られなければならない」といったように，キャリア教育に関わる内容が多く示されている。

　また，2007年6月に改正された**学校教育法**には，「第2章　義務教育」の第21条第1号において「学校内外における社会的活動を促進し，自主，自律及び協同の精神，規範意識，公正な判断力並びに公共の精神に基づき主体的に社会の形成に参画し，その発展に寄与する態度を養うこと」，同条第10号において「職業についての基礎的な知識と技能，勤労を重んずる態度及び個性に応じて将来の進路を選択する能力を養うこと」といったように，義務教育におけるキャリア教育に関わる内容が多く示されいる。

　以上のように，教育基本法および学校教育法には，キャリア教育を推進するうえでの法的根拠が示されている。

（2）学習指導要領における「生きる力」

　2017（平成29）年 3 月に小・中学校の**学習指導要領**が告示，翌2018（平成30）年 3 月に高等学校学習指導要領が告示され，小・中学校の学習指導要領においては「キャリア教育」という文言が初めて示された。

　これらの学習指導要領では，「第 1 章　総則」において「児童（生徒）が，学ぶことと自己の将来とのつながりを見通しながら，社会的・職業的自立に向けて必要な基盤となる資質・能力を身に付けていくことができるよう，特別活動を要としつつ各教科（・科目）等の特質に応じて，キャリア教育の充実を図ること」と示され，特別活動を中核に各教科等でキャリア教育を展開することの重要性を指摘している。

　学習指導要領に示されている「社会的・職業的自立に向けて必要な基盤となる資質・能力」の中には「学力」があることは言うまでもない。学習指導要領では，「学力」について，知・徳・体にわたる「**生きる力**」を子どもたちに育むため，「何のために学ぶのか」という学習の意義を共有しながら，授業の創意工夫や教科書等の教材の改善を引き出していけるよう，次の①～③に掲げる 3 つの柱で整理している。

　①知識及び技能が習得されるようにすること。

　②思考力，判断力，表現力等を育成すること。

　③学びに向かう力，人間性等を涵養すること。

　これらの力を育むためには，主体的・対話的で深い学びが必要であり，その実現に向けて授業等の改善・充実を図る必要がある。

（3）学習指導要領と「基礎的・汎用的能力（文部科学省）」

　基礎的・汎用的能力について，2017（平成29）年・2018（平成30）年告示の学習指導要領には，その前文に「これからの学校には，こうした教育の目的及び目標の達成を目指しつつ，一人一人の児童（生徒）が，①自分のよさや可能性を認識するとともに，②あらゆる他者を価値のある存在として尊重し，多様な人々と協働しながら，③様々な社会的変化を乗り越え，④豊かな人生を切り拓き，持続可能な社会の創り手となることができるようにすることが求められ

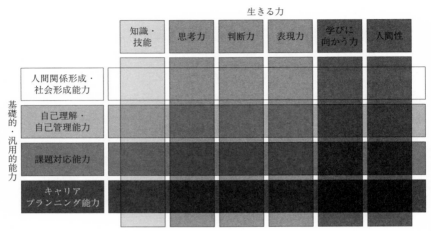

図7-5　「基礎的・汎用的能力」と「生きる力」のマトリックス表

出所：筆者作成。

る。このために必要な教育の在り方を具体化するのが，各学校において教育の内容等を組織的かつ計画的に組み立てた教育課程である」と示されている。この文章には，基礎的・汎用的能力といった文言は記述されていないが，①は，「自己理解・自己管理能力」，②は，「人間関係形成・社会形成能力」，③は，「課題対応能力」，④は，「キャリアプランニング能力」と考えることができる。

　このことから学校では，「基礎的・汎用的能力」と関連づけながら，児童生徒の「生きる力」を伸長させる必要がある。

（4）「生きる力」と「基礎的・汎用的能力」の関係

　それでは，「生きる力」と「基礎的・汎用的能力」の関係をどのように考えればよいのであろうか。このことについて「生きる力」を横軸，「基礎的・汎用的能力」を縦軸としたマトリックス（図7-5）によって整理することができる。たとえば，「基礎的・汎用的能力」の「人間関係形成・社会形成能力」を育むためには，心理学などの知識や，礼儀作法や話術などの技能といった観点（知識・技能等），状況を的確に判断し，考え，行動するといった観点（思考力・判断力・表現力等），あらゆる変化に対応できるよう常に自らの向上を図ると

いった観点や，人間性といった観点（学びに向かう力，人間性等）で捉えることができるのである。

　大田区立矢口中学校（2019）では，マトリックス表に日々の授業の目的を整理し，キャリア教育の視点から各教科等の特質に応じた取り組みを行っている（本書第11章参照）。このように考えると，すべての教科の授業や日々の教育活動はキャリア教育と深い関係があることがわかる。

（5）ガイダンスとカウンセリング

　キャリア教育において，**ガイダンス**と**カウンセリング**は表裏一体のものである。このようなガイダンスとカウンセリングについて，2017（平成29）年告示の小・中学校学習指導要領，2018（平成30）年告示の高等学校学習指導要領には，「第1章　総則」において「主に集団の場面で必要な指導や援助を行うガイダンスと，個々の児童（生徒）の多様な実態を踏まえ，一人一人が抱える課題に個別に対応した指導を行うカウンセリングの双方により，児童（生徒）の発達を支援すること」と示されている。そして，「第6（5）章　特別活動」には，進路の選択などについてガイダンスとカウンセリングの双方の趣旨をふまえて指導を行うことが示され，学習指導要領に示されたガイダンスとカウンセリングの中に，キャリアガイダンスとキャリアカウンセリングが含まれることが示唆されている。

　キャリアガイダンスやキャリアカウンセリングは「個人と仕事のマッチング」といった働きのみに機能するものではない。キャリアガイダンスについて，下村・菰田（2006）は，学校卒業時の一時点の進路選択をうまく行わせるためだけではなく，学校を卒業した後も自分で自分のキャリアを管理できるスキルをもたせるためのキャリアガイダンスといった捉え方への移行を示し，学校と公共職業サービス機関の連携による「生涯キャリアガイダンス」について述べている。

　また，キャリアカウンセリングについて，ハーとクレイマー（Herr & Cramer 1988）は，大部分は言語を通じて行われる過程であり，カウンセラーとキャリアに関する何らかの問題の解決に支援を必要とするクライエントがダイナミッ

クに相互作用し，カウンセラーの様々な心理的援助行動を通して，クライアントが自己理解を深め意思決定を図ることができるようにする過程と定義している。

　学校では，発達段階に応じたキャリア教育を学校の教育活動全体を通じて取り組む必要があることから考えると，各教科・特別の教科　道徳・特別活動・総合的な学習（探究）の時間などのあらゆる教育場面において，キャリアガイダンスとキャリアカウンセリングを適切に進める必要がある。

学習課題　①　キャリア教育が求められるようになった背景について，整理してみよう。
　　　　　　②　キャリア教育で育成すべきものについて，整理してみよう。

引用・参考文献

大田区立矢口中学校「学びに向かう力を高めるキャリア教育——教科指導・進路指導を通して　研究発表集」2019年。

国立社会保障・人口問題研究所「日本の将来推計人口（平成29年推計）——平成28（2016）〜77（2065）年　附：参考推計　平成78（2066）〜127（2115）年」『人口問題研究資料』336，2017年。

児美川孝一郎『権利としてのキャリア教育（若者の希望と社会 2）』明石書店，2007年。

坂本昭「進路指導からキャリア教育へ」日本キャリア教育学会編『キャリア教育概説』東洋館出版社，2008年，30〜36頁。

下村英雄「最近のキャリア発達理論の動向からみた『決める』について」『キャリア教育研究』26，2008年，31〜44頁。

下村英雄・菰田孝行「キャリア教育における公共職業サービス機関の役割——キャリアガイダンス施策の新たな枠組み」（JILPT Discussion Paper Series06-04）2006年。https://www.jil.go.jp/institute/discussion/2006/06-04.html（2023年4月28日最終閲覧）

鈴川由美・豊田秀樹・川端一光「わが国の数学教育は数学を日常生活の中で活用する能力を重視しているか」『教育心理学研究』56，2008年，206〜217頁。

総務省「労働力調査」2021年。

中央教育審議会「初等中等教育と高等教育との接続の改善について（答申）」1999年。

中央教育審議会「第二次審議経過報告　今後の学校におけるキャリア教育・職業教育の在り方について」2010年。

内閣府「特集 2　長期化するひきこもりの実態　子供・若者白書」2019年。

内閣府「平成27年版　子供・若者白書」2015年。

内閣府「令和 3 年版　子供・若者白書」2021 年。

長崎榮三「国際比較から見たわが国の算数・数学教育の課題」『学力の総合的研究　高浦勝義研究部長還暦記念論文集』黎明書房，2005 年，179〜191 頁。

新潟県立教育センター「新潟っ子をはぐくむキャリア教育のすすめ」2011 年。https://www.nipec.nein.ed.jp/sc/careerstation/download/houkokusyo_1syou.pdf（2023 年 4 月 28 日最終閲覧）

文部科学省「OECD 生徒の学習到達度調査——2012 調査分析資料集」2013 年。

文部科学省「OECD 生徒の学習到達度調査——2015 国際調査結果の要約」2016 年。

文部科学省「学校基本調査　政府統計の総合窓口（e-Stat）」2020 年。

山田智之・吉村憲治・宮島康則「地域教材を中核としたカリキュラムマネジメント——キャリア教育の視点から」『上越教育大学大学院学校教育研究科専門職学位課程　令和元年度学校支援プロジェクト実戦研究』2020 年，364〜370 頁。

吉田辰雄『キャリア教育論——進路指導からキャリア教育へ』文憲堂，2005 年。

Brown, S. D., *Career information, career counseling, and career development* (9th edition), 2007, Pearson Education, Boston : MA.

Hall, D. T., *Careers in and out of organizations*, Sage Publications, Inc., 2002.

Herr, E. L., & Cramer, S. H., *Career Guidance and Counseling through the life span : Systematic approaches* (3rd ed.), Scott, Foresman Little, Brown College Division, 1988.

Herr, E. L., & Cramer, S. H., *Career Guidance and Counseling through the lifespan : Systematic approaches* (5th ed.), Scott Foresman & Co., 1995.

Irving, B. A., & Malik, B., *Critical reflections on career education and guidance : Promoting social justice within a global economy*, Oxon : Routledge Falmer, 2005.

OECD, *Knowledge and Skills for Life : First Results from PISA 2000*, OECD, 2001.

OECD, *Learning for Tomorrow's World-First Results from PISA 2003*, OECD, 2004.

OECD, *PISA 2006 Science Competencies for Tomorrow's World*, 1, OECD. 2007.

Savickas, M. L., "Career construction : A developmental theory of vocational behavior," In D. Brown and associates, *Career Choice and Development* (4th ed.), San Francisco, CA : Jossey-Bass, 2002, pp. 149-205.

Vondracek, F. W., Lerner, R. M., & Schulenberg, J. E., *Career development : A life——span development approach*. Englewood Cliffs, Lawrence Erlbaum, 1986 : NJ, pp. 67-83.

第8章

キャリア教育の歴史

　日本の戦後の学校教育に焦点化し，学習指導要領において，職業指導が進路指導，そしてキャリア教育へとどのように変遷してきたのか，その経緯と重点を整理して理解することを本章の学びの第一のポイントとする。また，キャリア教育の成立以降も，社会的・職業的自立に向けたキャリア教育自体の定義の見直し，基礎的・汎用的能力の育成，キャリア・パスポートの導入など，キャリア教育は日々発展を遂げている。そこで，キャリア教育の発展の経緯を学習指導要領と関連づけながら理解するだけでなく，なぜキャリア教育がこれほど重要視されるのか，その意義を見出すことを学びの第二のポイントとする。

　本章を通して，教員一人ひとりが主体となって学校内外で連携を図りながら，これからのキャリア教育の実践を協同できるよう，学校におけるキャリア教育に対する共通理解を深めよう。

1　学習指導要領改訂の背景

（1）学校教育の普及拡大と職業移行システムの変化

　戦前，学校教育に導入された職業指導は，その時代に合わせながら，進路指導，そして今日のキャリア教育へと発展を遂げてきた。そのため，学校教育における職業指導からキャリア教育への発展の過程は，戦後における学校教育の普及拡大に深く組み込まれている。

　戦前，実質小学校段階のみであった義務教育は，戦後1947年の教育基本法，学校教育法の制定により，小学校6年間・中学校3年間へと拡張された。産業構造の変化による第一次産業従事者の減少，および，第二次・第三次産業従事者の増加は著しく，後期中等教育・高等教育の普及率は急激に高まっていく。

　高等学校への進学率は，1950年の42.5％から急激に増加し，1970年代には
9割を超え，2020年の高等学校への進学率は98.8％と中学卒業者のほとんど
が高等学校に進学している。他方，大学・短期大学への進学率は，1954年の
10.1％から，1970年代には3割を超え，その後1980年代まで停滞するものの，
1990年以降再び増加し始め，2000年代には5割を超す。2020年には大学・短
期大学への進学率は58.5％，さらに，高等専門学校4年在学者と専門学校入
学者を含めた「高等教育機関進学率」は，83.5％と過去最高の進学率を示した。
　こうした後期中等教育と高等教育の普及拡大は，学校から職業社会への移行
システムに変容をもたらす。1950年代から1970年代の高等学校進学率の増加
に伴い，中学校卒業者の就職率は激減した。高等学校卒業者の就職率も，大
学・短期大学への進学率の増加に伴い，1990年代には3割，2000年代には2
割を下回る。高等専門学校についても，大学等への進学者が増加の一途をたど
り，1960年代に9割以上だった就職率は2000年代以降6割を下回っている。
　このように中等教育段階における就職率の低下は著しく，職業社会への移行
の中心は，中等教育修了後から高等教育修了後へと移っていく。中等教育機関
では学校から職業への移行よりも学校間移行に重きが置かれ，その結果，高等
教育機関を目指した進学指導の充実が図られた。こうした中等教育機関の方針
は，高等教育機関から職業社会への移行が円滑であった時には問題を示さな
かった。実際，大学卒業者の就職率は1960年代以降7割を下回ることなく，
1990年代初頭までの高等教育機関からの就職率は相対的に高い値を示してい
た。
　しかし，1990年初頭に訪れた「バブル崩壊」，その後のいわゆる「平成不況」
により，若年のフリーターや無業者の増加が著しく，高等教育機関であっても
職業社会への円滑な移行がかなわない事態となる。2003年の大卒者の就職率
は55.1％と過去最低の値を示し，若年の非正規雇用や不安定就労が社会的関
心を集めた。その後2020年に向けて8割程度まで就職率は回復しているが，
この時期の若年層は**失われた世代**（ロストジェネレーション）とも言われている。

（2）時代の変化に合わせた学習指導要領の改訂

　このように学校教育は，少なからず産業構造の変化や社会経済の動向などの影響を受ける。そうした中で，教育基本法第1条「教育は，人格の完成を目指し，平和で民主的な国家及び社会の形成者として必要な資質を備えた心身ともに健康な国民の育成を期して行われなければならない」という教育の目的を達成するためには，社会の変化や子どもたちの現状をふまえた学校教育が求められる。そのため，時代に合わせた学習指導要領の改訂は必要不可欠である。

　学習指導要領の改訂にあたっては，原則的に文部科学大臣（2001年までは文部大臣）から時代の要請をふまえた**諮問**がなされ，それに対する有識者等で構成された中央教育審議会（以下，中教審）による**答申**，さらには一般の人々による意見募集を経る。戦後，学習指導要領は約10年ごとに改訂が進められ，そのたびに学校教育における職業指導・進路指導・キャリア教育も発展を遂げてきた。次節以降では，本節の内容をふまえつつ，学習指導要領における職業指導・進路指導・キャリア教育の位置づけについてその変遷を確認していく。

2　職業指導の展開

（1）職業指導のはじまり

　職業指導は，入沢宗寿（いりさわむねとし）により『現今の教育』（1915年）で取り上げられた後，少年に対する選職相談・職業紹介の質的向上が求められ，様々な児童相談所が開設される中で広がりを見せていった。学校教育との関わりでは1925年に「少年職業紹介ニ関スル件」（内務省・文部省依命通牒）で職業紹介所と小学校との連携による職業紹介が求められ，職業指導が正式に学校教育に導入されたのは1927年「児童生徒ノ個性尊重及職業指導ニ関スル件」（文部省訓令20号）以降とされるが，1938年「小学校卒業者ノ職業指導ニ関スル件」（厚生省文部省訓令第1号），1942年「国民学校ニ於ケル職業指導ニ関スル件」（文部次官通達）などから，戦前の学校教育における職業指導は初等教育段階を中心に行われていたことがうかがえる。

　戦後，1946年に公布された日本国憲法の規定を受け，1947年の公布教育基

本法にて義務教育が中学校段階にまでに拡張され，1947年公布の学校教育法第36条の第3号で，中学校において「社会に必要な職業についての基礎的な知識と技能，勤労を重んずる態度及び個性に応じて将来の進路を選択する能力を養うこと」とされた。さらに，1947年公布の労働基準法第56条の第1号で「満15才に満たない児童は，労働者として使用してはならない」とされ，職業指導の中心は，実質的に小学校段階から中学校段階に移行する。

（2）学習指導要領に見る職業指導

　1947（昭和22）年に，戦後初となる学習指導要領が公表され，職業指導に関する科目が学校教育に位置づけられた。1947（昭和22）年公表「学習指導要領一般編（試案）」では男女平等の原則に則り，小学校の教科として家庭科が男女共修となり，中学校の科目として**職業科**が新設され，その一部に家庭科が加えられるとともに，**職業指導**も特設される。

　「職業科」の学習指導要領では，「勤労の精神を養い，職業の意義と貴さとを自覚するようにし，また職業を営むために必要な基礎的な知識や技術を身につけるようにすること」（「まえがき」）が教育の目標として掲げられた。そして，地域における生徒の職業に関する経験を考え合わせながら，農，商，工，水産，家庭のうちの一科目または数科目を選択して学習することで，「これを試行課程として，勤労の態度を養い，職業についての理解をあたえ」ることが求められた（「まえがき」）。

　そのうえで，職業指導によって「広く職業についての理解をもつように導く」ことも求められた（「まえがき」）。1947（昭和22）年公表「学習指導要領職業指導編（試案）」にて，「職業指導は個人が職業を選択し，その準備をし，就職し，進歩するのを援助する過程」と定義づけされ（「Ⅰ　総論」「1. 職業指導の目標」の(1)），生徒の発達段階等を考慮しつつ，展開される職業指導教育の活動内容としては，「職業に関する理解」「職業研究（進学のための学校調査，学校見学を含む)」「職業実習（試行課程)」「職業選択」「学校選択」の5つの単元が構想された（同「4. 職業指導単元の構成」）。

（3）「職業・家庭科」の新設

　1948年に新制高等学校が発足した後，高校や中学の教科の改正のみならず，学習指導要領使用状況調査等により新たな事項を加え改訂されたのが，1951（昭和26）年公表「学習指導要領　一般編（試案）改訂版」および「中学校学習指導要領　職業・家庭科編（試案）改訂版」である。中学校に注目すると，「学習指導要領　一般編（試案）改訂版」において，中学校は義務教育終了の時期にあたり，社会生活に必要な教育が行われる段階とされた。具体的には，「職業についての基礎的な知識や技能，職業選択の能力などを身につけること」や「学校内外における社会的活動に参加し，社会生活の能力を高めること」が目標として掲げられた（「Ⅰ　教育の目標」「3. 小学校・中学校・高等学校の目標」）。

　職業指導に関連する教科としては，「家庭ならびに職業に関する教科」として，小学校第5〜6学年では家庭科，中学校では**職業・家庭科**，および高等学校では家庭科と農業・工業・商業・水産・家庭技芸などの職業に関する5つの教科が，新たに位置づけられた。これらの教科は，「実生活に役だつ仕事を中心としてこれらに関連する家庭生活，職業生活に必要な知識・理解・技能などを養い，家庭生活や職業生活を充実発展させようとするものであるという点において一連の発展的な流れ」を有しているとされる（「Ⅱ　教育課程」「4. 各教科の発展的系統」の(8)）。

　とりわけ職業・家庭科は，以前の職業科において農業・工業・商業・水産・家庭などの体系にとらわれ，地域社会のニーズと学校や生徒の事情に適合する能率的な学習指導計画を立てることが困難であったとして，新たに設置された。こうして，職業科の中の農業・工業・商業・水産・家庭の分立を廃した1つの教科として，職業・家庭科と称された。

　そのため，職業・家庭科は，広い分野にわたる職業的，家庭的な経験を与えるべく，職業科に含まれていた5つの科目の内容を分析して，実生活に役立つ4類12項目の仕事に分けられた。具体的には，第1類「栽培・飼育・漁・食品加工」，第2類「手技工作・機械操作・製図」，第3類「文書事務・経営記帳・計算」，第4類「調理・衛生保育」の12項目であり，各生徒が12項目の仕事の技能および技術に関する知識・理解を学ぶと同時に，家庭生活・職業生活につ

いての社会的，経済的な知識・理解を養うように計画することが求められた。

（4）「職業・家庭科」の改訂

　ただし，高等学校への進学率が 5 割を超え，第一次産業従事者よりも第三次産業従事者の比率が上回る状況下において，1957（昭和32）年に「中学校学習指導要領　職業・家庭科編改訂版」が公表される。職業・家庭科も大きく改訂され，その「性格」は「将来いかなる進路をとる者にとっても必要な一般教養を与えるもの」とされ（「第 1 章　職業・家庭科の性格と目標」），「職業」に限定されない「進路」が想定された。

　さらに仕事に関する 4 類 12 項目に代わって，第 1 群「栽培・飼育・農産加工」，第 2 群「製図・機械・電気・建設」，第 3 群「経営・簿記・計算事務・文書事務」，第 4 群「漁業・水産製造・増殖」第 5 群「食物・被服・住居・家庭・家庭経営」，第 6 群「産業と職業・職業と進路・職業生活」の 6 群 22 項目が新たに提案された。第 1 群から第 5 群までの項目については，実践的活動を学習の根幹とするものである。ただし，技術的な面のみの学習では不十分であるとされ，その実践的活動の背景となる社会的，経済的な広い視野に立って知識・理解を深めるべく第 6 群が設定された。

3　進路指導の展開

（1）学習指導要領に見る進路指導

　学習指導要領に位置づけられてきた職業指導は，生徒の進路の多様化に伴い，**進路指導**に置き換えられる。ただし，1950 年代後半の高等学校への進学率上昇に伴い，とりわけ中学校における進路指導は**進学指導**が中心となっていく。

　1957 年諮問「科学技術教育の振興方針について」では，産業・経済の充実・発展を期し国民生活の安定を図るため，科学技術教育の画期的振興に向けた教育改善が求められた。それに対する 1957 年中教審答申「科学技術教育の振興方策について」では，大学・大学院などでの科学技術教育の質の向上に向け，高等学校さらには中・小学校でも同様に科学技術教育の充実を目指して数学

（算数）・理科教育等を強化し，高等学校においては産業教育，中学校において
は職業に関する基礎教育を強化する必要性が指摘された。その中で，生徒の進
路の多様性に留意して，その志望と能力に対応できる指導が必要とされ，様々
な教育内容・方法の改善が提案される中で，「高等学校および中学校において
は，進路指導をいっそう強化すること」とされ，進路指導の用語が公式に用い
られた。

　さらに1958年教育課程審議会答申「小学校・中学校教育課程の改善につい
て[(1)]」を受け，1958（昭和33）年に「小学校学習指導要領」および「中学校学習
指導要領」が，1960（昭和35）年に「高等学校学習指導要領」が法的拘束力を
有する形で告示された。中学校では，職業・家庭科が**技術・家庭科**に改められ
技能・技術の習得が目標とされ，職業指導の文言は進路指導に改められたうえ
で，これまで授業時数に数えられていなかった特別教育活動に位置づけられた。
特別教育活動では，**学級活動**において「(1)自己の個性や家庭環境などについ
ての理解」「(2)職業・上級学校などについての理解」「(3)就職（家事・家業従事
を含む）や進学についての知識」「(4)将来の生活における適応についての理解」
の必要性が示された（「第3章　道徳，特別教育活動および学校行事等」「第2　特別
教育活動」）。また高等学校においても，進路指導は特別教育活動の**ホームルー
ム**で取り上げることが明記された。なお，中学校（高等学校）において，進路
指導は学級担任（ホームルーム担任）が中心的に担当し，最終学年のみでなく毎
学年計画的に指導する必要性が示された（括弧内は高等学校）。

　高度経済成長の中，高等学校への進学率がさらに上昇すると，中学校のみな
らず中等教育全体における進路指導に関する課題も指摘されるようになる。
1963年諮問「後期中等教育の拡充整備について」では，「すべての青少年を対
象とし，個人の能力，適性，進路等に応じて後期中等教育の拡充整備を図る」
必要性が指摘された。それに対する1966年中教審答申「後期中等教育の拡充
整備について」では，高等学校において，職業または実生活に必要な知識・技

---

(1)　道徳の時間の開設，国語・算数科の内容充実と時数の増加，年間授業時数の明示などの指摘が
　　なされた。

能や一般的な教養に関する獲得が不十分である生徒像が共有された。そのうえで，高等学校教育として，教育内容・方法の両面から生徒の適性・能力・進路に対応するとともに，職種の専門的分化と新しい分野の人材需要とに即応するよう改善し，教育内容の多様化を図ったり，職業または実際の生活に必要な技能または教養を，高等学校教育の一部として短期に修得できる制度を考慮したりするなどの改善が求められた。また，中学校においても生徒の適性・能力を適確に把握する方法を開拓するとともに綿密な観察を行い，その結果に基づいて適切な指導を行う体制整備の必要性，すなわち**観察指導の強化**も指摘された。

　さらに教育課程審議会による1967年答申「小学校の教育課程の改善について」，1968年答申「中学校の教育課程の改善について」を受け，1968（昭和43）年告示「小学校学習指導要領」，1969（昭和44）年告示「中学校学習指導要領」，1970（昭和45）年告示「高等学校学習指導要領」では，科学技術教育をよりいっそう強化すべく，教育内容が高度化・膨大化した。なお，中学校における特別教育活動は，それまで包括されていなかった学校行事を統合し**特別活動**に置き換えられたが，進路指導は引き続き特別活動の学級指導にて扱われた。

　1969（昭和44）年告示「中学校学習指導要領」では，「第1章　総則」に進路指導が盛り込まれる。たとえば，「第1　教育課程一般」では「生徒の進路，特性等をじゅうぶん考慮し，それぞれの生徒に適した選択教科を履修させること」「個々の生徒の能力・適性等の的確な把握に努め，その伸長を図るように指導するとともに，適切な進路の指導を行うようにする」など，約8割となった高等学校進学率による生徒の多様さへの対応が想定されている。学級指導の内容においても，職業の理解や就職の知識に関する進路指導の記載がなくなり，「進路の選択に関すること」として「進路への関心の高揚，進路の明確化とその吟味，適切な進路の選択など」を取り扱うこととされた（「第4章　特別活動」「第2　内容」）。なお，生徒に対する指導の徹底を図るためには，「教育相談（進路相談を含む）などを，計画的に実施することが望ましい」とあるように，**相談に関する明記**がなされたことも注目に値する。

　1970（昭和45）年告示「高等学校学習指導要領」も同様に，「地域や学校の実態および生徒の能力・適性・進路等をじゅうぶん考慮し，課程や学科の特色

を生かした教育ができるように配慮して，適切な教育課程を編成」（「第1章 総則」「第1節　教育課程の編成」第1款）したうえで，「個々の生徒の能力・適性等の的確な把握に努め，その伸長を図り，生徒に適切な各教科・科目や類型を選択させるように指導するとともに，進路指導を適切に行なうこと」（同章「第2節　全日制および定時制の課程における教育課程」第2款）に配慮することとされた。学業生活および進路の選択決定に関連する内容は，各学年にわたりホームルームで取り扱うことが求められ，指導の徹底を図るために，相談を計画的に実施することとされた（「第3章　各教科以外の教育活動」第2款）。

（2）生き方の指導としての進路指導

　　しかし，この学習指導要領は，カリキュラムの過密さから**詰め込み教育**との指摘がなされる。1971年中教審答申「今後における学校教育の総合的な拡充整備のための基本的施策について」では，すでに「基礎教育を重視すべき段階で教育の内容が盛りだくさんに過ぎること，段階相互の間に教育内容の不必要な重複があること，後期中等教育の段階において個人の特性を無視した形式的平等による画一化の弊害がみられること，全般的に体位のいちじるしい向上にもかかわらず体力の増進が遅れていること」が現状として認識されている。1976年教育課程審議会答申「小学校，中学校及び高等学校の教育課程の基準について」では，教育課程の基準の改善にあたり「(1)人間性豊かな児童生徒を育てること」「(2)ゆとりのあるしかも充実した学校生活が送れるようにすること」「(3)国民として必要とされる基礎的・基本的な内容を重視するとともに児童生徒の個性や能力に応じた教育が行われるようにすること」の達成が求められた。

　　これらを受け，1977（昭和52）年告示「小学校学習指導要領」「中学校学習指導要領」，1978（昭和53）年告示「高等学校学習指導要領」では，授業内容の削減や科目履修基準の緩和が行われ，小学校・高等学校においても特別活動が位置づけられた。「中学校学習指導要領」では「(2)学校の教育活動全体を通じて，個々の生徒の能力・適性等の的確な把握に努め，その伸長を図るように指導するとともに，計画的，組織的に進路指導を行うようにすること」（「第1章　総則」の9）（下線は筆者による）と文言が加わり，特別活動では「進路の適

切な選択に関すること」として，「<u>進路適性の吟味，進路の明確化，適切な進路選択の方法</u>など」（「第4章　特別活動」「第2　内容」）（下線は筆者による）を取り上げることとされた。

　また，高等学校においては，「第1章　総則」における同様の変更に加え，「学校においては，地域や学校の実態等に応じて，勤労に関わる体験的な学習の指導を適切に行うようにし，働くことや創造することの喜びを体得させるとともに望ましい勤労観や職業観の育成に資するものとする」（「第1章　総則」「第1款　教育課程編成の一般方針等」の4）として**体験的学習**も重視された。

　こうして，詰め込み教育からの脱却に向け進路指導への期待は高まる。1977年諮問「当面する文教の課題に対応するための施策について」に対する1981年中教審答申「生涯教育について」や，1984年「文化と教育に関する懇談会報告」，1984年諮問「我が国における社会の変化及び文化の発展に対応する教育の実現を期して各般にわたる施策に関し必要な改革を図るための基本的方策について」に対する臨時教育審議会による4度の答申が行われたが，それらの中では，受験競争の激化が生んだ学歴偏重の社会的風潮により，進路指導として進学指導に重きが置かれていることの指摘がなされ，個性重視の原則に則り，**生き方の指導**を重視する必要性が示された。そのうえで，1987年教育課程審議会答申「幼稚園，小学校，中学校及び高等学校の教育課程の基準の改善について」では，「(1)豊かな心をもち，たくましく生きる人間の育成を図ること」「(2)自ら学ぶ意欲と社会の変化に主体的に対応できる能力の育成を重視すること」「(3)国民として必要とされる基礎的・基本的な内容を重視し，個性を生かす教育の充実を図ること」「(4)国際理解を深め，我が国の文化と伝統を尊重する態度の育成を重視すること」を教育課程の基準の4つの柱とした。

　これらを受け，1989（平成元）年告示「小学校学習指導要領」「中学校学習指導要領」「高等学校学習指導要領」では，思考力・判断力・表現力を重視した新学力観が導入され，社会の変化に対応できる心豊かな人間の育成をねらいとして，[2]中学校では**生き方の指導**が，高等学校では**在り方生き方の指導**が強調された。「中学校学習指導要領」では，「自ら学ぶ意欲と社会の変化に主体的に対応できる能力の育成を図るとともに，基礎的・基本的な内容の指導を徹底し，

個性を生かす教育の充実に努め」ること，「生徒が人間としての生き方についての自覚を深め，豊かな体験を通して内面に根ざした道徳性の育成が図られるよう配慮」すること（「第1章　総則」「第1　教育課程編成の一般方針」）などが盛り込まれ，「生徒が自らの生き方を考え主体的に進路を選択することができるよう，学校の教育活動全体を通し，計画的，組織的な進路指導を行うこと」（同章「第6　指導計画の作成等に当たって配慮すべき事項」の2(4)）（下線は筆者による）と生き方指導への言及がなされた。「高等学校学習指導要領」では，「生徒が自己探求と自己実現に努め国家・社会の一員としての自覚に基づき行為しうる発達段階にあることを考慮し人間としての在り方生き方に関する教育を学校の教育活動全体を通して行うこと」（「第1章　総則」「第1款　教育課程編成の一般方針」の2）と在り方生き方指導への言及がなされた。

　また，中学校（高等学校）の特別活動では，「人間としての生き方（在り方生き方）について自覚を深め，自己を活かす能力を養う」ことが目標とされ，学級活動（ホームルーム活動）において「将来の生き方と進路の適切な選択（選択決定）に関する」活動を行うこととされた（「第4(3)章　特別活動」）（括弧内は高等学校）（下線は筆者による）。

（3）総合的な学習への位置づけ

　このように，学習指導要領に生き方や在り方の指導が反映される中，高等学校，大学・短大への進学率の上昇は止まらず，出口指導に集中した進路指導が引き続き行われた。1991年中教審答申「新しい時代に対応する教育の諸制度の改革について」では，学歴主義の成立と受験競争の激化，教育における平等と効率の問題，また，学校間格差や偏差値による区分けなどに関する課題が提起され，1993年には「高等学校教育の改革に関する会議」から中学校から業者テストを排除する報告書が提出された。

---

(2) 学習内容のさらなる削減が行われ，隔週5日制が導入された。小学校1・2年生に生活科の新設，中学校の選択教科の増加と選択幅の拡大，高等学校の社会科を地理歴史科と公民科に改編，世界史の必修化，家庭科を男女とも必修化，卒業式における国旗掲揚・国歌斉唱の指導の義務化などが新たに示される。

　こうした課題を解決すべく，中教審による1996年「21世紀を展望した我が国の教育の在り方について」の第 1 次答申で，今後における教育のあり方の基本的な方向性として，「自分で課題を見つけ，自ら学び，自ら考え，主体的に判断し，行動し，よりよく問題を解決する資質や能力」「自らを律しつつ，他人とともに協調し，他人を思いやる心や感動する心などの豊かな人間性」「たくましく生きるための健康や体力」を**生きる力**と称し，ゆとりの中でこの生きる力を育むことを重視する提言が行われた。

　これらを受け，1998（平成10）年告示「小学校学習指導要領」「中学校学習指導要領」，1999（平成11）年告示「高等学校学習指導要領」では，**ゆとり教育**をスローガンとして，生きる力を育むべく**総合的な学習の時間**が新設され，完全週 5 日制が実施された。たとえば中学校の場合，総合的な学習の時間において，「自ら課題を見付け，自ら学び，自ら考え，主体的に判断し，よりよく問題を解決する資質や能力を育てること」「学び方やものの考え方を身に付け，問題の解決や探究活動に主体的，創造的に取り組む態度を育て，自己の生き方を考えることができるようにすること」（「第 1 章　総則」「第 4　総合的な学習の時間の取り扱い」の 2(1)(2)）とされた。中学校ではさらに，「生徒が学校や学級での生活によりよく適応するとともに，現在及び将来の生き方を考え行動する態度や能力を育成することができるよう，学校の教育活動全体を通じ，ガイダンスの機能の充実を図ること」（「第 6　指導計画の作成等に当たって配慮すべき事項」の 2(5)）と，**ガイダンス機能の充実**が示された。

　また高等学校では，総合的な学習の時間の学習活動の例として「生徒が興味・関心，進路等に応じて設定した課題について，知識や技能の深化，総合化を図る学習活動」「自己の在り方生き方や進路について考察する学習活動」が示された（「第 1 章　総則」「第 4 款　総合的な学習の時間」の 3 イウ）。このように，個々の生徒の進路に関する学習が，総合的な学習の時間で中心的に取り扱われるようになっていった。

4　学校教育への「キャリア教育」の導入

（1）キャリア教育の出現

　1990年代の終わりには，高等学校からの就職率が3割を下回り，大学・短大への進学率が4割を超えるなど，職業社会への移行の中心が中等教育機関から高等教育機関へと徐々に移り変わっていった。一方，「平成不況」により，これまで日本経済を支えてきた終身雇用・年功序列の雇用システムの崩壊が進み，若年者のフリーター・無業者の増加，早期離職率の高さが社会的な問題として注目を集めるようになる。進学指導・出口指導のみの進路指導では，学校から職業への円滑な移行を支えられないという認識が共有されていくこととなる。

　高等教育への進学率上昇はとりわけ，初等中等教育と高等教育の接続への関心を高めた。1998年諮問「初等中等教育と高等教育との接続の改善について」では，大学は多様な学生が学ぶ教育機関であるとして，「初等中等教育及び高等教育を見通した教育のあり方を考え，教育面での連携や大学入学者選抜のあり方等について見直しを行い，両者の円滑な接続を図ること」を求めた。

　これに対し，1999年中教審答申「初等中等教育と高等教育との接続について（中間報告）」において，**キャリア教育**は「望ましい職業観・勤労観及び職業に関する知識や技能を身に付けさせるとともに，自己の個性を理解し，主体的に進路を選択する能力・態度を育てる教育」として文部科学行政関連文書の審議会報告等で初めての言及がなされた。そのうえで，「学校と社会及び学校間の円滑な接続を図るためのキャリア教育を小学校段階から発達段階に応じて実施する」必要性が指摘され，初等教育段階からのキャリア教育が求められた。さらに，家庭・地域と連携し，体験的な学習を重視するとともに，学校ごとに目標を設定し，教育課程に位置づけて計画的に行うこと，実施状況や成果について絶えず評価を行うことが提案された。

（2）勤労観・職業観の形成と職場体験を中心としたキャリア教育

この「接続答申」を契機に，国立教育政策研究所生徒指導センターによる「児童生徒の職業観・勤労観を育む教育の推進について」(2002年)，若者自立・挑戦戦略会議による「若者自立・挑戦プラン」(2003年)，「若者の自立・挑戦のためのアクションプラン」(2004年)，「若者の自立・挑戦のためのアクションプラン（改訂版)」(2006年) など，報告書・政策文書が相次いで提出された。これらは，社会的問題とされた若年者に対する雇用対策が想定されたものであり，以後，勤労観・職業観の形成と中学校の**職場体験**を中心としたキャリア教育が学校教育に浸透していく。

実際，2004年キャリア教育の推進に関する総合的調査研究協力者会議の「キャリア教育の推進に関する総合的調査研究協力者会議報告書――児童生徒一人一人の勤労観・職業観を育てるために」では，キャリア教育が「児童生徒一人一人のキャリア発達を支援し，それぞれにふさわしいキャリアを形成していくために必要な意欲・態度や能力を育てる教育」，端的には，「児童生徒一人一人の勤労観，職業観を育てる教育」と定義された。また，2004年度から3カ年計画でキャリア教育推進地域が指定され，2005年度から5日以上の職場体験活動を推進すべく「キャリア・スタート・ウィーク」事業が展開された。

（3）学習指導要領への「キャリア教育」の反映

このようにキャリア教育の展開が急ピッチで進められる中，2003年に実施された国際的な学力調査である OECD の PISA (Programme for International Student Assessment) および国際教育到達度評価学会の TIMSS (Trends in International Mathematics and Science Study) の結果から学力論争へと発展し，学校教育の見直しが図られることとなる。2006年に教育基本法の改正，2007年に学校教育法の一部改正，2008年に第1期「教育振興基本計画」が提出される中，2008年中教審答申「幼稚園，小学校，中学校，高等学校及び特別支援学校の学習指導要領等の改善について」を受け，2008（平成20）年「小学校学習指導要領」「中学校学習指導要領」，2009（平成21）年「高等学校学習指導要領」が告示される。この学習指導要領では，「ゆとり教育」でも「詰め込み教育」

でもなく、「生きる力」を育む教育が目指され、授業時数の増加に伴い、総合
的な学習の時間は削減されたものの、キャリア教育の観点が導入された。

　小学校段階から「自己の生き方についての考えを深め、自己を生かす能力を
養う」ことが加筆され（「第6章　特別活動」「第1　目標」）、中学校では、これま
で挙げられてきたボランティア活動や自然体験活動などの体験活動に並んで、
職場体験活動が加わった（「第4章　総合的な学習の時間」「第3　指導計画の作成と
内容の取扱い」の2⑶）。さらに「職業や自己の将来に関する学習を行う際には、
問題の解決や探究活動に取り組むことを通して、自己を理解し、将来の生き方
を考えるなどの学習活動が行われるようにすること」（同⑺）が加筆された。
特別活動においては、職業や進路に関わる啓発的な体験として「職場体験な
ど」が加わり、さらにその体験活動は、「気づいたことなどを振り返り、まと
めたり、発表しあったりするなどの活動を充実するよう工夫すること」（「第5
章　特別活動」）とされた（高等学校も同様）。

　高等学校については、「学校においては、キャリア教育を推進するために、
地域や学校の実態、生徒の特性、進路等を考慮し、地域や産業界等との連携を
図り、産業現場等における長期間の実習を取り入れるなどの就業体験の機会を
積極的に設けるとともに、地域や産業界等の人々の協力を積極的に得るよう配
慮するものとする」（「第1章　総則」「第5　教育課程の編成・実施に当たって配慮す
べき事項」の4⑶）と学習指導要領に初めてキャリア教育が明記された。また、
「生徒が自己の在り方生き方を考え、主体的に進路を選択することができるよ
う、学校の教育活動全体を通じ、計画的、組織的な進路指導を行い、キャリア
教育を推進すること」（同5⑷）（下線は筆者による）が目指され、特別活動の
ホームルーム活動にて、「特に社会において自立的に生きることができるよう
にするため、社会の一員としての自己の生き方を探求するなど、人間としての
在り方生き方の指導が行われるようにすること」とされた（「第5章　特別活動」

⑶　知識・技能の習得と「思考力・判断力・表現力」などの育成のバランスが重視された。道徳教
　育や体育などの充実により、豊かな心や健やかな体を育成することが盛り込まれ、外国語活動の
　導入や、小学校において40人学級から35人学級への引き下げが行われた。「脱ゆとり教育」とも
　言われる。

「第3　指導計画の作成と内容の取扱い」の1(4))（下線は筆者による）。

　こうして，キャリア教育は学習指導要領に小学校段階から明確に位置づけられた。キャリア教育の認知度は，学校教育の中で急激に高まることとなる。

5　本来的なキャリア教育への回帰と発展

（1）本来の理念に立ち返ったキャリア教育の理解

　しかし，キャリア教育が学校教育に浸透するにつれ，導入当初，若年者の雇用問題への対応を重視したことによる偏りが顕在化していく。たとえば，「勤労観，職業観を育てる」ことへの偏重や，職場体験活動の実施をもってキャリア教育とみなすなど，限定的なキャリア教育が学校教育に定着しつつあることが問題視され，本来の理念に立ち返ったキャリア教育の理解の共有が目指される。

　2008年諮問「今後の学校教育におけるキャリア教育・職業教育の在り方について」において，社会人・職業人として自立した人材の育成が求められ，キャリア教育・職業教育のあり方について，中長期的な展望に立ち，総合的な視野の下，検討する必要性が示された。これを受け，2011年中教審答申「今後の学校教育におけるキャリア教育・職業教育の在り方について」において，キャリア教育は，「一人一人の社会的・職業的自立に向け，必要な基盤となる能力や態度を育てることを通して，キャリア発達を促す教育」と再定義され，「特定の活動や指導方法に限定されるものではなく，様々な教育活動を通して実践されるもの」として位置づけられた。キャリア教育の基本的方向性としては，「幼児期の教育から高等教育まで体系的にキャリア教育を進めること。その中心として，基礎的・汎用的能力を確実に育成するとともに，社会・職業との関連を重視し，実践的・体験的な活動を充実すること」「学校は，生涯にわたり社会人・職業人としてのキャリア形成を支援していく機能の充実を図ること」が掲げられた。

　具体的には，生涯にわたるキャリア形成を念頭に置いたうえで幼児教育からキャリア教育を充実させるべく，生得的な力ではなく学校段階で育成可能であり「社会的・職業的自立，学校から社会・職業への円滑な移行に必要な力」と

して，「基礎的・基本的な知識・技能」「基礎的・汎用的能力」「論理的思考力，創造力」「意欲・態度及び価値観」「専門的な知識・技能」を設定した。中でも「分野や職業にかかわらない，社会的・職業的自立に向けて基盤となる能力」として「人間関係形成・社会形成能力」「自己理解・自己管理能力」「課題対応能力」「キャリア・プランニング能力」の4能力からなる**基礎的・汎用的能力**の育成を中心に据えることが提案された。

　また，「職業との関連を重視し，実践的・体験的な活動」を充実させるだけでなく，キャリア教育における「自らの学習活動の過程や成果を振り返り」の重要性を指摘し，「例えば，キャリア教育に関する学習活動の過程・成果に関する情報を集積した学習ポートフォリオを作成し，積極的に活用していくことなどにより，子ども・若者が自らの将来の仕事や生活について考える機会を作ること」の必要性が示された。また，カウンセリングに関する知識やスキル，コミュニケーション方法を教員が修得するための研修の充実や学校と企業とのコーディネートを図る人材の配置などの組織体制の充実も示唆されている。

（2）特別活動を要としたキャリア教育

　こうした学校段階を通じたキャリア教育の基本的方向性は，初等中等教育の一貫した学びの充実を目指す学習指導要領の方向性と合致し，2016年中教審答申「幼稚園，小学校，中学校，高等学校及び特別支援学校の学習指導要領等の改善及び必要な方策等について」[4]に大きく反映される。本答申を受け告示された2017（平成29）年「小学校学習指導要領」「中学校学習指導要領」，2018（平成30）年「高等学校学習指導要領」では，小学校・中学校・高等学校で共通して「児童（生徒）に生きる力を育むことを目指」し，「学ぶことと自己の将来とのつながりを見通しながら，社会的・職業的自立に向けて必要な基盤となる資質・能力を身に付けていくことができるよう，特別活動を要としつつ各教科等の特質に応じて，キャリア教育の充実を図ること」（「第1章　総則」）（括

(4)　「学級活動やホームルーム活動を通じて，各教科等における学習の内容や，特別活動における様々な活動や行事の内容を見通したり振り返ったりし，自己の生き方・キャリア形成につなげていく役割が期待され」るとして「キャリア・パスポート（仮称）」が提案されている。

弧内は中・高等学校）とされた。このように，キャリア教育は特定の科目に限定して行われるものではなく，各教科の特質に合わせてキャリア教育の充実を図り，「特別活動」において「学級（ホームルーム）での話合いを生かして自己の課題の解決及び将来の生き方を描くために意思決定して実践することに，自主的，実践的に取り組むことを通して」，資質・能力を育成することが目標とされた（「第6章　特別活動」〔中・高等学校は第5章〕「第2　各活動・学校行事の目標及び内容」）。実際に，小学校から「一人一人のキャリア形成と自己実現」を学校段階に応じて行っていくことが明記され，そのうえで「将来の（在り方）生き方を考えたりする活動を行うこと。その際，生徒が活動を記録し蓄積する教材等を活用すること」（括弧内は高等学校）とされ，**キャリア・パスポート**の使用も示唆された。さらに，これまでに取り上げられてきたガイダンス機能と，「個々の児童〈生徒〉の多様な実態を踏まえ，一人一人が抱える課題に個別に対応した指導を行うカウンセリング（教育相談を含む。）」（山括弧内は中・高等学校）とが区分され，対話的な関わりの充実をもって，学校生活への適応のみならず希望や目標をもって生活できるよう工夫することが新たに示された。

（3）キャリア教育のさらなる発展

　幼児期・初等教育，そして中等教育と一貫したキャリア教育の体制が整い，今後はキャリア教育の実践が体系的に展開されていくこととなる。これから，ますます流動的で不安定になる社会において，**社会的・職業的自立**に向けて必要な基盤となる資質・能力を子どもたちに身につけさせることは，学校教育の中でより重要となる。

　本章で見てきたように，職業指導・進路指導・キャリア教育は，時代の要請を受けて大きく発展を遂げてきた。今後のキャリア教育も，時代の要請に応じてさらなる発展を遂げていくことになるだろう。教師には，移り行く時代の動きを大局的に見ながら，次の時代を生きていく子どもたち一人ひとりのキャリア形成を促すために学校教育にできることは何か，日々の反省的な実践の中で検討していくことが求められる。

学習課題	①　学校教育の中でキャリア教育の充実が求められる理由とキャリア教育の意義について，話し合ってみよう。

②　キャリア教育の基本的方向性を理解したうえで，担当科目の中でキャリア教育を取り入れるには，どのような工夫ができるか調べてみよう。

③　実習先の学校の教育理念や地域性に配慮しつつ，自身の担当科目の中でどのようなキャリア教育の実践が可能か，具体的に考えてみよう。

引用・参考文献

キャリア教育の推進に関する総合的調査研究協力者会議「キャリア教育の推進に関する総合的調査研究協力者会議報告書——児童生徒一人一人の勤労観・職業観を育てるために」2004年。

教育課程審議会「小学校・中学校教育課程の改善について（答申）」1958年。

教育課程審議会「小学校の教育課程の改善について（答申）」1967年。

教育課程審議会「中学校の教育課程の改善について（答申）」1968年。

教育課程審議会「小学校，中学校及び高等学校の教育課程の基準について（答申）」1976年。

教育課程審議会「幼稚園，小学校，中学校及び高等学校の教育課程の基準の改善について（答申）」1987年。

高等学校教育の改革の推進に関する会議「高等学校入学者選抜の改善について（第三次報告）」1993年。

国立教育政策研究所生徒指導研究センター「児童生徒の職業観・勤労観を育む教育の推進について」2002年。

国立教育政策研究所生徒指導研究センター「キャリア発達にかかわる諸能力の育成に関する調査研究報告書」2011年。

職業教育・進路指導研究会「職業教育及び進路指導に関する基礎的研究（最終報告）」1998年。

中央教育審議会「初等中等教育と高等教育との接続の改善について（答申）（中間報告）」1999年。

中央教育審議会「科学技術教育の振興方策について（答申）」1957年。

中央教育審議会「後期中等教育の拡充整備について（答申）」1966年。

中央教育審議会「今後における学校教育の総合的な拡充整備のための基本的施策について（答申）」1971年。

中央教育審議会「生涯教育について（答申）」1981年。

中央教育審議会「新しい時代に対応する教育の諸制度の改革について（答申）」1991年。

中央教育審議会「21世紀を展望した我が国の教育の在り方について（第一次答申）」1996年。

中央教育審議会「幼稚園，小学校，中学校，高等学校及び特別支援学校の学習指導要領等の改善について（答申）」2008 年。

中央教育審議会「今後の学校教育におけるキャリア教育・職業教育の在り方について（答申）」2011 年。

中央教育審議会「幼稚園，小学校，中学校，高等学校及び特別支援学校の学習指導要領等の改善及び必要な方策等について（答申）」2016 年。

内閣総理大臣「我が国における社会の変化及び文化の発展に対応する教育の実現を期して各般にわたる施策に関し必要な改革を図るための基本的方策について（諮問）」1984 年。

文化と教育に関する懇談会「文化と教育に関する懇談会報告」1984 年。

文部科学省「教育振興基本計画」2008 年。

文部科学大臣「今後の学校教育におけるキャリア教育・職業教育の在り方について（諮問）」2008 年。

文部省「新制高等学校教科課程の改正について」1948 年。

文部省「新制中学校の教科と時間数の改正について」1949 年。

文部大臣「科学技術教育の振興方策について（諮問）」1957 年。

文部大臣「後期中等教育の拡充整備について（諮問）」1963 年。

文部大臣「当面する文教の課題に対応するための施策について（諮問）」1977 年。

文部大臣「初等中等教育と高等教育との接続の改善について（諮問）」1998 年。

臨時教育審議会「教育改革に関する第一次答申」1985 年。

臨時教育審議会「教育改革に関する第二次答申」1986 年。

臨時教育審議会「教育改革に関する第三次答申」1987 年 a。

臨時教育審議会「教育改革に関する第四次答申（最終答申）」1987 年 b。

若者自立・挑戦戦略会議「若者自立・挑戦プラン」2003 年。

若者自立・挑戦戦略会議「若者の自立・挑戦のためのアクションプラン」2004 年。

若者自立・挑戦戦略会議「若者の自立・挑戦のためのアクションプラン（改訂版）」2006 年。

第 9 章

キャリア教育の基礎理論

　本章では，キャリア教育実践の根拠となる理論を取り上げる。実践を行う際，理論的根拠をもって実践することは，実践を効果的に進めるために重要なことである。学校教育に親和性のある発達理論を中心に，キャリア教育に関連づけられやすい理論について学んでいこう。

　また，組織心理学などの教育現場ではややなじみが薄い理論についても学ぶことで，これからのキャリア教育の新たな可能性も考えつつ，個人のキャリアだけでなく，仲間とともに学ぶことができる環境だからこそ生かせる理論について理解を深めるとともに，子どもたちの学びの場面でどのように活用することができるのか，具体的な実践イメージを描きながら読み進めてみよう。

1　スーパーの職業的発達理論

（1）職業的発達理論とは

　スーパー（Donald E. Super）はギンズバーグ（Eri Ginzberg）らをはじめとする共同研究者らとともに，人の生涯にわたるキャリア発達のプロセスの解明とその支援方法の研究を進めてきた研究者・実践家である。スーパーは職業的発達を考える際，「**自己概念**」に注目して論を展開するとともに，生涯発達やライフキャリアの視点も視野に入れながら多岐にわたる研究成果を残している。特に心理社会的発達段階の影響を受けながら発展してきた理論であることから，学校教育における発達段階をふまえた教育実践にも生かせることが多く，その成果は日本の戦後の学校進路指導やキャリア教育にも大きな影響を与えている。

　そこで，本節では，学校進路指導やキャリア教育の理論的背景の一つにもなっている**職業的発達段階**やライフ・キャリア・レインボー，ライフ・スペー

ス・アプローチを紹介しながら，それらが小・中学校のキャリア教育実践とどのようにつながっているのかを紹介する。

（2）職業的発達段階とライフ・ステージ

　スーパーは，ビューラー（Charlotte Buhler）らの発達理論，ハヴィガースト（Robert J. Havighurst）らの発達課題の概念に影響を受けながら，ギンズバーグらと職業的発達研究を進めた。その結果示された職業的発達段階は，人の生涯を成長段階，探索段階，確立段階，維持段階，解放段階の5つの段階に分けて捉え，各発達段階において人がどのように職業的自己概念を変化させていくのか示したものである。

　さらにスーパーは，キャリア発達には，暦年齢にゆるく対応した発達課題と予測不可能な課題への適応を遂げていくという2つの側面があるとしている。暦年齢にゆるく対応した発達課題として，表9－1のような段階を提示した。

　小・中学校の段階にあたる0〜14歳は成長段階と呼ばれ，学校や家庭における主要人物と自分を重ね合わせながら，自分が何者になっていくかを考える時期である。さらに成長段階にはサブ・ステージがあり，空想期，興味期，能力期というステップを踏みながら，社会との関わりを学んでいく。次に15〜24歳あたりは探索段階とされ，暫定期，移行期，試行期という3つのサブ・ステージがあるとされている。探索段階においては，学校・余暇活動・パートタイム労働において，自己吟味や役割志向など職務上の探索が行われる。こうした暦年齢に対応した発達段階は，学校におけるキャリア教育のカリキュラムを考えていく際や，キャリア発達を促す支援を考える際の有効な指標となる。

　特に，学校段階の年齢にあたる成長段階や探索段階の発達課題は，進路指導やキャリア教育のカリキュラムの根拠としても参照され，キャリア教育の実践においてもそれらの視点からの活動が行われている。まだ直接的に職業や進路の選択を迫られていない児童生徒に対しても，発達的視点をふまえつつキャリアに関わる学びを行うことの必要性は，この理論が根拠となってといることが多い。

表9-1　職業的発達段階

発達段階		時期	職業的発達課題
成長段階	空想期 興味期 能力期	0～14歳	身体的発達，自己概念の形成を主とし，自己の興味，関心や能力に関する探究を行う発達段階。仕事に関する空想，欲求が高まり，職業世界への関心を寄せる時期。
探索段階	暫定期 移行期 試行期	15～24歳	いろいろな分野の仕事があること，そのための必要条件を知り，自己の興味関心などにあわせ，特定の仕事に絞りこんでいく段階。その仕事に必要な訓練を受け仕事につく段階。
確立段階		25～44歳	キャリアの初期の段階。特定の仕事に定着し，責任を果たし，生産性をあげその仕事に従事し，職業的専門性が高まり昇進する。
維持段階		45～64歳	確立した地位を維持し，さらに新たな知識やスキルを身につけその役割と責任を果たす段階。キャリア上の成功を果たすことができれば，自己実現の段階となる。この時期の最後には退職後のライフ・キャリア計画を立てる。
衰退段階		65歳～	有給の仕事から離脱し，新たなキャリア人生を始める。地域活動，趣味・余暇活動を楽しみ，家族との交わりの時間を過ごす。

出所：労働政策研究・研修機構（2016）をもとに筆者作成。

　こうした発達段階や発達課題を提示する一方で，スーパーは，人生には各発達段階の間に「移行期」と呼ばれる時期があることも指摘している。人はマキシ・サイクル（大きなサイクル）の中で直線的な発達を遂げるのではなく，ミニ・サイクル（小さなサイクル）を繰り返しながら，らせん状にキャリア発達を遂げていくのだとも述べている。

　こうした発達のプロセスは，今日のキャリア教育においても重要な視点である。特に学校教育におけるキャリア教育を考える際，発達課題となる事柄についてのみ指導をすれば子どもたちの発達が促され，直線的に子どもたちのキャリア発達が促進されるというものではないことを，理論から十分学んだうえで理解して活動を進めていく必要があろう。

（3）ライフ・スペース・アプローチ

　スーパーはさらに，ライフ・ロール（人生役割）という視点からライフ・キャリア・レインボーを描き出した（図9-1）。生涯にわたるキャリア発達を

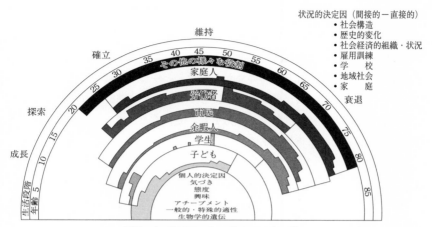

図9-1　ライフ・キャリア・レインボー

出所：文部科学省（2023：24）をもとに筆者作成。

考えつつ，人は人生において複数の役割を果たしながら生きていく存在であることを表したこの図は，『小学校キャリア教育の手引き』（文部科学省，2023：24）などにおいても取り上げられ，小・中学校におけるキャリア教育の基礎となる理論の一つとして紹介されている。

　図9-1に示したライフ・キャリア・レインボーの外側にある時間軸は，第2項で取り上げた職業的発達段階に記された5つのライフ・ステージを表している。またその内側にある，子ども，学生，余暇人，市民，労働者，家庭人という役割がライフ・スペース（人生役割）を表しており，人は生涯の中でこうした役割を複数担いながらキャリアを発達させていく。図に示された各役割の縦幅は，その役割にかけるエネルギーと価値づけを表しており，人は各段階においてどの役割に重きを置き，どの役割にエネルギーをかけてキャリアを形成するのか選択しながらキャリアを発達させていくとされている。また個人の生涯において，年齢ごとに重視する役割が異なり，また同じ年齢であっても，個人によって重みづけが変化していくのがキャリアだといえる。このように，個人の内面的な発達的変化だけでなく，社会における役割を通じても，人はキャリア発達を遂げていくという視点は，現在に至るまでキャリア教育に大きな影

響を与えている。

　人生において社会の中で自分の役割を果たしながら，自分らしい生き方を見つけていくことがキャリア発達であると言われるように，小学校段階から，自分の役割を意識したり社会とのつながりを考えたりして行動する経験を積み，そうした活動を通して自己概念を明確にしつつ，自分に期待されていることや自分が果たすべき役割を認識できる力を育てていくことが，キャリア発達を遂げながら生きるために重要であると言えるだろう。

（4）アーチ・モデルと自己概念

　ここまで述べてきたように，スーパーの理論では，生涯にわたるキャリア発達という時間的な視点と，ライフ・ロールに示されるようなライフ・スペースの視点が含まれていた点が，選択の時点における自己の特性と職業が求めるものをマッチさせて選択を行っていくマッチング理論（特性因子理論）と異なる点である。

　最後に，そうしたアプローチの中でスーパーが最も大切にしていたキーワードである「自己概念」について見ていこう。

　スーパーの理論における主要概念である自己概念は，単なる主観的な自己理解だけではなく，環境との相互作用や他者との関係性の中でつくられていくものである。そして個人が経験を通して主観的に築く主観的自己概念と，他者からのフィードバックなどによって形成される客観的自己概念の両者を指しており，それらの統合を図っていくことでキャリア発達を遂げていくことが期待されている。

　そうした視点をふまえつつ，1980年後半から1990年前半にかけて，スーパーは「アーチ・モデル」を構築した（Super, 1990）（図9‐2）。ライフ・キャリア・レインボーで描いたキャリア発達に加え，個人のキャリア発達は，激しく変化する社会の中で社会的要因の影響を受けることをより明確に図示しており，左の柱は個人の内面的な要因を表している。これらの内面的な要因を発達させることを通してキャリア発達が促進され，一方，右の柱である社会的要因の影響を受けることでもキャリア発達が促されることもあるということを表し

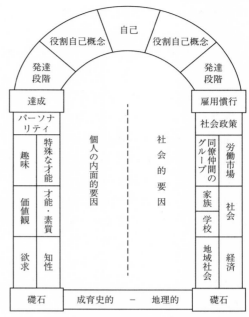

ている。また，内面的なキャリア発達が進むことで社会に影響を与えることもあり，左右の柱から互いに影響を与え受けながらキャリア発達が促進されていると考えている。そして互いに影響し合う左右の柱をつなぐ中核に，**自己概念**があり，ライフ・キャリア・レインボーで描かれたように役割を果たすことを通じて，内面と社会的要因を行き来しながら自己概念を明確化していくのだとしている。

スーパーの提唱した数々の理論的枠組みは，日本の学校においてキャリア教育の基盤

図9-2 アーチ・モデル

出所：Super（1990），渡辺（2018：50）をもとに筆者作成。

となる考えとして生かされており，児童生徒たちに自身の内面的発達を促しつつ，社会的要因に目を向けさせたり，学校という社会の中で役割を果たすことを通じて自己概念を明確化させていく形で，すでに各学校の実践において取り組まれている。小・中学校において，特別な時間を設けて自己分析をしたり社会について知る機会を設けたりすることは，児童生徒がキャリアを考えるきっかけの一つになることは確かである。しかし，日々の教科の授業や行事など，日頃行っている教育活動を通して児童生徒が自分の興味関心に気づくきっかけを作ったり，社会的要因について学ぶことを通して，自己概念をあらためて明確にしていく機会を設けていくことによっても，子どもたちのキャリア発達を促進させることはできるだろう。キャリア教育の実践においては，そうした左右の柱の両面をふまえつつ，それらをつなぐための自己理解・キャリア発達支援の視点をもちながらカリキュラムを構成し，子どもたちのキャリア発達を促

す取り組みをしていくことが重要であろう。

2　シャインのキャリア・ダイナミクス

（1）シャインのキャリア理論

　シャイン（Edger H. Schein）は組織心理学の研究者として，組織内キャリア発達理論を提唱した人物である。中でも従来のキャリア発達理論で提唱されているような発達段階と発達課題を前提としつつ，組織も個人も成長し続ける存在であると捉え，外的キャリアと内的キャリアという2つの軸を用いて個人の組織内におけるキャリア発達を考えた。シャインの研究の主な対象は成人期以降の，職業キャリアを経験した者たちであるが，その視点は組織心理学以外の分野にも広く影響を与えている。

　中でも特に中核となる外的キャリアと内的キャリアという2つの軸をどのように捉えていたのか，また，キャリア発達を遂げていく際の軸となるキャリア・アンカーとは何かを紹介しつつ，小・中学校のキャリア教育につながる視点は何か見ていこう。

（2）外的キャリアとキャリア・ステージ

　シャインは，キャリアを「知的専門的職業あるいは明確な昇進を伴う職業に限られるわけではない」としたうえで，「個人がキャリアにおいて遭遇し経験する段階と課題」としての「内的キャリア」と，「あるひとが，ある職種につき，昇進していく過程で，その職種または組織から要請される具体的な段階」としての「外的キャリア」の両面から捉える必要性があると指摘した（シャイン，1991：38）。組織も個人も成長し続ける存在であり，組織と人との相互作用により発達していくものと捉え，キャリア発達のプロセスを明らかにしたのである。

　前述の通り，シャインは特に成人期以降のキャリア発達を中心に研究を進めた研究者であり，社会経験をある程度積んだ成人期以降の個人のキャリア発達についての示唆を多く残している。そのため学校におけるキャリア教育に生か

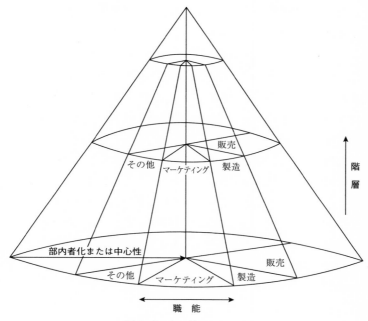

図9-3　キャリア・コーン
出所：シャイン（2003：41）。

　すことが難しい理論のように思えるが，個人内の主観的感覚としての自己概念である「内的キャリア」と「外的キャリア」の両面からキャリア発達を捉えていく視点は，学校におけるキャリア教育を考えるうえでも指標の一つとなるといえよう。

　まず外的キャリアについて，シャインは組織内でのキャリア発達を3つの方向性から捉え，図9-3のコーンモデルを提示した（Schein, 1971）。

　第1の方向性は階層の次元であり，組織の垂直方向の移動を示している。これは，職位や職階が上がっていくことを表している。もちろん定年を迎えるまで昇進しないものもいれば，組織の中で指導者のレベルまで上り詰めていくものもいる。

　2つ目は職能ないし，技術的次元である。これは水平方向の移動のことであり，人々の専門的分野の混合を指している。この次元についても，職業生活の

初期の段階で専門的な分野に入り，その道一筋で職業生活を終える者もいれば，頻繁に職業の分野を変えながらキャリア発達を遂げていくものもいる。

　そして3つ目が円の中心，あるいは核に向かう動きである。これは中心的かつ，部内者化の動きである。この次元での移動は階層の次元の移動と関連していることが多いが，組織の中で中心的役割を担うようになることを示している。こうした3つの次元を経ながら，人は組織の中でキャリア発達を遂げていくとシャインは考えたのである。

　そうした外的キャリア発達を経つつ，そのステージがどこにあろうとも，自分の人生の中のどこに向かって進んでいるのか，どのような役割を担っているのかということについて個人が抱く主観的感覚が内的キャリアである。

　キャリア発達というと，ともすると外的キャリア，特に階層次元におけるキャリア発達のみがイメージされやすいが，組織内における外的キャリア発達を進める中で，個人が心の中で内的キャリアを描き，それらが互いに影響し合って形成されるのがキャリアなのである。

（3）内的キャリアとキャリア・アンカー

　その内的キャリアの発達に有効なものとしてシャインが挙げたのが，「**キャリア・アンカー**」である。シャインらは1961年にマサチューセッツ工科大学の修士課程の同窓生44名を対象に研究を開始し，その後も継続してフォローアップインタビューを続ける中で，一人ひとりのキャリアに対し，一貫性のあるパターンがあることを発見した。そうした一連の研究を通して見出された8つのパターンがキャリア・アンカーである。「アンカー」とは「錨」のことであり，個人のキャリアの発達の過程で軸となるものをキャリア・アンカーと表現したのである。

　キャリア・アンカーは，スキルと能力，動機，価値観の3つの視点から構成された個人の職業におけるセルフイメージであり，自己概念であるが，個人が変化する社会の中で様々な出来事に直面しながらキャリア形成していく際，自身のキャリア・アンカーを自覚することで，キャリアを築いていく際の判断基準にもなるとされている。キャリア・アンカーは，次の8種類に分類できる。

①専門・職能のコンピタンス：自分の専門性や技術が高まること

②全般管理コンピタンス：組織の中で責任ある役割を担うこと

③自律／独立：自分で独立すること

④保障／安定：安定的に一つの組織に属すること

⑤起業家的創造性：クリエイティブに新しいことを生み出すこと

⑥奉仕・社会貢献：社会をよくしたり他人に奉仕したりすること

⑦純粋な挑戦：解決困難な問題に挑戦すること

⑧生活様式：個人的な欲求と，家族と仕事とのバランスを調整すること

　シャインは，上記の8つのキャリア・アンカーについて，理論ではなく判断基準であるとも述べており，あくまでも一つの分類方法として捉えるべきであると位置づけている。

　そのため，キャリア・アンカーを適性検査のように用いたりすることは適切ではなく，また特定のキャリア・アンカーと職業が一対一で結びつくわけではないことも，この理論を実践に活用する際には留意しなければならない。あくまでもキャリア・アンカーは，自己洞察を深め，自己概念を明確にしていくための視点であることをふまえ活用していくことが期待される。

　学校教育においては，早期に児童生徒の適性を診断し，支援を行うことこそがキャリア教育であるという誤解をされることもあるが，シャインは「自己概念は自己洞察をもとにでき上がる」（シャイン，2003：21）と述べており，現実の職種について十分な経験を重ね，キャリア・アンカーの構成要素である能力・動機・価値観について十分理解できるようになるまで自己概念は熟成しないとも指摘している。そうした指摘もふまえて学校におけるキャリア教育を考えてみると，まだ社会に出ていない児童生徒に対しては，まずは十分な経験をさせ，その都度フィードバックをし，リフレクション（内省）を行わせることでキャリア発達の素地を育んでいくことが重要であろう。

　シャインの理論は，組織も個人もともに変化し成長し続ける存在であるということ，また個人の内面的な発達だけではなく，外的な環境の影響も相互に影響し合いながら発達していくものであるという点が，学校におけるキャリア教育に生かしていくうえで重要な視点である。また職業キャリアだけでなく，家

庭の状態などの影響も含めてキャリア発達を考えた点も重要な視点であろう。

　小・中学校におけるキャリア教育においても，個人の内面的な発達と環境面での変化の両面を視野に入れながら，子どもたちが将来的に自分のキャリア・アンカーを見つけ出していくきっかけになるような体験活動を取り入れたり，そうした活動の中での学びから気づきを得られるよう，関わっていきたいものである。そのためにも，能力，動機，価値観を折に触れて確認できるような問いかけを行う他者の存在や，活動をふり返り意味づけていく時間の確保，気づきを次の行動につなげることを意識しつつ，自身の目指す方向性を明確にしながら子どもたちに寄り添っていく関わりが求められよう。

3　キャリア構築理論（構成主義的アプローチ）

（1）サビカスのキャリア構築理論とは

　サビカス（Mark L. Savickas）は，マッチング理論やスーパーのキャリア発達理論を拡張し，変化の激しい社会における新たなキャリア構築理論を提唱した人物である。サビカスは，マッチング理論をベースとしたホランド（John L. Holland）や職業的発達理論のスーパーから学ぶことで，職業的発達理論に構成主義の考え方を取り入れ，社会の中で，変化する組織を前提として個人のアイデンティティとどう折り合いをつけていくのかに注目し，キャリア構築理論を提唱した。

　この理論では，①職業的パーソナリティー，②キャリア適合性，③キャリア・テーマの３つが重要概念とされており，これらをふまえたキャリアカウンセリングの展開を明らかにしている。そこで，３つのテーマそれぞれについて以下に見ていこう。

（2）職業的パーソナリティー

　サビカスの理論の１つ目のテーマである**職業的パーソナリティー**は，個人のキャリアに関連した能力，欲求，価値観，興味から定義されている。従来のマッチング理論では，人の能力や興味をある程度客観的なものとして測定でき

ると考え，それを明らかにすることで職業との適合を考えようとしていたのに対し，サビカスの理論では，職業的パーソナリティーはあくまでも個人の能力や欲求，興味は個人の主観的理解であると考えている。つまり，自己に対する認識を社会でどのように生かしていくことができるのか，そのことを自身がどう認識しているかが職業的パーソナリティーであると捉えているのである。

　サビカスはスーパーの理論の影響を受けながら，人は職業の名前を使って自分がどのような人間なのか表現するとともに，職業興味は社会によってつくられたものであると指摘している。

　児童生徒の心理社会的発達段階を考えてみても，学校教育において，子どもたちの能力や興味を固定的に捉えることに問題があることは容易に推測できよう。成人でさえ，変化する社会の中で，能力や興味を変化させながら，社会において自分をどのように生かすことができるのか考え，キャリアを形成していく必要がある。児童生徒たちはなおさら，その能力や興味については固定的なものではなく変化しうるものであると捉え，様々な学習や経験を積む中で，自分に対する認識をもつようになっていくと考える方が理解できるだろう。

　サビカスはホランドのパーソナリティータイプの理論を評価しつつも，従来のマッチング理論とは異なり，人が環境に働きかけることもあれば，環境が人に働きかけられることもあると捉え，個人の認識と現実の不一致でさえも，行動を動機づけていくきっかけになることもあるとして，人と環境の相互作用の存在を重視した。また職業的パーソナリティーは静的なものではなく，個人の認識によって生み出されるものであり，個人と社会との間で互いに影響し合いながら形づくられていく動的なものであるとしている。さらにサビカスは，職業的パーソナリティーの中でも特に職業興味について，人は，職業が求めるものを自分が備えているかどうかを単に検討するだけではなく，自らに合った職業を探し，環境に働きかけて環境を変化させていくこともできる存在であると指摘しており，変化する社会の中で，人と環境が相互に影響し合いながら個人のキャリア発達が促されていくことを提唱した。

表9-2　キャリア・アダプタビリティーの次元

キャリア・アダプタビリティーの次元	キャリア質問	態度と信念	能力	対処行動	キャリア問題
関心	私に未来はあるのか？	計画的	計画能力	認識 関与 準備	無関心
統制	誰が私の未来を所有しているのか？	決断的	意思決定能力	主張 秩序 意志	不決断
好奇心	私は自らの未来をどうしたいのか？	探究的	探索能力	試行 リスクテイキング 調査	非現実性
自信	私はそれを実現できるか？	効力感	問題解決能力	持続 努力 勤勉	抑制

出所：Savickas（2013：158），渡辺（2018：99）をもとに筆者作成。

（3）キャリア適合性

　また，サビカスは，従来のキャリア発達理論で言われるキャリア成熟の概念は，成人期までの個人にとっては必要な概念であるが，成人期以降はキャリア成熟よりも，環境に適合していく**キャリア適合性**（キャリア・アダプタビリティー）と考えた方がよいと指摘した。

　「適合性」という言葉は，単に人が環境に働きかけるということだけを指しているわけではなく，反対に環境が人に影響したり，人が環境に影響したりすることも含めた双方向で変化し続ける存在であるとも述べている。

　サビカスはキャリア適合性について，「現在および今後のキャリア発達課題，職業上のトランジッション，そしてトラウマに対処するためのレディネスおよびリソースのことである」（Savickas, 2005）と定義し，その中に関心，統制，好奇心，自信の4つの次元を想定した。

　表9-2はそうした次元をまとめたものであるが，そこで示されているキャリア質問は，人が自分のキャリアを見つめる際に浮かぶ問いである。サビカスは，人はこうした問いに対して思考をめぐらせながら，変化する社会や新しい環境にどのように適合していくことができるのか考え，行動を起こしていくと

考えた。

　「関心」の次元では，自分の未来に関心をもち，計画的にキャリアを考えることを通して，キャリアを方向づけようとする。そして関心が向けられるようになると，次の「統制」の次元において，そのキャリアは誰が選択・決定していくのかという統制の主体が意識されるようになる。その結果，自らの選択・決定によって自分のキャリアを選択・決定していくのだと認識し，そこから「好奇心」の次元で新たに情報を探索しながら，自分がこれからの自身のキャリアをどうしていきたいのか考え，探索行動へとつながっていく。そして，4つ目の次元である「自信」の次元へとつながっていくと想定されている。

　これは社会に出てからのキャリア発達を念頭に置いた理論ではあるが，学校におけるキャリア教育を考えていく際にも，これらの4つの次元は段階を追って児童生徒のキャリア発達を促すためのヒントになる。

　キャリア教育を通して何かを伝えれば，児童生徒がすぐに変化するわけではない。いくつかの段階を踏みながら，自己の内面と環境要因とを行き来しつつ考えて行くことで，社会に適応しつつも自分の内的な能力や欲求を生かし，時には社会に働きかけつつ，キャリア発達を遂げることができるようになるだろう。

（4）キャリア・テーマ

　最後に，サビカスがキャリア・カウンセリングを進める際に重視した「キャリア・テーマ」について述べていく。人が過去から現在，そして未来に向けてキャリアを描いていく際，一見ばらばらに見える選択をしていたとしても，そこに一貫して貫かれ，その人にとって最も大切な価値に関わるものがある。それがキャリア・テーマである。

　サビカスは，キャリア・ストーリーを語ることを通して，個人が自分のキャリアの意味を作り出していくことが重要だと考えた。その中でも特に，過去の事実を自分なりに振り返り語ることを通してキャリアを再構成することが大切であるとした。また，そこで語られる事実は客観的事実とは異なる事実であったとしても，人が自分で意味づけた「物語的真実」として語ることを通じて，将来のキャリアを描き出していくことができると考えたのである。

　サビカスは，こうしたキャリア構築理論を発展させていく中で，人がキャリア・ストーリーを語り，自分のキャリア・テーマを見出し，過去や現在のキャリアを振り返りながら，これからのキャリアを構築していくことができるようになっていくためのキャリア・カウンセリングの技法として，キャリア構築インタビューを提唱した。このキャリア構築インタビューの技法においては，5つの問いを投げかけることを提唱している。

　①ロールモデル：誰を尊敬していましたか？　誰の真似をしていましたか？

　②雑誌：好きな雑誌は？　好きなテレビ番組は？

　③好きな本：好きなストーリーは？　どんなところがよいと思っている？

　④モットー：指針となる言葉は？　自分に向けた言い回しをつくるなら？

　⑤幼少期の思い出：幼少期の思い出を3つ挙げてください。その状況，行動，
　　その結果について話してください。

　カウンセラーは，クライエントに対して上記に示したような問いを投げかけながら，その人の中に流れているキャリア・テーマを言語化させ，可視化していくことで，これからのキャリアをどのように描いていけばよいか方向性を見つけ出す役割を果たすとしている。

　またそこで語られるストーリーは唯一の正解があるものではなく，解釈についても正解があるものでは決してない。その点をふまえつつ，具体的に語られるエピソードを聴きながら，その人のキャリア・テーマは何かを対話を通してともに見つけ，それをふまえながらこれからのキャリアを描く手がかりとしていくのである。

　小・中学校においてこの理論を適用する場合，留意すべき点を述べておく。

　一つは，サビカス自身も述べている通り，キャリア構築理論は，何か唯一の解釈をもっており，それによってアセスメントしてキャリアを方向づけていくものではなく，将来の可能性を広げる手がかりとして活用していくものである。

　また，このアプローチにおいては，言語化することによって自己概念が明確化されるという前提があるため，児童生徒に活用して実践を進める場合は，そうした言語化がスムーズに進むよう，活動を進めていくことが必要であろう。学習経験が浅い子どもたちにとって，気づきや学びを振り返り言語化すること

は誰もが容易にできるものではないかもしれない。そこを形式的で表面的な言葉でまとめさせて終わるのではなく，自分の言葉で丁寧に自己と向き合い，言語化できるよう支援していくことで，社会に出た際にも自分でキャリアを語る力を育てることにつながるだろう。こうした活動は，学習指導要領で求められている，主体的で対話的で深い学びにつながる取り組みになる。子どもたちが自分の言葉で思いを振り返り，他者との対話を通して自己に気づき，それをきっかけに将来のキャリアを描いていく，そうした積み重ねがキャリア教育として取り入れられていくことが期待される。

　二つには，そこで語られたキャリア・ストーリーも，長い人生の中で変化するものであることも忘れてはいけない。社会的な環境の影響を受けたり，学習や経験を積み重ねていくことで，ストーリーや人生の意味づけや見え方は変化するものである。そうした視点を教師がもったうえで児童生徒と向き合い，ともにキャリアを築いていくことを心がけて関わることが，児童生徒のキャリア発達の促進につながっていくだろう。

　また，それまでの自身の選択や出来事を語れるようになるためには，当然直接的な学習経験が必要になることは言うまでもない。一般論として抽象的な言葉でキャリアを考えさせて終わるのではなく，自分の経験や考えに基づいて，自分のキャリアを語り，そこに流れるキャリア・テーマを通じて社会と関わっていく姿を教師や大人が見せていくことも必要だろう。

学習課題　① ライフ・キャリア・レインボーを児童生徒に説明する場合，どのような例を挙げて説明できるか，学校生活を想像しながら考えてみよう。
　　　　　② 社会的な経験がまだ乏しい児童生徒たちに，キャリア・アンカーにつながるような学びとしてどのような活動をさせていけばよいか考えてみよう。
　　　　　③ 進路相談の際，サビカスの理論を生かして活動を進めるとしたら，どのような生かし方ができるか，考えてみよう。

引用・参考文献

サビカス，マーク・L.『キャリア・カウンセリング理論——〈自己構成〉によるライフデザインアプローチ』日本キャリア開発研究センター監訳，乙須敏紀訳，福村出版，2015年。

シャイン，エドガー・H.『キャリア・ダイナミクス——キャリアとは，生涯を通しての人間の生き方・表現である。』二村敏子・三善勝代訳，白桃書房，1991年。

シャイン，エドガー・H.『キャリア・アンカー——自分のほんとうの価値を発見しよう』金井壽宏訳，白桃書房，2003年。

シャイン，エドガー・H.，ジョン・ヴァン＝マーネン『パーティシパント・ワークブック　キャリア・マネジメント——変わり続ける仕事とキャリア』木村琢磨監訳，尾川丈一・藤田廣志訳，白桃書房，2015年。

全米キャリア発達学会『D. E. スーパーの生涯と理論——キャリアガイダンス・カウンセリングの世界的泰斗のすべて』仙﨑武・下村英雄編訳，図書文化社，2013年。

文部科学省『小学校キャリア教育の手引き』実業之日本社，2023年。

労働政策研究・研修機構「職業相談におけるカウンセリング技法の研究」『労働政策研究報告書』91，2007年。

労働政策研究・研修機構編『新時代のキャリアコンサルティング——キャリア理論・カウンセリング理論の現在と未来』独立行政法人労働政策研究・研修機構，2016年。

渡辺三枝子編著『新版　キャリアの心理学［第2版］——キャリア支援への発達的アプローチ』ナカニシヤ出版，2018年。

Savickas, M. L., "The theory and practice of career construction," S. D. Brown & R. W. Lent (Eds.), *Career development and counseling : Putting theory and research to work*, 2005, Hoboken : NJ : John Wiley, pp. 42-70.

Savickas, M. L., "Career construction theory and practice," S. D. Brown & R. W. Lent (Eds), *Career development and counseling : Putting theory and research to work, 2nd Edition*, 2013, pp. 147-183.

Schein, E. H., "The Individual, the Organization, and the Career : A Conceptual Scheme," *Journal of Applied Behavioral Science, 7*, 1971, pp. 401-426.

Super, D. E., "A life-span, life-space, approach to career development," D. Brown & L. Brooks (Eds.), *Career choice and development : Applying contemporary theories to practice*, 1990, San Francisco : Jossey-Bass, pp. 197-261.

第10章

世界におけるキャリア教育の展開

　本章では，海外におけるキャリア教育の現状と課題について整理し，各国が
それぞれの社会・文化的背景をふまえつつ，どのように子どものキャリア形成
を支援しているかを学ぶことで，今後の日本の方向性を展望する。具体的には，
アメリカ，イギリス，フランス，韓国の４カ国を対象として，①制度・政策，
②プログラムと実践，③教職員の役割と連携，という一貫した３つの視点で論
じていくので，日本との比較を意識して読み進めてほしい。そのうえで，日本
も含めた５カ国の共通点と相違点を検討することを通して，国際的な視野で見
た日本のキャリア教育の位置づけを考えてみよう。

1　国際比較の意義と枠組み

（1）なぜ海外に目を向けるのか

　キャリア教育を学ぶにあたって，なぜ日本だけでなく諸外国の動向にも目を
向ける必要があるのだろうか。職業指導が海外から導入され（本書第8章参照），
海外の理論（本書第9章参照）に基づいて発展してきたように，日本のキャリア
教育は，絶えず世界からの影響を受け続けている。また近年はグローバル化の
進展によって国家間の結びつきが強くなっており，私たちは日本社会に生きる
と同時に，国際社会にも生きるようになっている。ゆえに，「どのようなキャ
リア教育が望ましいか」についても，一国を超えた視点から考える必要がある
だろう。

　世界レベルでキャリア教育の移り変わりに目を向けると（京免，2021），19世
紀は「①個人と仕事のマッチング」が主要なパラダイム（規範となる物の見方や
捉え方）であった。20世紀になると，雇用形態の多様化に伴って「②個人によ

る主体的キャリア形成」が中心となり，進路形成能力の開発が強調されるように
なる。一方で金融資本主義の発達は，個人の経済・文化・社会関係資本に明
確な格差をもたらし，特に社会的に弱い立場にある人々のキャリアを不安定に
した。加えて，私たちは地球温暖化や「働きがいのある人間らしい仕事」(de-
cent work) の不足といった地球規模の課題を人生において引き受けなければな
らず，「③公正な世界の持続可能な発展」に貢献するキャリア教育が強く求め
られている。3つ目のパラダイムは，**社会正義**（social justice）という言葉で言
い換えることができ，世界的潮流となっている。国際キャリア教育学会は，
「教育および仕事において，多様性と社会正義の問題に取り組む」ことをミッ
ションとして掲げており，周縁化された人々を積極的に支援していく必要があ
るという声明を発表した（IAEVG, 2013）。また日本キャリア教育学会（2018）
も，「キャリアの構築を阻害する格差，差別や排斥など，社会正義の観点」か
ら新たな課題に取り組むことを宣言している。

　問題は，①〜③のパラダイムがトリエンマあるいはジレンマの構造に陥りや
すいことである。予測不可能な VUCA（Volatility, Uncertainty, Complexity, Am-
biguity）時代において，社会正義に適ったマッチングや能力開発をどのように
実現していくのか，本章では諸外国の取り組みから学んでいこう。

（2）比較の対象・方法・視点

　本章では学校教育，特に中学校と高等学校（以下，高校）で行われるキャリ
ア教育に注目する。国立教育政策研究所（2017）によると，諸外国の学校のタ
イプは，教育活動範囲（狭一広）と教師の職務内容（明確一曖昧）によって4つ
に分類できる（図10‐1）。バランスを考慮して，第Ⅰ象限のアメリカ，イギリ
ス（イングランドのみ），第Ⅱ象限のフランス，第Ⅳ象限の韓国の4カ国を対象
としたい。各国の人口や政治・経済などの基本データや，教育制度の詳細は紙
幅の都合上，外務省のウェブサイトなどで各自確認してほしい。

　比較教育学の方法論には，各国の類似点・共通性を探る**一般化**と，相違点・
特殊性を探る**差異化**がある（今井，1990）。一般化によって各国の事情を超えた
普遍性（一般法則）を考えるとともに，差異化によって日本を相対化し，改善

教員の職務内容（明確）

フランス
ドイツ
学校機能限定教員職務
限定型（第Ⅱ象限）

アメリカ・イギリス
中国・シンガポール
学校多機能教員職務
限定型（第Ⅰ象限）

教育活動範囲（狭）　　　　　　　　　　　　　　　　教育活動範囲（広）

学校機能限定教員職務
曖昧型（第Ⅲ象限）

学校多機能教員職務
曖昧型（第Ⅳ象限）
日本
韓国

教員の職務内容（曖昧）

図 10 - 1　諸外国の学校類型

出所：国立教育政策研究所（2017）。

の方向性について展望してみよう。また比較する視点として，①制度・政策（目的），②プログラムと実践（内容・方法），③教職員の役割と連携（イニシアチブ），の 3 つの軸を設定した（京免，2021）。

2　アメリカのキャリア教育

（1）制度・政策

　教育制度については，合衆国憲法により各州の権限とされているため，連邦政府は法令に基づき補助金を交付することで施策を推進する。キャリア教育が初めて提唱されたのは1970年代であり，スプートニク・ショックを受けた教育の現代化路線の中で，劣悪な環境に置かれていた黒人の高校中退率が高止まりし，職業教育も有効な対策になっていないことが背景にあった（藤田，2020）。教科学習と職業とのつながりを提示し，学ぶ意義を強調する授業が全土で実践され，1979年には「キャリア教育推進法」が制定されるに至った。

　1980年代に入って教育政策が学力向上にシフトすると，アカデミック軽視との批判がなされるようになり，1982年にキャリア教育推進法は廃止された。以降，キャリア形成支援は1984年の「カール・D・パーキンス職業教育法」（第 1 次）に基づき展開される。そこではアカデミックな教育と職業教育を分離

して後者を拡充すること，すなわち大学に進学しない低学力者を対象に「手に職」をつけさせる教育が目指されたのである（石嶺，2017）。しかし，この方策は効果を発揮せず，1990年の第2次パーキンス法では，分離から統合へと方向性が転換された。学力が平均以下であっても高等教育にアクセスできるようにするために，高校の後半の2年と高等教育の2年を有機的に接続した4年一貫教育「テップ・クレップ」が開始された。1994年に成立した「学校から仕事への移行機会法」によってインターンシップが広がったことも，その普及を後押しした。

　テップ・クレップは制度変革としては意味があったが，学習内容の検討が不十分であり，低学力者の進学促進にはつながらなかった。そこで2006年の第4次パーキンス法では，後継施策として，①アカデミックな教育と職業教育との統合，②高等教育との系統性，③二重単位（高校で取得した単位の一部を高等教育の単位としても認定），④職業資格の取得，の4つを満たす「学習プログラム」が導入された（石嶺，2017）。さらに，不可欠な要素として「新しい3R's」，すなわち「学習の質保障」（rigor），「実社会との関連性」（relevance），「学習環境を整備するための連携」（relationship）が示され，一定水準の学習内容を確保することが義務づけられた。なお，「統合」を明示するため，パーキンス法は第4次から「職業教育」に代わって「**キャリア・テクニカル教育**」の用語を採用しており，第5次（2018年）にも引き継がれている。

　2012年には，学習プログラムが準拠する到達目標として，「キャリア・テクニカル・コモン・コア」が全米職業教育担当部局長連盟によって開発された。それは，①どのような職業においても求められる被雇用能力，②16の職業群ごとに求められる能力，③職業群を細分化した職種群ごとに求められる能力，④具体的な職種ごとに求められる能力，の4層で構成されており，汎用的能力から専門的能力へと段階的に接続する構造となっている（藤田，2021）。

（2）プログラムと教育実践

　学習プログラムの導入によって，多様な**キャリア・パスウェイ**（特定の職業に就くための学習経路）の開発が促進された。ここでは，人口・経済規模ともに

アメリカ最大でありながら，ヒスパニック系の割合が 5 割を超え，貧困率が約 6 割，高校中退率が約 3 割に達するカリフォルニア州の事例を見てみよう。同州では，2007 年から 175 の職業科目を 15 の産業分野に分けたうえで，58 のパスウェイを整備し，教科と職業を関連づけて学ぶカリキュラムを開発してきた。たとえば，農業・天然資源分野のパスウェイの一つである「ブドウ栽培法」では，英語（国語）でブドウやワインに関する書物を読み，数学でブドウ畑とワインの生産量などの計算式を扱い，化学で発酵について学ぶ（三村，2019）。2009 年以降，パスウェイは実践を変革する意図を込めて，「関連づけられた学習」（Linked Learning）という名称で普及が図られた。それは，①アカデミック・コア科目，②職業コア科目，③仕事を基盤とした学習，④包括的な支援サービス，の 4 つの要素を備えた，進学と職業準備の両方に対応するアプローチである（西，2017）。2017 年に行われた効果検証では，成績不振者，ラテン系，女子といった不利な立場にある生徒の中退防止，卒業，進学準備に効果を発揮しており，社会的公正に貢献していることが実証されている（三村，2019）。

　また，パスウェイと並ぶもう一つの取り組みとして「キャリアアカデミー」を挙げておきたい（藤田，2021）。それは，低学力や出席不振などの問題を抱える高校生を対象とした学校内学校である。志願して選考された生徒は，地域雇用のニーズがある職業分野の学習と並行して，アカデミック科目の系統学習を行い，夏季には協力企業においてインターンシップに参加する。2019 年時点で全国の 406 校に 620 のアカデミーが設置されており，在籍者約 11 万人のうち 67％は貧困層である。その効果は顕著であり，在籍する生徒の 99％が高校を卒業し，87％が高等教育機関への進学を予定している。

（3）教職員の役割と連携

　キャリアガイダンス・カウンセリングにおいて最も大きな役割を果たしているのは，**スクールカウンセラー**である。特に高校のほとんどは総合制であるため，生徒が自らの将来展望や習熟度に照らして，多様な選択科目の中から適切な科目を選択できるように支援する必要がある（藤田，2021）。全米スクールカウンセラー協会も，カウンセラーの使命として「学問的発達，キャリア発達，

人間的・社会的発達」の支援を掲げている。2012年時点で全国の高校にフルタイムで5万人が勤務しており，1人あたりの担当生徒数は平均284名である。

　また職業教育（キャリア・テクニカル教育）については，教師が中核的役割を担う。カリフォルニア州の場合，15の職業分野ごとに教師免許が整備されており，年間1000時間の養成課程で3年間学び，試験に合格することで仮免許を取得することができる（三村，2019）。さらに正式免許に移行するためには，勤務後2年間の教育活動の成果をまとめて提出し，認証を受ける必要がある。これらの教師は自らの専門科目を教授するだけでなく，普通科目の教師やカウンセラーとも協働してパスウェイのカリキュラムを開発する。

　高校の職業教育は，半日のプログラムを提供する地域教育センターや，企業，大学などと連携して実施される。カリフォルニア州では困難層の学業達成を促進して地域経済を強化するために，教育パートナーシップを積極的に結んでいる（西，2017）。たとえば，ロングビーチ市では全体の8割を占める小企業において「仕事を基盤とした学習」を実施できるように，生徒のマッチング，事前学習，受入，評価を担う仲介機関を協定に基づいて設立した。さらに，コミュニティ・カレッジを中核に，高校，経済界，仲介機関によるコンソーシアムを形成し，パスウェイの開発や二重単位の機会拡大などを図っている。

3　イギリスのキャリア教育

（1）制度・政策

　労働党政権下で制定された1997年教育法によって，中等教育機関（第7〜11学年，11〜16歳対象）は教育課程の中でキャリア教育を実施するとともに，教育課程外においても公的外部機関であるキャリア・サービスと連携して，キャリアガイダンスを提供することが定められた（白幡，2019）。2001年にNEET対策として，縦割りで行われてきた支援を横断的に結びつけ，ワンストップで届けるコネクションズが導入されると，キャリアガイダンスもその中に組み込まれる。若者の個人情報を登録した進路追跡データベースに基づき，パーソナル・アドバイザーが継続的に個別支援する体制が構築された。一方で，アドバ

表 10-1　キャリアガイダンスに関するギャツビー基準

1．安定したキャリアプログラムの実施（生徒，保護者，教員，運営者，企業に周知）
2．進路と労働市場の情報に関する学習（アドバイザーによる高質な情報へのアクセス）
3．生徒の個別ニーズへの対応（平等と多様性を考慮してプログラムを調整する）
4．教科学習をキャリアに関連づける（特に理系科目で幅広いキャリアパスを強調する）
5．雇用主や社会人との交流機会（仕事で必要なスキルについて企業から学ぶ）
6．職場体験（企業訪問・研修，ジョブシャドーイングなどにより進路を探索する）
7．継続教育・高等教育との出会い（上級学校におけるコースと学習機会を理解する）
8．個別のガイダンスの提供（いつでもキャリア・アドバイザーと面談できる）

出所：ライアン（2021）をもとに筆者作成。

イザーの数（7000人）が十分でなかったことや，学校に来ていない若者を集中的に支援したことで，それ以外の生徒に対する支援が少なくなるという問題も生じた。結局，年間4億5000万ポンドに及ぶ予算を捻出できなくなり，コネクションズは次々と休止に追い込まれ，2013年度に廃止された。

　保守党・自由民主党連立政権下で制定された2011年教育法では，すべての生徒に対して，学校以外の第三者との連携による公平なキャリアガイダンスを提供することが，中等教育機関に義務づけられた（白幡，2019）。一方で，学校の自律性を高める観点から，教育課程内でキャリア教育を実施する法的義務は廃止された。そこで，ガイダンスのために学校が連携したのが，全国キャリア・サービスおよび，ほぼ同数存在する**キャリア・カンパニー**（企業，ボランティア団体）である。ただし，「助言よりも啓発」という方針のもと，実社会での直接的な体験を重視したために，前者の予算は大幅に削減され，後者の果たす役割が大きくなってきている。2014年にはギャツビー慈善財団により「よいキャリアガイダンスの8つの基準」が提示された（ライアン，2021）（表10-1）。この基準を達成するため，2015年には政府，学校・カレッジ，地元企業等の協力をコーディネートする組織として「キャリア・エンタープライズ・カンパニー」が設立された。このように，政府の資金援助のもとで，産業界が主導してプログラムを開発しており，それを有効活用する責任が学校に課せられたのである。

（2）プログラムと教育実践

　1997年教育法下では，キャリア教育は自己啓発，キャリア探索，キャリアマネジメントの３つを目標に，各教科において職業関連学習が教科横断的に実践されてきた（白幡，2011）。2008年の教育課程改訂では，「人格形成・社会性・健康・経済教育」（PSHE）に含まれる「経済的福祉と財政管理能力」プログラム内でキャリア教育を行うことが定められたが，2010年以降はキャリア教育を含まなくてもよいことになった。2011年教育法下では，教育課程内での実施そのものが義務でなくなるが，2015年時点で全国の学校の約３分の２において継続されている（白幡，2019）。

　キャリアガイダンスに関しては，学校は経営者との懇談，講演会，大学訪問，企業訪問，コーチングなどの活動を提供する。それを可能にしているのがキャリア・エンタープライズ・カンパニーであり，公立学校の約4000校（81%）がそのネットワークに参加している。また2019年時点で32のキャリアハブ（拠点）が設置され，各ハブが20～40校を担当することで公立学校の25%を支援している（ライアン，2021）。優れた実践として認定された学校の事例を見てみよう。この学校では，学年・学期別のプログラムを作成しており，第７学年は「興味の特定」，第８学年は「ロールモデルの獲得」，第９学年は「自分の夢」，第10学年は「転移可能なスキル，面接，進学・職業訓練に向けた支援」を主なテーマとして設定している。また，朝の会や学級活動を活用して，「給与」「最低賃金」「履歴書」「仕事とは何か」について討論したり，大学生と交流したりしている。教科学習では，教科ごとに教師をコーディネーターに任命し，職業関連学習や企業によるワークショップ，講演会などを行っている。

（3）教職員の役割と連携

　2017年に発表された「キャリア戦略」に基づき，すべての学校にキャリアプログラムの実施責任者である「キャリアリーダー」を設置することになった。リーダーは教師や外部専門職が務めるが，上級管理職あるいはその直属であることが望ましいとされ，専門職団体であるキャリア開発協会がオンラインでリーダー研修を実施している（ICCDPP, 2019）。リーダーのもとで，キャリア

コーディネーターに任命された教師が，その他の教師をリードして実践を行うことになっているが，実態としては人材が不足している（白幡，2019）。

　学校のパートナーとしては，まずキャリア・エンタープライズ・カンパニーを挙げることができ，260 のコア協力企業と 3600 人以上の企業アドバイザー（キャリアリーダーと連携するボランティア）が参加している。またその拠点（ハブ）では，ハブリーダーのもとで企業コーディネーター（約 15 校を統括）が企業アドバイザーを指揮してプログラム開発や教師研修を担う（ライアン，2021）。もう一つのパートナーが全国キャリア・サービスであり，13 歳以上に電話とオンラインでキャリアガイダンスを提供する。公的機関であるが，クライアントの満足度に基づく成果主義によって運営資金の配分を受けており，市場原理による効率化が図られている（ICCDPP, 2019）。一方で，キャリアアドバイザーの質が問題視されており，保持する資格水準は平均的に高くなく，キャリア開発協会への登録者も 30 ％強にとどまる（白幡，2019）。

　以上のように，イギリスでは，学校の責任と評価規準を明確化し，企業をはじめとする地域の外部機関と連携してキャリア教育・キャリアガイダンスが展開されている。しかしながら，高度スキル人材の不足解消やイノベーションといった企業側の意向が反映されやすい仕組みゆえ，アカデミックコースへの進学を促す傾向があり，職業系コースが軽視されやすい。またコネクションズのようにリスク層をメインターゲットにしているわけではないため，移民や貧困家庭などのマイノリティに支援が届きにくい。このように社会的不平等や学校間格差の是正という点では，課題を抱えている（ライアン，2021）。

4　フランスのキャリア教育

（1）制度・政策

　キャリア教育政策は，個人と進路のマッチングを重視する**診断的指導**と，進路形成能力の育成を重視する**教育的指導**のどちらを相対的に重視するかをめぐって揺れ動いてきた（京免，2015）。公教育制度が整備された 1870 年代には，市民社会の構成員を育てる普通教育の中で教育的指導が実施されるようになっ

た。しかし，1920年代以降は経済不況下で診断的指導が優先されたことにより，学校・教師の手を離れて学外の専門機関に委ねられた。

　戦後になると，再び学校（義務教育年限の延長に伴い中学校）でキャリア教育が実施された。それは，教師が適性・能力の診断に基づいて，生徒を卒業後のコース（普通・技術科か職業科）に振り分けるというものである。しかし，生徒の主体性を軽視した診断的指導は，移民をはじめ大量の落ちこぼれを生み出し，無資格の若者を労働市場に排出することにつながった（京免，2015）。

　このように1980年代以降，資格社会と移民社会における移行支援の必要に迫られたことで，教育課程における教育的指導が復権する。1996年に中学校と高校に導入された「進路教育」では，教師とキャリア専門職が連携して，自己・他者・社会に対する適切なイメージを育てる取り組みが始まった。しかし，教育課程内に固有の時間がなかったため，2005年にはその中核として，中学校最終学年に選択科目「職業発見」が設置されている。さらに2008年には進路教育がリニューアルされ，中学校と高校を一貫するプログラムとなった。一連の施策には，①上級資格へのアクセスを目指す，②進路情報の提供だけでなくコンピテンシーを育成する，③教科外での実践，という共通点が見出せる。

　もっとも，これらは年間時数をもつ職業発見を中心に展開されたため，対象者は職業教育に進学する学力不振者に限定されがちであった。それに対して，経済界からはグローバル社会で活躍できる人材を育成するよう要請があり，2015年から新プログラム**未来行程**が導入されることになった。これは進学先に関係なく全生徒を対象とし，主に教科で実施されるという特徴をもつ。ただし，2018年に労働省主導で成立した「職業に関する未来を選択する自由法」は，ローカルな労働市場のニーズに応じた進路選択を優先する方針を示しており，診断的指導の比重が再び高まる可能性もある（京免，2021）。

（2）プログラムと教育実践

　未来行程の教育課程基準は，①経済・職業世界の理解，②参画精神と自主性の発達，③進路プロジェクトの準備，の3つを目標としており，各目標に関連するコンピテンシー・知識の習得に向けたアプローチが，校種別（中学校・高

校・職業高校）に示されている。この基準に従って，多様な教職員が協働して
カリキュラムマップを考案し，学校教育全体で実践する（京免，2021）。

　最も中心となるのは教科指導であり，生徒に職業世界とのつながりを理解さ
せることに重点が置かれる。インテリアデザイナーを例にとると，その仕事の
中で数学科，テクノロジー科，造形芸術科で習得する知識や技能がどのように
活用されているかを学ぶ。また教科外では，年間 10 回以上実施される学級活
動の中で，個人の進路計画の準備や履歴書作成を通した自己理解などが行われ
る。また，中学校では 5 日間の職場体験が義務づけられている。こうした未来
行程の学習経験は，Folios という e ポートフォリオに高校卒業時まで記録・蓄
積され，可視化される。e ポートフォリオによる他者との相互交流も可能であ
り，たとえば職場体験後に生徒がレポートを作成して担任教師に送付し，教師
がチェックしてコメントを付したものを共有スペースにアップすることで，生
徒同士で成果をシェアしたり，保護者が閲覧したりできる（京免，2021）。

　もっとも，2018 年の全国調査では，未来行程の指導計画を作成している中
学校は全体の約 7 割，高校は 5 割にすぎない。実際の活動も学年による差が大
きく，最終学年以外ではあまり活発でない。さらに e ポートフォリオには全国
の中・高生の約 6 割が登録しているが，日常的な利用者は 2 割程度とされる。
結果として，学校のキャリア教育に満足している若者は約半数にとどまる。

（3）教職員の役割と連携

　診断的指導が優勢だった時代，キャリア教育は教師ではなく主に専門職の役
割であった。しかし，教育的指導を重視する政策のもと，教師の任務は拡大し
ていき，専門職の役割の実質的縮小がそれに拍車をかけている。2019 年度か
ら，高校では，高等教育進学のミスマッチを解消するため，各学年で年 54 時
間の進路支援，および最終学年で 2 週間の進路相談ウィークを実施することが
担任教師に義務づけられた。しかし，教師はキャリア教育に関する訓練をほと
んど受けておらず，専門性の欠如が未来行程で描かれた理想の実現を阻んでい
る。

　一方で，情報・進路指導センター（CIO）に所属する進路指導心理相談員

（COP）は，あらゆる若者を受け入れるとともに，担当する複数の中学校や高校を巡回し，進路情報の提供，カウンセリング，中退予防，キャリア教育計画の策定，教師への助言・指導，といった多様な業務を担ってきた。しかし，歴代の政権が相談員の採用者数を削減したことで，2006年時点で約4500人（約600のセンター）いた相談員は，2018年現在3500人程度（約400のセンター）まで減少している（京免，2021）。2017年には，COP は職の存続をかけて初等教育の学校心理相談員の職団と統合し，**国民教育心理相談員**（PsyEN）となった。地位こそ安定したものの，その職務は発達障害への対応を含めた心理支援全般に拡大し，職業アイデンティティーの拡散が懸念される。また8割以上の学校が，相談員の滞在する頻度について週1日以下と回答しており，全員ではなく進路選択に困難を抱えた特定の生徒を対象に面談等を行っている。

　学校外部に，CIO をはじめ多様な公的支援機関が存在しているのもフランスの特徴である。たとえば，地方自治体の設置するミッション・ローカル（2022年時点で全国437カ所）は，満16〜25歳の無資格者を受け入れ，職業訓練機関に仲介している。しかし，その機能は就労支援にとどまらず，人権意識の啓発，一般教養の拡大，将来への動機づけなどに及んでおり，本来は学校で受けるはずであったキャリア教育を補っている。このような専門的支援を行う機関が多数あるのがフランスの特徴であるが，一方では細分化された組織間で利用者の「丸投げ」や「抱え込み」が起きてきた。そこで，2009年に**支援ネットワーク**が再整備され，役割分担が明確化されるとともに，連携体制に関する質保証が導入された（京免，2021）。

5　韓国のキャリア教育

（1）制度・政策

　学歴社会である韓国では，高い教育熱から大学進学率が2005年に82.1％に達し，学校教育は受験準備に大きく傾斜していた。進学が目的化する中で若者は自分の生き方を描くことができず，また学歴インフレによって，大学を卒業しても希望する職につくことが困難になった（金・三村，2016）。こうした状況

から，自らの夢と才能を生かした多様なキャリアを生徒に設計させることが喫緊の課題となり，2010 年に策定された「進路教育総合計画」（第一次計画）によって「進路教育」が本格的に導入された。この総合計画に基づき，2011 年から高校，2012 年から中学校に**進路進学相談教師**（以下，相談教師）の配置が開始されている。2013 年には，キャリア教育体制構築のために中学校に**自由学期制**が導入された。これは中学校の 6 つの学期（2 学期制×3 学年）のうち 1 学期間，定期試験を行わず（平常評価のみ），午前中はアクティブ・ラーニングで教科学習を行い，午後に進路探索など多様な体験活動を行う制度である。背景には，生徒の学習意欲や幸福指数の低さや，情報・グローバル社会におけるコンピテンシー育成に対するニーズの高まりがあった（松本，2016）。

　2015 年には「進路教育法」が制定され，児童生徒が自らの素地と適性に基づいて職業世界を理解し，自身の進路を探索・設計できるよう，学校と地域社会の協力を通して進路に関する授業等を提供する活動として，進路教育が定義された。また国や地方自治体が，障害者，脱北者，低所得家庭や不登校の児童生徒など社会的弱者のために施策を整備する責務も明記された。2016 年からは「第二次進路教育 5 カ年計画」（2016～2020 年）が開始され，自由学期制を「自由学年制」に拡大できるようになった。さらに，相談教師の増員や大学生に対する支援強化などが目指されている（松本，2017）。

（2）プログラムと教育実践

　2015 年改訂の学習指導要領の総論において，進路教育は教育活動全般にわたって統合的に扱うものと位置づけられている。その目標は，「自らが自身の進路を創意的に開発し，継続的に発展させて成熟した市民として幸せな生活を生きていくことができる能力を養う」（金，2017）と定められている。具体的には，①自己理解と社会的能力開発，②仕事と職業世界の理解，③進路探索，④進路デザインと準備，の 4 つの領域が設定された。これらは発達段階に応じて系統的に学習すべき内容であり，校種別に目標（表 10-2）と達成基準が示されている。進路教育は教科に加えて，主に次の 3 つの時間に実践される。

　第一に，2009 年改訂の学習指導要領で誕生した**創意的体験活動**であり，日

表10-2　発達段階に応じたキャリア教育目標

段階	小学校	中学校	高校
目標	肯定的な自己概念を形成して，進路探索の計画と準備のための基礎的素養を育てる。	基礎的な進路形成能力を発展させながら，体系的に進路を探索し，卒業後の進路を準備する。	将来に関連した職業や教育機会について，より具体的に探索して，合理的に進路を設計して選択できるように準備する。

出所：金（2017）をもとに筆者作成。

本の特別活動と総合的な学習の時間を合わせた領域に相当する（石川，2018）。新しい価値あるアイデアやモノを作り出す創意的人材の育成を目指しており，自律活動，サークル活動，ボランティア活動，進路活動の4分野で構成される。中学校で週3時間，高校で週4時間実施されているが，そのうち進路活動には中学校で年20時間，高校で年34時間があてられている（2013年時点）（金，2017）。

　第二に，中学校と高校の選択教科「進路と職業」であり，2013年時点で中学生の8割弱，高校生の約5割が履修している。中学校の教育内容は「自己発見」「職業世界の理解」「進路探索」「進路意思決定と探索」の4領域で構成され，様々な情報リソースを活用して生徒主体で探究学習が行われる（金，2017）。たとえば，自己発見の領域であれば，適性検査や職業カードなどを使って，自己理解を深める学習がなされる。

　第三に，自由学期制における体験活動（創意的体験活動とは別に設定）である。それは「進路探索活動」「主題選択活動」「サークル活動」「芸術・体育活動」の4つに分類されるが，最も中心となるのが進路探索活動であり，進路教育法に基づき，企業や公的機関が体験を提供することになっている（松本，2016）。

（3）教職員の役割と連携

　相談教師は，学校全体のキャリア教育のマネジメント，体験活動のコーディネート，進路相談などを担当する専門職であり，すべての中学校と高校に配置されている。導入当初は一般教師が570時間の副専攻研修を受けることで資格を取得していたが，現在では，所定の養成課程の修了と修士号の取得によって

も資格にアクセスできる（ICCDPP, 2019）。相談教師の全国協議会や地域協議会も設置され，実務担当者の意見を政策に反映している。

　家庭や地域と密接に連携して進路教育が展開されているのも，韓国の特徴である。各地域の教育庁では20時間以上の研修を受講した保護者を**進路コーチ**として認証し，進路相談や体験活動などに活用している（金・三村，2016）。また，自由学期中の体験活動にあたっては，企業等での職場体験に加えて，自治体の運営する「進路体験支援センター」（全国200カ所以上に設置）が提供する豊富な体験プログラムを利用できる。さらに，中央には自由学期支援センターが設置され，各地のセンターに対してコンサルティングを実施している。

　一方で，相談教師とその他の教師との連携は不充分である。特に相談教師の策定したプログラムに沿って教科の中で進路教育を展開するためには，一定の専門性が不可欠であるが，教師養成課程で進路関連の学習は選択科目である（ICCDPP, 2019）。また，職場体験等にあたっての教育機関と産業界の連携にも課題を残している。進路教育法を管轄するのは教育省のみで（雇用労働省は含まれない），その中核である職業能力開発院（KRIVET）の影響力は教育の領域に限られる。両省，雇用者団体，大学などによって構成される協議会が設置されているが効果的に機能しておらず，体験の受け入れ先が不足している。

6　国際的視野で見る日本のキャリア教育

（1）5カ国間の比較

　4カ国の実状を見てきたが，ここからは日本も加えて5カ国を比較することで，共通点と相違点を探ってみよう。第一に，①制度・政策の目的，②実践とプログラムの内容・方法，③実施のイニシアチブ，に着目する（表10-3）。

　①目的については，高等教育への進学率を向上させ，より高度な能力や資格の獲得を目指すのが，米・英・仏である。米では格差の是正，英では企業側の要請がその原動力となっており，仏は両方である。一方で，こうした**教育の拡大政策**は学位・資格の価値下落を招くリスクがあり，それが現実となった韓国では，進路を多様化して個人のビジョンに合致した人生を選択させることを重

表10-3　3つの軸から見た各国の特徴

軸＼国	アメリカ（米）	イギリス（英）	フランス（仏）	韓国（韓）	日本（日）
目的	教育拡大，格差是正	教育拡大，人材不足の解消	教育拡大，資格水準の向上	教育の多様化，個性化	社会的・職業的自立
内容・方法	アカデミック教育と職業教育の統合	教科外でのリアルな体験学習	教科での職業理解，コンピテンシー獲得	キャリア教育科目，自律的体験活動	教科を通した汎用的能力獲得，集団活動
イニシアチブ	教員，公的専門職	民間専門職	教員，公的専門職	教員（＝公的専門職）	教員

出所：筆者作成。

視している。日本は教育の拡大政策をとっているものの，キャリア教育の目的は高学歴化や資格取得ではなく，汎用的能力の育成を通した社会的・職業的自立にある。

　②内容・方法については，教科の内外で実践されていることはすべての国に共通しているが，どこに重点を置くかに違いがある。米・仏は教科と職業との統合を重視し，生徒に学ぶ意味を獲得させている。ただし，教科内での指導はリアリティに欠ける側面もあり，英では教育課程外での企業体験や上級学校訪問が中心である。韓と日はバランスを保っているが，韓国はキャリアの専門教科やキャリア教育を集中的に行う期間の設置など，法令に基づく強力な措置をとっている。日本は**特別活動**をキャリア教育の要としており，学級活動などの集団活動を通して，他者との相互作用の中でキャリア形成を支援している。

　③イニシアチブについては，米・仏では教師とカウンセラーが協力しているのに対して，英では企業の民間専門職が主導してプログラムを開発し，教師と連携している。こうした外注的な手法には，産業界のニーズに柔軟に対応できるという利点もあるが，各学校の特色を生かした実践を阻害する可能性もある。韓・日では教師が主にキャリア教育を担っているが，韓国では専任教師を配置して養成・研修を整備することで，専門性を確保している。

　第二に，本章第1節で述べた3つのパラダイム（枠組み）のうち，各国の中で相対的にどれが充実し，どれが課題となっているか比べてみよう（表10-4）。
①個人と進路のマッチングについては，仏ではカウンセラーの数の減少により

表 10-4　各国の政策における 3 つの枠組みの相対的な位置関係

枠組み ＼ 国	アメリカ（米）	イギリス（英）	フランス（仏）	韓国（韓）	日本（日）
①マッチング	○	○	△	○	○
②主体的キャリア形成	△	◎	◎	◎	◎
③社会正義	◎	△	○	△	△

注：各国内で 3 つの枠組みを比較して，取り組みが進んでいる順に◎，○，△と表記。
出所：筆者作成。

生徒全員に対する進路相談が難しくなっており，教師も力量不足からその穴を埋めきれていない。②主体的キャリア形成については，すべての国で生き方に関する価値観や進路形成能力の育成が推進されている。ただし，米では普通教育というよりも困難層を対象とする職業教育で実施されており，4 年制大学を目指す上流階層にとっては恩恵が薄い。アメリカが長年にわたり掲げてきたのは③社会正義であり，専門領域を絞ったうえで高等教育まで学業を継続させることで，階層や民族間の格差是正を目指している。それに対して英・韓・日では，ターゲットの範囲が広い分，弱者支援の位置づけが弱い。このように，限られた財源や人員で 3 つを同時に達成することは容易でないが，いずれの国も独自の工夫を講じている。

（2）日本の特質とこれからの方向性

　国際的に見た日本の特徴は，教科と教科外活動の両方を担う教師によって，全生徒を対象に，日常の教育課程全体を通して汎用的能力や職業観・勤労観を包括的に育成しようとしていることである。また，自己実現を，個人の努力と責任だけではなく集団を通して達成されるものとみなし，互恵的な学級・ホームルーム集団の中で支え合って**協働的な意思決定**を促進してきた。

　しかし，実際の取り組みの状況に学校や教師によって差があることは否めず，その最大の要因は教師の力量不足にある。キャリア教育のコーディネートを担うべき**進路指導主事**は，資格要件のない充て職であり，この点で教師の専門性強化に動いた韓国は 1 つの方向性を示唆しているといえる。一方で，教師とは

別に専門職を設けて緊密に連携している国々は，異なるモデルを提示している。日本では，2016年度から**キャリアコンサルタント**が国家資格化されたが，初等・中等教育での活用は進んでおらず，今後効果的な連携の形を模索していく必要があろう。

　最後に，日本のキャリア教育は「ふつう」（平均的，マジョリティ）の子どもを想定して平等に提供されており，一人ひとりがもつ多様なバックボーンに対する配慮が弱い。生まれた環境によって汎用的能力や学習意欲に格差が存在する前提に立って，困難を抱えた子どもの声を聞き，進路の可能性を拡大することができているか，既存の実践を問い直すべきであろう。さらに，公的なキャリア支援機関が少ないため，学校を離れた子どもにどのように働きかけて支援するかも課題である。多機関連携の進展している国の事例を参考にしながら，社会正義の実現に向けてネットワークを構築していくことが求められる。

学習課題　① 本章で扱った海外4カ国の教育状況や学校教育制度について調べたうえで，キャリア教育の成果と課題についてまとめ，発表してみよう。
　　　　　　② 日本のキャリア教育について改善すべき点と維持すべき点を，他国と比較しながら考えてみよう。
　　　　　　③ キャリア教育の3つのパラダイムを同時に達成していくにはどうすればよいか，海外の事例を参考にしながら話し合ってみよう。

引用・参考文献

石川裕之「韓国における教科外活動の概要とその特徴——『創意的体験活動』に注目して」『畿央大学紀要』15(2)，2018年，31〜37頁。

石嶺ちづる「1990年代以降のアメリカのハイスクールにおける職業教育改革の特徴——『新しい3R's』の明確化とテック・プレップからプログラム・オブ・スタディへの転換」『産業教育学研究』47(1)，2017年，13〜20頁。

今井重孝「比較教育学方法論に関する一考察——『一般化』志向と『差異化』志向を軸として」『比較教育学研究』16，1990年，19〜29頁。

金鉉哲・三村隆男「日本と韓国におけるキャリア教育の展開」『進路指導』89(1)，2016年，3〜11頁。

金泰勲「韓国の『教育課程』にみられる『キャリア・進路教育』に関する考察」『国際基督教大学学報. I-A 教育研究』59，2017年，139〜148頁。

京免徹雄『フランスの学校教育におけるキャリア教育の成立と展開』風間書房，2015年。

京免徹雄『現代キャリア教育システムの日仏比較研究』風間書房，2021年。

国立教育政策研究所「学校組織全体の総合力を高める教職員配置とマネジメントに関する調査研究報告書」2017年。

白幡真紀「イギリス中等教育段階におけるキャリア教育・ガイダンスの課題――イングランドとスコットランドの比較対照から」『東北大学大学院教育学研究科研究年報』60(1)，2011年，57〜78頁。

白幡真紀「イギリスの中等学校におけるキャリア教育・ガイダンス改革の課題――2011年教育法下のパートナーシップ体制の変容に焦点を当てて」『東北大学大学院教育学研究科研究年報』67(2)，2019年，113〜136頁。

西美江「アメリカ合衆国におけるキャリア・パスウェイの開発――地域パートナーシップに着目して」『関西女子短期大学紀要』26，2017年，23〜39頁。

日本キャリア教育学会「ミッション・ステートメント」2018年。http://jssce.wdc-jp.com/about/mission/（2023年4月3日最終閲覧）

藤田晃之「諸外国におけるキャリア教育の動向：米国」日本キャリア教育学会編『新版キャリア教育概説』東洋館出版社，2020年，174〜177頁。

藤田晃之「アメリカの教育改革（2）――働くための教育」坂野慎二・藤田晃之編『改訂版海外の教育改革』放送大学教育振興会，2021年，102〜122頁。

松本麻人「韓国における中学校『自由学期制』の導入――キャリア教育振興のための制度的枠組みの形成」『教育制度学研究』23，2016年，170〜180頁。

松本麻人「韓国」文部科学省『諸外国の教育動向　2016年度版』明石書店，2017年，170〜180頁。

三村隆男「米国カリフォルニア州におけるキャリア教育とキャリア・カウンセリング」『日仏教育学会年報』26，2019年，54〜58頁。

ライアン優子「イングランドのキャリア教育・職業教育――新制度の方向性」日本職業教育学会職業指導・キャリア教育部会，2021年3月27日。

IAEVG "IAEVG Communiqué on Social Justice in Educational and Career Guidance and Counselling," Montpellier, September 28, 2013.

ICCDPP "Country and Organization Paper, international symposium Norway 2019," 2019. https://www.kompetansenorge.no/iccdpp2019/key-outcomes/country-papers/（2023年4月3日最終閲覧）

第11章

学校現場におけるキャリア教育の
取り組みの実際

　学校現場においてキャリア教育を進めていくうえで大切なことは，新たな取り組みを計画することではなく，すでに行っている様々な取り組みに対し，キャリア教育の要素がどの程度あるかを見直し，その要素を含んだ取り組み同士を「つなぐ」ことである。本章では小・中学校での実際の取り組みを事例とし，学校の教育活動をキャリア教育というキーワードで再構築するにはどのようにすればよいのか，また，学校の教育活動に負担をかけずに進めていくにはどのようにすればよいのかについて見ていこう。さらに，教育活動をキャリア教育の視点から整理していくことで，授業改善や生徒の学習意欲の向上，学校の教育力向上につながり，学校経営の面でも様々なメリットがあることに注目して読み進めてほしい。

1　基礎的・汎用的能力を身につけさせるために

（1）生徒に必要とされる能力とは

　2011年1月に取りまとめられた「今後の学校におけるキャリア教育・職業教育の在り方について（答申）」では，キャリア教育において児童生徒に必要とされる能力は，「分野や職種にかかわらず，社会的・職業的自立に向けて必要な基盤となる能力」（中央教育審議会，2011）であるという考えのもと，「基礎的・汎用的能力」という言葉で示された。これは，それまでに様々な立場で検討されてきた能力論を取りまとめたものである。また，2017（平成29）年告示の学習指導要領で「**育成すべき資質・能力**」として挙げられた「知識及び技能」「思考力，判断力，表現力等」「学びに向かう力，人間性等」も必要とされる能力となる。ただし，児童生徒や学校の実態に応じて特に育成しなければな

らない能力は異なるだろう。

（2）児童生徒の実態と学校の現状把握

　キャリア教育を進める際には，どのような能力の育成に力を入れるべきかを
把握するために，まず児童生徒の実態と学校の現状の把握が必要となる。「基
礎的・汎用的能力」や「育成すべき資質・能力」にはテストで測れない非認知
能力も含まれている。しかし，直接的・客観的に児童生徒の伸長の度合いを測
り評価する方法には適当なものがないと言える。これまでの研究指定校の報告
では，客観的な数値である学力テストの結果の推移などから，テストの結果が
上がったのは，様々な能力が高まったことによるものだと評価するものを多く
見るが，そこには，はたして様々な能力の伸長と学力テストの結果を単純に結
びつけてよいものかという疑問がある。結局，以前からあるように生徒にアン
ケート調査をしたり，活動後の感想を書かせたり，直接聞き取ったりして，そ
の**意識の変化**から変容があったと推測する方法が無難であるとされがちである。
しかし，あくまでも自己評価なので客観性には課題がある。それでも，有効な
手段がなかなかないのでアンケート等を活用し，児童生徒にどの能力が身につ
いていて，どの能力が不足しているのか等，児童生徒の変容を把握し，それに
よって取り組みを評価しているのが，教育現場の現状である。

（3）「基礎的・汎用的能力」と「生きる力を育むための三つの柱」

　中央教育審議会（2011）では，キャリア教育で育成する「基礎的・汎用的能
力」は「人間関係形成・社会形成能力」「自己理解・自己管理能力」「課題対応
能力」「キャリアプランニング能力」の4つに整理され，それぞれについて，
能力の内容が詳しくまとめられた。それらは，2017（平成29）年告示の学習指
導要領で示された，生きる力を育むための三つの柱である「知識及び技能」
「思考力，判断力，表現力等」「学びに向かう力，人間性等」と重なるものが多
い。キャリア教育を行う中で，両者は独立したものではなく，互いに関連し，
相互に作用するものであるとして，実際の教育活動の中でその育成を目指して
取り組むことになる。

2　キャリア教育の視点での教育活動の整理

（1）キャリア教育を推進していくうえでの課題

　一部の学校では，「職場体験や将来の夢を描くこと＝キャリア教育」であるという短絡的な理解がなされ，職場体験と将来に関連するものさえ行っていればよいというような誤解をしたまま，現在に至っている場合がある。これについては，中央教育審議会答申「幼稚園，小学校，中学校，高等学校及び特別支援学校の学習指導要領等の改善及び必要な方策等について」（2016年）の中でも，「職場体験活動のみをもってキャリア教育を行ったものとしているのではないか，社会への接続を考慮せず，次の学校段階への進学のみを見据えた指導を行っているのではないか」「将来の夢を描くことばかりに力点が置かれ，『働くこと』の現実や必要な資質・能力の育成につなげていく指導が軽視されていたりするのではないか」と記述され，課題として捉えられている。

　「基礎的・汎用的能力」の育成は短期的な活動ではなく，長期的な活動で行われるものであり，その育成のために，普段は行わないようなイベント的な活動などの大きな仕掛けに焦点をあてるだけのものでは，継続性のないものになる。「基礎的・汎用的能力」の育成や非認知能力を高めるうえで肝要なことは，どの教師でも同じレベルで児童生徒に継続的な指導を行えるようにするために，日々の授業や活動をいかに工夫し高めていくかということである。

　また，キャリア教育のために新たな教育活動を作り出すのではなく，他の教育活動に負担をかけることなく，教師がすでに実施している教育活動をキャリア教育の視点で捉えて無理なく取り組んでいく視点が必要である。

（2）キャリア教育に有効な活動の洗い出し

　中央教育審議会（2016）では，キャリア教育について「小・中学校では，特別活動の学級活動を中核としながら，総合的な学習の時間や学校行事，特別の教科道徳や各教科における学習，個別指導としての進路相談等の機会を生かしつつ，学校の教育活動全体を通じて行うことが求められる」と記載されており，

学校で実施する全教育活動の中で実施していくことが明記されている。しかし，前述のように新たに教育活動を企画立案する必要はなく，現在の活動を見直し，どの活動がキャリア教育を行っていくうえで，また，「基礎的・汎用的能力」を育成するために有効なのか，教科指導や特別活動や行事などすべての教育活動を確認し，有効な活動を洗い出すことが必要である。

　キャリア教育に直接つながるような，職業や将来の進路選択の学習内容が含まれる授業や特別活動などは，それに該当する活動だと理解しやすい。一方，算数や数学などの一部の教科については，学習内容の面ではキャリア教育と結びつかない場合もある。しかし，**学習方法**の部分では，コミュニケーション能力や課題対応能力などの育成につながる活動が多々あり，先進校の実践では，学習内容だけでなく学習方法をも通して能力の育成を行うことが可能であるという成果が出ているので，学習方法にも着目して教育活動を洗い出してほしい。

（3）教育活動の再構成と指導計画の作成

　キャリア教育とつながる教育活動を選出した後は，「基礎的・汎用的能力」を効果的に育成するため，実施時期や規模等を**再構成**して，活動をどのように結びつけていくか考え，図 11−1 のような**指導計画**を作成する必要がある。学年・実施時期・活動等を整理した指導計画を作ることが取り組みのためには有効である。たとえば，どの学年の，どの時期に，どのような教育活動の，どの場面で実施するのかを作成することで，明確になり取り組みやすくなる。

　図 11−1 の指導計画では，東京都世田谷区立尾山台小学校の研究を参考に，筆者が小学校第 6 学年を例として一部の活動を記入してある。このように，キャリア教育を行っていく授業や活動を，育成したい能力もあわせて学年ごとに明記し，どのような活動をどの時期に行うかをまとめる。また，図 11−1 では育成すべき能力を上部に整理し，児童にもわかりやすいよう，「未来を見とおす力」というように能力を平易に言い換えてある。さらに，活動がどの授業と関連するのかを考え，活動同士を線で「つなぐ」とよりわかりやすくなる。

○○小学校

キャリア教育年間指導計画　第6学年
〈6年で育成する能力〉

○人間関係形成能力・社会
形成能力（人間）
○自己理解・自己管理能力
（自己）
○課題対応能力（課題）
○キャリアプランニング能力
（キャ）

(1)違いを受け止めるカ・思いを伝えるカ
(2)自分の良さに気づくカ
(3)チャレンジするカ
(4)先を見とおすカ・未来を思い描くカ

・相手の話を肯定的に聞き、自分の思いを相手に伝えるために工夫するカ。
・自分や友達の良さに気づき、それを生かし、よりよい生活を築こうとするカ。
・自分の考えや行動に責任を感じ、向上するための目標をもち努力しようとするカ。
・中学生になる自分の姿を思い描き、将来に向け、進んで学び、役割を果たそうとするカ。

学期	1学期					2学期				3学期		
月	4月	5月	6月	7月	夏季休業	9月	10月	11月	12月	1月	2月	3月
各教科	【教科名】「単元名」（結びつく能力名）	【教科名】「単元名」（結びつく能力名）	【教科名】「単元名」（結びつく能力名）	【教科名】「単元名」（結びつく能力名）	【内容項目】【教材名】（結びつく能力名）	【教科名】「単元名」（結びつく能力名）	【教科名】「単元名」（結びつく能力名）	【教科名】「単元名」（結びつく能力名）	【教科名】「単元名」（結びつく能力名）	【国語】「さまざまな生き方を考えよう」（キャ）	【音楽】「学習のまとめをしよう」～卒業式に向けて～（人間・自己・キャ）【D②よりよく生きる喜び「スポーツの力」（キャ）】	
道徳	国語「全体もよく対話を続けよう」（人間）		【A(4)個性の伸長】「自分らしさを伸ばす」（自己）					【C③よりよい学校生活、集団生活の充実「せんりつ行への心を受けて」について】				
特別活動	キャリア・パスポート「6年生の取組」（自己）	キャリア・パスポート「運動会の取組」（自己・課題）		キャリア・パスポート「1学期を終え」（自己）	キャリア・パスポート「移動教室」への取組（人間・自己・課題）		キャリア・パスポート「2学期を終え」（自己）	キャリア・パスポート「展覧会への取組」（自己・課題）			キャリア・パスポート「中学生活に向けて」（人間・自己・キャ）	
総合的な学習の時間	学級づくり（人間・自己）		総合的な学習のテーマ（結びつく能力名）		総合的な学習の「移動教室」テーマ（人間・自己・課題）		総合的な学習のテーマ（結びつく能力名）		総合的な学習のテーマ（結びつく能力名）			D②よりよく生きる力裏返
行事その他		運動会（人間・自己）	【行事名】（結びつく能力名）				移動教室（人間・自己・課題）	学芸会（人間・自己・課題）	学芸会（人間・自己）		卒業文集「私の未来予想図」（キャ）	卒業式（人間・自己・課題・キャ）

図11－1　キャリア教育年間指導計画例

注：教科名等は一部未記入としている。本図を使って章末の学習課題①に取り組んでみよう。
出所：東京都小学校キャリア教育研究会（2012）をもとに筆者作成。

3　育成すべき能力を明確にするために

（1）育成する能力を整理する方法

　「基礎的・汎用的能力」のうち，どの能力を身につけさせるのかは，どのような教育活動で育成できるのかを整理する中で検討する。「人間関係形成・社会形成能力」「自己理解・自己管理能力」「課題対応能力」「キャリアプランニング能力」の詳細は中央教育審議会（2011）で説明されている。それをふまえたうえで，地域・学校・生徒の実態を把握し，強みと弱みを考え，どのような能力を育成すべきか検討する。そのためには，地域・学校の実情を分析し，生徒の基礎的・汎用的能力の**実態把握アンケート**などをとる。その結果を教師が分析し，どの能力が満足できる水準にあり，どの能力が足りないのか明確にする。たとえば『中学校キャリア教育の手引き』にある「キャリア教育アンケートの一例（文部科学省，2011b：64）などを活用するとよい。

　大田区立矢口中学校の実践では，これをもとに，「キャリア教育アンケート矢口中学校『いつも・これからのことアンケート』」（図11‐2）を作成し，生徒の実態把握を行った（大田区立矢口中学校，2019）。その結果，「課題対応能力」「キャリアプランニング能力」に関わる設問で，数値が低いものがあった。「将来の目標や計画を展望するうえで，学校の活動や授業が関連していない」と考える生徒が多いことがわかった。一般に中学生段階では，このような「キャリアプランニング能力」に関わる設問で数値が低くなることが多い。これは将来や仕事にふれる機会がまだ少ない発達段階であるからだと見られる。

（2）マトリックスを活用した各教科の授業で育成する能力の明確化

　筆者は中央教育審議会（2016）における「資質・能力の三つの柱」は，「基礎的・汎用的能力」の延長線上にあり，それらの間では多くの能力の内容が重なっていることを見出した。そこで，この考えを大田区立矢口中学校の実践に反映させた。大田区立矢口中学校の実践では，キャリア教育の「基礎的・汎用的能力」と，学習指導要領にある「育成すべき資質・能力の三つの柱」である

『いつも・これからのことアンケート』

_____年

	4：いつもしている　3：時々している　2：あまりしていない　1：ほとんどしていない	

①	友達の意見を聞く時，友達の考えや気持ちを受け止めようとしていますか。	4　3　2　1
②	家の人の意見を聞く時，家の人の考えや気持ちを受け止めようとしていますか。	4　3　2　1
③	相手が理解しやすいように工夫しながら，自分の考えや気持ちを伝えようとしていますか。	4　3　2　1
④	自分から役割や仕事を見つけたり，分担したりしながら，周囲と力を合わせて行動しようとしていますか。	4　3　2　1
⑤	自分の興味や関心があることについて，理解しようとしていますか。	4　3　2　1
⑥	自分の長所や短所などについて，考えたり，知ろうとしたりしていますか。	4　3　2　1
⑦	気持ちが沈んでいる時や，あまりやる気が起きない物事に対する時でも，自分がすべきことには取り組もうとしていますか。	4　3　2　1
⑧	不得意なことや苦手なことでも，自ら進んで取り組もうとしていますか。	4　3　2　1
⑨	分からないことがある時，自分から進んで資料や情報を収集したり，だれかに質問をしたりしていますか。	4　3　2　1
⑩	もっと知りたいことがある時，自分から進んで資料や情報を収集したり，だれかに質問をしたりしていますか。	4　3　2　1
⑪	何か問題が起きた時，次に同じような問題が起こらないようにするために，何をすればよいか考えていますか。	4　3　2　1
⑫	何かをする時，見通しをもって計画的に進めたり，そのやり方などについて改善を図ったりしていますか。	4　3　2　1
⑬	学ぶことや働くことの意義について考えたり，今学校で学んでいることと自分の将来とのつながりを考えたりしていますか。	4　3　2　1
⑭	自分の将来について具体的な目標をたて，その実現のための方法について考えていますか。	4　3　2　1
⑮	自分の将来の目標に向かって努力したり，生活や勉強の仕方を工夫したりしていますか。	4　3　2　1

図11-2　「キャリア教育アンケート　矢口中学校『いつも・これからのことアンケート』」
出所：大田区立矢口中学校（2019）。

「知識及び技能」「思考力，判断力，表現力等」「学びに向かう力，人間性等」
の関係をどのように捉えるかを試みている。

　研究にあたっては，キャリア教育研究の先進校である荒川区立第三中学校の
能力と教育活動の関連を示した表を参考にし，各教科や各活動がどのような能
力と関わるのかを可視化した。縦軸に「基礎的・汎用的能力」，横軸に「育成
すべき資質・能力の三つの柱」を設定し，「基礎的・汎用的能力」と「育成す
べき資質・能力の三つの柱」との相関を表すマトリックスを作成した（図 11 -
3）。

　このマトリックスに，各授業のどの部分でどのような能力が育成できるのか
を記入していくことで明確化することができる。教科単位のマトリックスでは，
どの単元で実施するか記入し，授業単位のマトリックスでは，どの活動が能力
育成につながるかを記入すれば，可視化することができる。授業単位のマト
リックスは，「育成すべき資質・能力の三つの柱」の部分を「評価の観点」と
入れ替えても成立する。

（3）マトリックスを活用した教科以外の教育活動で育成する能力の明確化

　教科でマトリックスを活用して，育成する能力を明確にすると同様に，学校
行事や総合的な学習の時間，**特別活動**などでも，これを活用してキャリア教育
との関連が深い単元や活動を洗い出すことができる。キャリア教育の要となっ
ている特別活動を例として，中学校の場合を考えるなら，第 1 学年から第 3 学
年までの発達段階において，「基礎的・汎用的能力」育成に関わる活動を割り
当てていく。大田区立矢口中学校での取り組みでは，キャリア教育に関連する
活動に対して，特別活動で導入の授業や活動を行い，総合的な学習の時間で，
調査・探究し，学びを深めていくという形をとっている（大田区立矢口中学校，
2019）。また，授業の導入部分の活動では，生徒が楽しみながら興味をもてる
よう，ゲーム要素の強い教材を使用し，疑似体験しながら興味関心を高めるよ
うにしている。たとえば，第 1 学年の自己理解では「短所を長所に変えたいや
き」（アイアップ発行），職業調べまた職場体験の導入では「職業人なりきり
カード」（学事出版発行），第 3 学年のキャリアプランを考える授業では「キャ

		ⅰ）知識及び技能	ⅱ）思考力，判断力，表現力等	ⅲ）学びに向かう力，人間性等
育成すべき資質・能力の三つの柱　　　　基礎的・汎用的能力		• 学ぶこと・働くことの意義の理解・問題を発見・解決したり，多様な人々と考えを伝え合って合意形成を図ったり，自己の考えを深めて表現したりするための方法に関する理解と，そのために必要な技能 • 自分自身の個性や適性等に関する理解と，自らの思考や感情を律するために必要な技能	• 問題を発見・解決したり，多様な人々と考えを伝え合って合意形成を図ったり，自己の考えを深めて表現したりすることができる力 • 自分が「できること」「意義を感じること」「したいこと」をもとに，自分と社会との関係から考え，主体的にキャリアを形成していくことができる力	• キャリア形成の方向性と関連づけながら今後の成長のために学びに向かう力 • 問題を発見し，それを解決しようとする態度 • 自らの役割を果たしつつ，多様な人々と協働しながら，よりよい人生や社会を構築していこうとする態度
	「基礎的・汎用的能力」のそれぞれの能力の説明を明示した。			
A：人間関係形成・社会形成能力（思いを受け止める力，思いを伝える力）	他者の個性を理解する力，コミュニケーションスキル，チームワーク，リーダーシップ	「育成すべき資質・能力の三つの柱」にもその内容の説明を加えた。説明については，中央教育審議会（2016）答申「「幼稚園，小学校，中学校，高等学校及び特別支援学校の学習指導要領等の改善及び必要な方策等について（答申）」などから転記した。		
B：自己理解・自己管理能力（自分の良さに気づく力，やるべきことに進んで取り組む力）	自己の役割の理解，前向きに考える力，自己の動機付け，忍耐力，ストレスマネジメント，主体的行動		• 第3学年　公民的分野 「基本的人権」では，社会の形成者として人権を尊重しながら生活する態度を養う。	• 第1学年　地理的分野 「世界の諸地域」において世界の気候や文化を学び，日本の特色をより深く知ろうとする。
C：課題対応能力（チャレンジする力，問題にどう取り組むか考える力）	情報の理解・選択・処理等，本質の理解，原因追及，課題発見，計画立案，評価・改善	• 第2学年　歴史的分野 「江戸時代」では，近隣はどのような場所であったのかを資料から調べ，お互いに伝え合う。	このマトリックスを授業研究の学習指導案や指導計画を作成する際に使用し，それぞれどのような能力を伸ばすことにつながるかを明示した。 これにより，授業での活動が，どの能力の育成につながるのか，また各教科の単元で，進路指導などの教科外活動の取組がどの能力の育成につながるのかを明確にした。	
D：キャリアプランニング能力（先を見とおす力，未来を思い描く力）	学ぶこと・働くことの意義や役割の理解，多様性の理解，将来設計，選択，行動と改善			

図11-3　「基礎的・汎用的能力」と「育成すべき資質・能力の三つの柱」の相関関係マトリックス

注：教科単位の例として，中学校の社会科の取り組みを例示する。

出所：大田区立矢口中学校（2019）をもとに筆者作成。

リアシミュレーションプログラム」（労働政策研究・研修機構発行）を利用している。図11-4は第1学年の授業の様子だが，グループを作り，ゲーム形式で活動することで，コミュニケーションを楽しみながら学ぶことができる。

図11-4　第1学年特別活動「自己理解」の授業の様子
出所：筆者撮影。

4　教育活動の充実につながるキャリア教育

（1）キャリア教育を中核とする学校経営

　前述の通り，そもそもキャリア教育は**全教育活動**を通して行うものである。言い換えれば，教師全員でキャリア教育の視点から，様々な授業や活動の中で横断的に展開することができる。特に，教科担任制となる中学校や高等学校で教育改善に取り組んでいこうとすると，特定の教科中心になるか，学習指導や生徒指導の方法論中心になってしまうことがある。ゆえに，キャリア教育を中核として学校経営をすることで，教科の枠を越え，教師全員で授業と様々な活動の見直しを行い，より有用な活動の選出とつながりを検証することができ，教育内容の整理につながる。実際に荒川区立第三中学校のようにキャリア教育を中核に教育内容を改善し，学校経営を行った事例もある。

（2）キャリア教育による授業改善で学校の教育力の向上

　第2節第1項で記述したように，「基礎的・汎用的能力」の育成には，短期的な活動ではなく長期的な活動が必要である。これに視点をおいて授業を行うことは，必然的に育てたい能力を明確にし，指導方法や教材の工夫を促し，結果的に**授業改善**につながっていく。さらに，教師全員がキャリア教育の視点に

立って指導を行うことで，学習指導全体に統一感が生まれ，児童生徒がわかり
やすい授業につながり，学校の教育力向上に結びつく。

（3）学びに向かう力の向上へ

　キャリア教育を進めていくと，児童生徒は将来の自分について考えることに
なる。それには，今，自分に必要なものは何かということを考えなくてはなら
ず，学びについても考える機会となる。さらに「基礎的・汎用的能力」の育成
は非認知能力の向上につながり，意欲等の面でも向上が期待できる。キャリア
教育に熱心に取り組んだ学校では，全国学力・学習状況調査や各教育委員会で
行っている学力調査等において，学びに関する意識調査や学力検査の結果の数
値が向上している。キャリア教育を通して，日々の学校での授業や活動が将来
に役立つということを児童生徒が理解し，意欲的に学習に取り組むようになる
ことが，結果的に学びに向かう力の向上に寄与することになる。

5　職場体験の効果と前後の取り組み

（1）職場体験の実施と体験日数の変遷

　小・中・高等学校におけるそれぞれの発達段階に応じてキャリア教育を行う
ことは，非常に重要なことである（文部科学省，2004）。その中でも中学校段階
のキャリア教育は，小学校段階の基盤形成期と高等学校段階の現実的選択・試
行，社会的移行準備期の橋渡しをする非常に重要な段階と考えられる。中学校
段階のキャリア教育の中核をなす取り組みとして，職場体験が多くの中学校で
行われている。全国の公立中学校における職場体験の実施状況は，調査を始め
た2004年度においては1万240校中9185校（89.7％）であったが（文部科学省，
2005a），その後増加傾向を示し，2017年度には9449校中9319校（98.6％）を数
えるようになった（文部科学省，2019）。

　職場体験の実施期間について，文部科学省（2005b）は，「緊張の1日目，仕
事を覚える2日目，慣れる3日目，考える4日目，感動の5日目……」「1日
より3日，3日より5日」と，可能な限り5日間の職場体験を実施することを

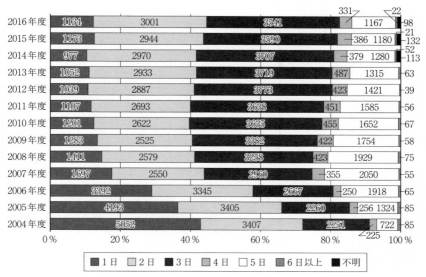

図 11-5　職場体験日数の変遷

出所：文部科学省（2005a／2006〜2019）をもとに筆者作成。

推奨してきた。そして，図 11-5 に示す通り，職場体験の実施日数は，2004
年度以降 5 日間の職場体験を実施する中学校が増加し，2007 年度には 2050 校
（21.2％）に登った（文部科学省，2008）。しかしながら，その後は 5 日間の職場
体験を実施する中学校は減少し，2 〜 3 日間の職場体験の実施率が増加傾向を
示している。このような結果となった理由として，授業時数の確保等の関係か
ら教育課程上 5 日間の職場体験期間を確保することが難しいこと，中学生を 5
日にわたり受け入れる事業所の確保が難しいことなどが影響したものと考えら
れる。

（2）職場体験の効果と影響要因

　職場体験の効果について，玄田・岡田（2004）は，富山県の「社会に学ぶ 14
歳の挑戦」と兵庫県の「トライやる・ウィーク」という中学校第 2 学年におけ
る 5 日間の職場体験の調査から，職場体験への生徒の肯定的評価が圧倒的に高
いことを明らかにしている。さらに 5 日間の職場体験に全日参加した不登校生

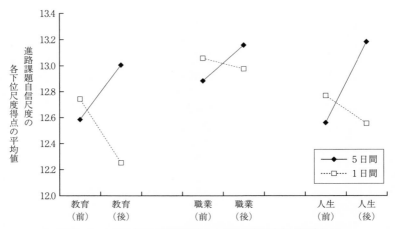

図11-6　1日と5日の職場体験による進路課題自信の変容比較
注：教育…教育的進路課題，職業…職業的進路課題，人生…人生的進路課題
　　（前）…職場体験前，（後）…職場体験後
出所：山田（2010：150）。

徒の体験後の登校率が上昇することを明らかにし，14歳の就業体験事業の意
義は小さくないことを示唆している。

　山田（2010）もまた，中学校第2学年における，1日間と5日間の職場体験
期間による進路関連自己効力感の変容を，進路課題自信尺度（坂柳・清水，
1990）を用いて比較し，教育的進路課題と人生的進路課題において交互作用が
有意であり，単純主効果検定の結果，5日間の職場体験の人生的進路課題が有
意に向上していたことを明らかにしている（図11-6）。そして，1日間よりも
5日間の職場体験の方が，中学生の進学や学校生活に関する教育的な側面，人
生や生き方に関する人生的な側面に関連する進路関連自己効力感が向上するこ
とを指摘している。特に，人生的進路課題が有意に向上していたことから，5
日間の職場体験をきっかけに，中学生は自分の人生に対して思考をするように
なったことがわかる。

　一方，1日間の職場体験において，教育的進路課題と人生的進路課題が低下
している（図11-6）ことについて，それまで経験したことのない職場という
環境の中で，働くことの難しさのみを感じとった時点で職場体験が終わってし

まい，労働の喜びや価値を思考する時間が十分でないことが原因ではないかと指摘されている。また，中学校における 5 日間の職場体験の効果について，山田（2008a）は，対人スキルが職場体験満足度を媒介して進路関連自己効力感の変容に影響を及ぼしていることを明らかにし，対人スキル能力の高い中学生ほど職場体験の効果が高いことを指摘している。また，山田（2011）は 5 日間の職場体験が中学生の進路成熟を高め，自律的高校進学動機における自己決定的な面を向上させ，職場体験後も効果が持続することを明らかにしている。そして，戸田（2016）は，大学生を対象に中学校時代の職場体験の有用性に関する調査を行い，体験当時も 10 年近く経過した時点でも，多くの学生が職場体験の有用性を認めていることを明らかにしている。

（3）職場体験に関連する実践事例

　多くの中学校で行われるようになった職場体験であるが，1 つの職種の体験にとどまっていることが多い。この点を克服するために，多くの学校では，職場体験の事後学習において，「職場体験新聞」などの書面による記録や報告会などを実施し，他の生徒と体験を共有する取り組みを行っている。他方，職場体験の事前・事後学習だけでなく，長期的な視点でキャリア教育の職業に関わる事項について，教育活動全体を通じて計画的に取り組む必要があることは本章において繰り返し述べていることである。

　たとえば，「職業調べ」「職業人講話」「職業体験型テーマパーク訪問」「金融教育」「アントレプレナーシップ教育（起業家精神涵養教育）」などがその代表的な取り組みである。「職業調べ」とは，学生がインターネットサイトや各種教材を利用したり，職業人にインタビューを行ったりして，様々な職業や仕事の内容，当該の職業人となるために必要な資質や資格などについて調査を行い，理解を深める学習のことである。「職業人講話」とは社会の第一線で活躍している職業人を学校に招いて「仕事」についての講話を受け，生徒が自分の将来を考えるヒントを得ることを目的に行われるものである。最近では，ブース形式にして複数の職業人から話を聞けるように工夫するなど，様々なスタイルの取り組みが見られるようになった。また，「職業体験型テーマパーク」は，短

時間で様々な職業を体験することができる施設であり，体験を通じて仕事の内容などについて理解するとともに，働くことの意義についても学ぶことができることから，郊外学習や移動教室などで活用しやすい。このような施設を，職場体験前に活用することで，職場体験での学びをより深化させることができる。

「金融教育」とは，お金や金融の様々な働きを理解し，それを通じて自分の暮らしや社会について深く考え，自分の生き方や価値観を磨きながら，より豊かな生活やよりよい社会づくりに向けて，主体的に行動できる態度を養う教育である（金融広報中央委員会，2007）。職業の三要素には，経済性，社会性，個人性があると言われる。職場体験において，社会性や個人性にアプローチする学習は進められるが，労働の対価であるお金に関わる経済性について取り扱われている事例は少ない。消費者としての視点，経営者としての視点など，様々な視点から金融について学ばせることはきわめて重要なことである。具体的には，マネープラン等を学ぶプログラムがある。また，「アントレプレナーシップ教育」とは，起業家としての精神や資質・能力を育む教育ではなく，起業家精神を学ぶ学習を通じて，意思決定能力や行動能力，社会貢献できる力を育成することを目指した教育である。会社経営シミュレーションや，実際に起業を体験するプログラムなど様々な取り組みがある。

6　教科からアプローチするキャリア教育の効果

（1）教科からアプローチするキャリア教育について

2017（平成29）年告示の小・中学校学習指導要領，2018（平成30）年告示の高等学校学習指導要領には，「児童（生徒）が，学ぶことと自己の将来とのつながりを見通しながら，社会的・職業的自立に向けて必要な基盤となる資質・能力を身に付けていくことができるよう，特別活動を要としつつ各教科等の特質に応じて，キャリア教育の充実を図ること」との記述がなされ，各教科等の授業の中でキャリア教育の充実を図ることの必要性が示されている。

エヴァンズとブルク（Evans & Burck, 1992）は，キャリア教育を教科指導の中で行う手法のことをインフュージョン（infusion）と称している。アメリカでは，

キャリア教育の提唱者たちが，キャリア教育を現行のカリキュラムに統合・融合されるべき概念と捉え，新しく独立した特定領域を追加することではないことを強調してきた（福地，1995）。アメリカにおける教科指導の中で行うキャリア教育について，松本（2012）は，国語，数学，科学などの教

図 11 - 7　職業人写生（生徒作品）　歯科衛生士
出所：筆者撮影。

科における実践事例や，社会科，国語，科学を主とした教科横断的な授業実践などを紹介している。

　日本においては，仙﨑（2000）が英語科，数学科，音楽科，体育科といった教科からアプローチするキャリア教育を紹介している。日本におけるインフュージョンについて，河﨑（2005）は，1999年1月〜2004年12月の月刊誌『進路指導』（日本進路指導協会）に掲載された小・中・高等学校のキャリア教育の実践を分析した結果から，多くの学校で行われているキャリア教育は，総合的な学習の時間を中心として実施されつつあり，教科での指導も国語・社会・理科・美術および家庭科での実施例が認められるが，特別活動や総合的な学習の時間の補完的な内容にとどまっていると指摘している。今後，各学校では，特別活動を要に，各教科等の特質に応じたキャリア教育の充実を図る必要がある。

（2）実践事例——美術科からのアプローチ（中学校）

　山田（2008b）は，教科の専門性を生かし，キャリア教育にアプローチする美術科の取り組みである「職業人写生」が，進路関連自己効力感を向上させることを明らかにしている。当該の取り組みは，職業人を写生し（図11 - 7），モデルとなった職業人にインタビュー調査をするといったものである。

　この取り組みについて，山田（2008b）は，次のように述べている。働く人を描くという行為によって，生徒はモデルとなった職業人をじっくりと観察し絵画として仕上げていく。このような行為は，職業や労働に対する理解を深め，将来の職業生活に対する自覚を促す効果があるワーク・シャドーイング（Herr & Watts, 1988／Herr et al., 2004）と同様の効果を得られる。ワーク・シャドーイング（Work shadowing）とは，アメリカで定着しているキャリア教育の一つで，中学生や高校生が社会人に「影」のように密着し，職業のスキルや知識を身につける方法である。

　山田（2008a）は，この取り組みの効果について，美術科の好き／嫌いおよび得意／不得意に関係なく，美術学習への自己効力感を向上させ，同時に進路関連自己効力感も向上させることから，学業成績向上への効果があると指摘する。このような教科の専門性を生かし，キャリア教育にアプローチする取り組みをすべての教科で実施することが重要である。

7　小学校・中学校・高等学校のキャリア教育

　学校の教育活動全体を通じて，キャリア教育を計画的・組織的に行うためには，各学校がキャリア教育の全体計画を作成し，自校が取り組むキャリア教育の方向性を明確に示す必要がある。キャリア教育の全体計画には，法規や学習指導要領をもとに，各学校が教育目標，生徒・保護者・教員の願いの具現化を図るため，特別活動，総合的な学習（探究）の時間，特別の教科 道徳，各教科等との関係が示されている。そして，キャリア教育の全体計画をもとに，具体的な取り組みを示したキャリア教育の年間指導計画が作成される。

　このようなキャリア教育の全体計画・キャリア教育の年間指導計画を作成するためには，他の学校段階の取り組みを把握しておく必要がある。たとえば，中学校であれば，新入生が小学校時代どのような取り組みをしてきたのかを知り，卒業生が高等学校でどのようなキャリア教育を受けるのかを知ることで，中学校段階でどのような取り組みが必要なのかを考えることができる。

　そのためには，図11−8のような小・中・高等学校のキャリア教育（進路指

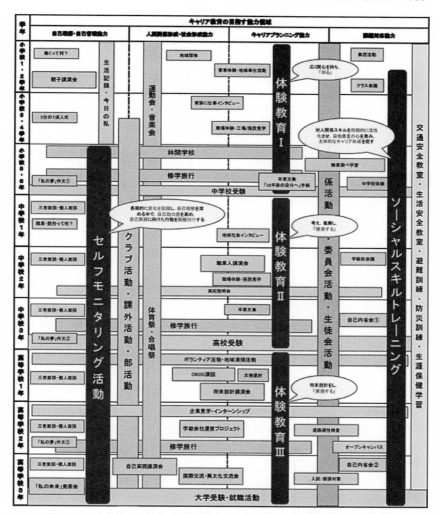

図 11‐8　小学校・中学校・高等学校のキャリア教育（進路指導）題材関連図
出所：筆者の指導学生より提供。

導）題材関連図を作成し，生徒の発達段階に応じた取り組みをつかんでおくことが有効である。図 11‐8 を見ると，発達段階に応じて様々なキャリア教育に関わる取り組みが行われ，一つひとつが関連していることがわかる。

学習課題　①　学校の教育活動の中で，任意の学年のキャリア教育の要素が多い活動を選出し，「図11-1」の年間指導計画を参考に記入し，つながりのある活動を線で結びつけてみよう。

②　教育活動でどのような能力が育成できるか洗い出し，任意の教科等を想定し「図11-3」のマトリックスにあてはめて整理しよう。

③　小・中・高等学校で行われている取り組みを，キャリア教育の視点から洗い出し，「図11-8」に示されているようなキャリア教育（進路指導）題材関連図を作成してみよう。

引用・参考文献

荒川区立第三中学校『荒川区立第三中学校研究紀要「基礎的・汎用的能力を育むアクティブ・ラーニングの在り方」』2020年。

家島明彦「キャリア教育へのナラティブ・アプローチ——自己物語と人生双六によるキャリアデザイン支援の試み」『日本キャリア教育学会第33回研究大会発表論文集』2011年，78〜79頁。

大田区立矢口中学校『大田区立矢口中学校研究紀要「学びに向かう力を高めるキャリア教育——教科指導・進路指導を通して」』2019年。

河﨑智恵「キャリア教育実践に貢献できる教師教育の課題」『奈良教育大学教育実践総合センター研究紀要』14，2005年，75〜81頁。

金融広報中央委員会「金融教育プログラム——社会の中で生きる力を育む授業とは」2007年。

玄田有史・岡田大作「若年就業対策としての『14歳の就業体験』支援」ESRI内閣府経済社会総合研究所『Discussion Paper Series』100，2004年，1〜23頁。

坂柳恒夫・清水和秋「中学生の進路課題自信度と性役割自己概念との関連」『進路指導研究』11，1990年，18〜27頁。

仙﨑武編『教職研修総合特集 No.142 キャリア教育読本——生きる力をはぐくむ新しい進路指導』教育開発研究所，2000年。

中央教育審議会「今後の学校におけるキャリア教育・職業教育の在り方について（第二次審議経過報告）」2010年。

中央教育審議会「今後の学校におけるキャリア教育・職業教育の在り方について（答申）」2011年。

中央教育審議会「幼稚園，小学校，中学校，高等学校及び特別支援学校の学習指導要領等の改善及び必要な方策等について（答申）」2016年。

東京都小学校キャリア教育研究会「東京都におけるキャリア教育の研究と推進をめざして」

2012年。

東京都中学校進路指導研究会「研究集録　東京都中学校進路指導研究」2020年。

戸田浩暢「大学生が振り返る中学校時代のキャリア教育」『広島女学院大学人間生活学部紀要』3，2016年，49～57頁。

日本キャリア教育学会編『新版　キャリア教育概説』東洋館出版社，2020年。

福地守作『キャリア教育の理論と実践』玉川大学出版部，1995年。

松本浩司「高等学校におけるキャリア教育のさらなる展開に向けて――教授・学習開発論の視点から教科教育での取り組みを中心に」『名古屋学院大学論集　社会科学篇』49(1)，2012年，125～143頁。

文部科学省「キャリア教育の推進に関する総合的調査研究協力者会議報告書　児童生徒一人一人の勤労観・職業観を育てるために」2004年。

文部科学省「平成16年度公立中学校における職場体験の実施状況等調べ（集計結果）」2005年a。

文部科学省「中学校職場体験ガイド」2005年b。

文部科学省『小学校　キャリア教育の手引き［改訂版］』教育出版，2011年a。

文部科学省『中学校　キャリア教育の手引き』教育出版，2011年b。

文部科学省「平成17～29年度　職場体験・インターンシップ実施状況等調査結果（概要）」2006～2019年。

山田智之「職場体験による中学生の進路関連自己効力感の変容と影響要因（希望レベル・対人スキル）との関係」『キャリアデザイン研究』4，2008年a，49～62頁。

山田智之「中学生の進路関連自己効力感に影響を与える美術科の取り組みに関する研究」『日本大学大学院総合社会情報研究科紀要』8，2008年b，347～356頁。

山田智之「キャリア教育が中学生のキャリア発達に及ぼす心理的効果に関する研究（博士論文）」日本大学，2010年。

山田智之「職場体験による中学生の進路成熟及び自律的高校進学動機の変容と影響要因」『キャリア教育研究』30，2011年，1～14頁。

Evans, J. H. Jr., & Burck, H. D., "The effects of career education interventions on academic achievement : A meta-analysis," *Journal of Counseling & Development*, 71, 1992, pp. 63-68.

Herr, E. L., Cramer, S. H., & Niles, S. G., (Eds.) *Career guidance and counseling through the lifespan : systematic approaches* (6th ed.), 2004, Boston, MA : Allyn and Bacon.

Herr, E. L., & Watts, A. G., "Work Shadowing and Work-Related Learning," *The Career Development Quarterly*, 37(1), 1988, pp. 78-86.

第12章

キャリア教育における評価と活用

　「キャリア教育の成果をどう評価したらよいか困っている」。このように考えている教師は多いようだ。2015年の国立教育政策研究所による調査では，教師にとってキャリア教育の評価は，実施時間の十分な確保に次いで，悩みの第2位に位置している。それと同時に，小・中学校で8割以上，高等学校においても7割以上がキャリア教育の成果について評価することは重要だと回答している。つまり，キャリア教育の評価については，多くの学校現場で重要だと認識されているものの，やり方がよくわからないと受けとめられているのである。

　本章では，こうした課題を抱えるキャリア教育の評価の方法について，見取りと点検というポイントを中心に紹介しよう。

1　キャリア教育における評価の基本的視点

（1）指導と評価の一体化

　よりよい教育を施すために教育評価は適切に行われる必要がある。その恩恵は学ぶ立場の児童生徒にも，指導する立場の教師や学校にも及ぶ。このように指導と評価は表裏一体であり，車の両輪のようなものである。指導を行えば評価が必要となり，評価を行えばその結果を次の指導に生かす必要がある。

　このような「指導と評価の一体化」は，2017（平成29）年告示の学習指導要領で重要な点として強調されている。また，同改訂において「主体的・対話的で深い学び」の視点から教育活動全体を見直すことが求められたことは，キャリア教育の観点から見ても重要だと言える（藤田，2019：262〜273）。その理由を端的に言えば，「主体的で深い学び」は身につけた知識や能力等が剥落する可能性を減らし，児童生徒の学びを将来へとつなげる可能性を高めるからであ

る。また，対話によってキャリア発達が促される点も重要である。したがって，主体的・対話的で深い学びの観点で「指導と評価を一体化」させることは，キャリア教育を推進させることと目的を同じくしているのである。

（2）見取りと点検，そして PDCA

見取りとは「評価の対象を児童生徒に絞り，教師が子供たちの現状や学びの成果を把握すること」（国立教育政策研究所生徒指導・進路指導研究センター〔以下，国教研〕，2015）である。一方，点検とは「評価の対象を学校全体に広げ，見取りの結果や全校的な教育活動の実施状況を把握すること」（国教研，2015）であると説明されている。PDCA（Plan-Do-Check-Action）サイクルは，「指導と評価の一体化」の具体的指針であり，カリキュラムマネジメントの視点からも重視されている。

見取りと点検の関係は PDCA サイクルで考えると整理しやすい。図 12-1 は国教研（2015）に基づいて，奈良市教育委員会が作成したものである。図 12-1 から読み取れるように，見取りは，PDC に相当する。見取りという言葉からは，評価の C に力点があるようにも感じられるが，評価が計画および目標に照らして行われることから考えると，まず計画の P が非常に重要となる。そのため，図では C から P にかけて矢印が配置されている。そして点検は CA に相応する。評価し，改善をすることが点検である。なお，見取りについては次節で，点検については第 3 節で詳細を説明する。

（3）パフォーマンス評価

パフォーマンス評価とは，複数の知識や技能を統合して使いこなすことを求めるような評価の総称である（西岡，2021）。たとえば基礎的・汎用的能力など「社会的・職業的自立，社会・職業への円滑な移行に必要な力」（文部科学省，2012）として示された諸能力は，自記式アンケートやペーパーテストで十分に評価できるかというと，少々難しい。藤田ほか（2019）はキャリア教育の評価に関する国際比較の中で，日本のキャリア教育の課題として「児童生徒の自己評価アンケートの数値だけに頼っている現状」を指摘している。そこで，パ

評価（見取り、点検）のカギは「目標・計画」にあります。「目標・計画」を具体的に
立てることでそこに近づいたかどうかが判断できます。

図12-1　PDCAサイクルで整理する見取りと点検

出所：奈良市教育委員会（2016）。

フォーマンス評価が有用となるのである。

　パフォーマンス評価の代表的な方法の一つに，**ポートフォリオ評価**がある。
ポートフォリオとは，書類を入れるファイルのことである。2020年4月から
文部科学省の方針に基づき全国の小・中学校，高等学校で運用が始まった**キャ
リア・パスポート**は，ポートフォリオ評価を行うための教材であり，キャリア
発達を評価するのに優れている。なぜならば，キャリア発達は個別性が強い過
程だからである。児童生徒にとって，働くことの意味や自己実現の形は一人ひ

とり異なる。また，同じ職場で体験学習をしたとしても，その意味づけは児童
生徒によって異なってくるだろう。このような個人的過程を可視化し，評価す
るためにはポートフォリオが役に立つ（海藤，2020／深沢，2020／中村，2020）。

　ルーブリック評価もパフォーマンス評価の一つである。量的に捉えることが
難しい対象を評価することができる評価方法であり，成功の度合いを示す数値
的な尺度と，それぞれの尺度に対応する特徴（児童生徒の認識や行為の記述）か
ら成る評価指標を縦軸・横軸に並べた表を準備することで評価を行う。ルーブ
リックがあることによって，キャリア教育を行うことで育みたい力や態度を明
確に示すことができる。明確な指標があることによって，自らの学びの進捗が
児童生徒にも理解できる。このことは，主体的に学習に取り組む態度を育むこ
とにもつながる。また，教師や学校側にもメリットが多い。児童生徒の学びの
進捗を他者から見取りやすいだけでなく，たとえば，異なる学習内容を紐づけ
たり，教員間で共通の目的意識をもって指導したりする場面でルーブリックが
役に立つのである。

　これらの評価は，近年重視されているアウトカム評価を行うための方法とし
ても注目されている。アウトカム（outcome）は「成果」という意味であり，
「生徒の意欲・態度や能力が変容したか，学習意欲の向上や具体的進路目標の
決定に結び付いたか，キャリア発達がどの程度促進されたか」（文部科学省，
2012）などを評価することである。このように，児童生徒の発達や変化の過程
を捉えたり，測定したりする時の具体的方法として，ポートフォリオ評価や
ルーブリック評価などのパフォーマンス評価が重要だと考えられているのであ
る。

2　見取り──児童生徒の評価

（1）キャリア教育の評価を難しくする背景

　見取りとは，児童生徒の成長や変化を評価することである。これについて，
立石（2015）による興味深い報告がある。この報告では，キャリア教育の評価
に悩んでいる教師は，次のケースにあてはまると説明されている。

①キャリア教育の計画が定まっていない。

②評価の指標とその測定方法がわからない。

　前者は，学校全体としてキャリア教育で「何を目標に何を行うのか」という計画立案が不十分な場合である。後者は，その目的に応じた指標とその測定方法が準備されていない場合だと言える。PDCAで言えば，最初の計画（P）が不十分なために，教育活動を行っても（D），きちんと評価（C）を行えない状況に置かれているのである。Cが機能していなければ，当然ながら改善（A）にはつながらない。つまり，「現実的な根拠の希薄な上滑りの学びや指導」（梶田，2021）になっている可能性があるのである。

（2）見取りのポイント──その総論と各論

　キャリア教育の目標は，その定義にもあるように「一人一人の社会的・職業的自立に向け，必要な基盤となる能力や態度を育てること」（中央教育審議会，2011）であり，そのために必要なことは「キャリア発達を促すこと」だと考えることができる。そして，分野や職種にかかわらず，社会的・職業的自立に向けて必要な基盤となる能力として「基礎的・汎用的能力」が示されている（中央教育審議会，2011）。具体的には，人間関係形成・社会形成能力，自己理解・自己管理能力，課題対応能力，キャリアプランニング能力である。

　しかしながら，これらは「総論」として理解するべき事柄である。実践現場では，総論をふまえつつ，学校や地域ごとに，その特色に応じてこれらを個別・具体的に，「各論」に落とし込む作業が求められている。つまり，総論は大枠としての「フレーム」である。そして写真を撮影する時，フレーム内に対象を捉えたら，次にピントを合わせるのと同じように，学校段階や地域性，学校の歴史や特色，そして何よりも目の前の児童生徒の特質をふまえて「ピントを調整すること」が必要なのである。これが各論である。

　なぜこのような対応が必要なのだろうか。それは，児童生徒が生きている社会背景は均一ではないからである。たとえば，地域によって学力格差や経済格差などがあることは否めないだろう。このような社会背景によって，「社会的・職業的自立」という言葉や「キャリア発達」という言葉がまとう色合いは，

表 12-1　見取りを行ううえで大切にしたいポイント

1.　社会的・職業的自立に向けて身につけさせたい力を明確にする
①進学や就職といった短期的な目標に加えて，生涯にわたる長期的な見通しをもったうえで，児童生徒に身につけさせたい力を設定する。 ②生活や社会，将来の観点から必要と考えられる知識，技能や態度を想定したうえで，児童生徒に身につけさせたい力を設定する。
2.　児童生徒の実態をふまえた評価規準・指標を設定する
①児童生徒の実態をふまえたうえで，「目指す児童生徒の姿」を具体的に設定する。 ②各取り組みの中で児童生徒の変容・成長がどのように表れてくるかを想定し，その過程を捉えられるように指標を設定する。
3.　身につけさせたい力を児童生徒と共有する
①身につけさせたい力は，児童生徒にもわかる言葉で示す。 ②身につけさせたい力が，将来の生き方や進路決定にどのように結びつくかを伝える。 ③身についた力について，児童生徒に振り返りを促す。

出所：国立教育政策研究所生徒指導・進路指導研究センター（2015）をもとに筆者作成。

微妙に変化する可能性がある。そこで，ピント調整が必要になるのである。一律に同じことをするのではなく，学校が置かれた立場と社会，そして目の前の児童生徒に応じて身につけさせたい力を調整するのである。

　これらの作業を行う道標として，国教研（2015）では，大切にしたいポイントが示されている（表12-1）。実践の際に，参考にしてほしい。

3　点検──教師や学校の評価

（1）PDCA で常に点検

　点検は「評価の対象を学校全体に広げ，見取りの結果や全校的な教育活動の実施状況を把握すること」である。先に述べたように，キャリア教育を推進するプロセスは PDCA に沿って行うとされ（京免，2020），また，PDCA サイクルは点検を行ううえでの指針となるものだと言える。文部科学省（2012）は，図12-2のようなチェックシートを作っている。これは本章第1節でも述べたルーブリック評価の具体例としても機能する。

　さらに，図12-1で示したように，点検は評価（C）と改善（A）に関連が

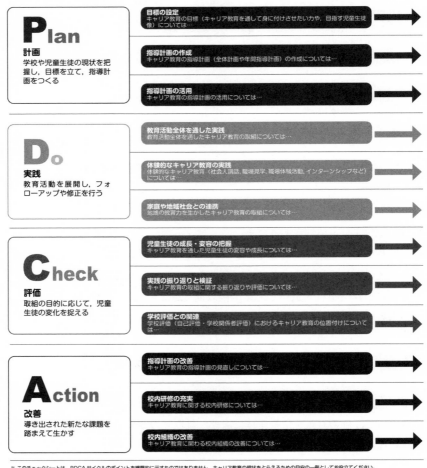

図 12 - 2　PDCA で見るキャリア

出所：文部科学省（2012）。

推進の方向性 →　**すばらしい！**

定めていない	定めているが，目標達成の検証が可能な具体的な文言にはなっていない	目標達成の検証が可能な具体的な文言を用いて定めているが，ここ数年見直していない	目標達成の検証が可能な具体的な文言を用いて定めており，児童生徒の実状などに応じて，数年ごとに見直している
作成していない	指導計画は存在するが，教育委員会から提示されたモデルや，先進校の指導計画を引き写して作成した箇所が多い	学校や地域の特色や児童生徒の実態を踏まえて指導計画を作成するよう努めたが，具体的な内容にそれらが十分に反映されていない	児童生徒・保護者などの意識調査を活用したり，教員が相互に意見を出し合ったりして，学校の現状に即した系統的な実践ができる指導計画を作成している
指導計画がないため，活用できていない	指導計画は存在するが，それに対する教員の認識や理解は十分ではない	ほとんどの教員が指導計画の内容を把握しているが，活用は進んでいない	指導計画の内容は教員の共通認識となっており，有効に活用されている
特に意識して取り組んでいない	それぞれの教員が，できる範囲で取り組もうという意識はあるが，教員ごとの取組の差が大きい	それぞれの教員が教科等を通したキャリア教育に取り組んでいるが，それらを関連付ける機会や方策が未整備である	教科等を通したキャリア教育は多様に実践されており，それらを相互に関連付けた取組も計画的に行われている
計画的な実践はしていない	計画的に実践されているが，事前指導・事後指導などが十分にはなされていない	事前指導・事後指導などを含めて計画的に実践されているが，卒業までに身に付けさせたい力を踏まえた体系的な指導には至っていない	卒業までを見通した全体的な取組の中で，事前指導・事後指導を含めた体系的なキャリア教育の役割が明確となっており，異校種とのつながりも意識している
特に意識して取り組んでいない	保護者や地域の事業所などと連携・協力して体験的なキャリア教育に取り組んでいるが，その意図やねらいの共通理解を十分に得ているわけではない	保護者や地域の事業所などと連携・協力して体験的なキャリア教育に取り組んでおり，体験の意図やねらいについての共通理解も得ている	保護者や地域の事業所などと連携・協力して体験的なキャリア教育に取り組み，学校のキャリア教育全般についての理解と協力も得ている
特に意識して把握していない	それぞれの教員が，学校生活を通して把握するようにしているが，教員間でその結果は共有されていない	学校生活を通した把握の他に，意識調査やポートフォリオなどの資料はあるが，キャリア教育の視点からそれらを考察・分析はしていない	学校生活を通した把握と合わせて，身に付けさせたい力の視点から意識調査などを実施し，結果については経年変化などの分析も加え，教員間で共有している
特に意識して振り返りをしていない	年度当初計画した取組が円滑に実施できたかどうかという点についての振り返りは行っている	取組の円滑な実施という観点の他に，年度末などに全般的な取組の成果や課題について教員間で意見交換を行っている	取組の円滑な実施や全般的な成果・課題という観点の他に，特に重要な取組については，児童生徒の意識調査や自己評価などにより検証している
学校評価にキャリア教育に関する評価項目は含まれていない	学校評価にキャリア教育に関する評価項目は含まれているが，その結果を十分に認知していない教員が多い	学校評価にキャリア教育に関する評価項目が含まれており，結果は職員会議等で示されているが，その考察・分析はしていない	学校評価にキャリア教育に関する評価項目が含まれており，結果については，経年変化などの分析も加えて，教員間で共有している
ここ数年見直していない（指導計画は作成していない）	毎年度，教員の負担や予算などの観点から，取組の見直しを行っている	毎年度，教員の負担や予算などの観点の他に，キャリア教育を通した児童生徒の成長や変容を踏まえ，取組や指導の在り方の見直しを行っている	毎年度，キャリア教育を通した児童生徒の成長や変容を踏まえて取組や指導の在り方を行い，必要に応じてキャリア教育の目標にも検討を加えている
特に実施していない	キャリア教育の概念や基本的な実践方策などについての理解を深めるための研修を実施している	キャリア教育を通した児童生徒の成長や変容を踏まえ，具体的な取組の改善に向けた研修を実施している	キャリア教育を通した児童生徒の成長や変容を踏まえ，具体的な取組の改善と異校種との連携の強化に向けた研修を実施している
ここ数年見直していない	定期的に見直しているが，個々の教員の負担軽減などを主眼とした構成メンバーの交替が中心となっている	定期的に見直しているが，校務分掌の適正化などを主眼とした組織改編や構成メンバーの交替が中心となっている	キャリア教育を通した児童生徒の成長や変容を踏まえ，取り組むべき課題を特定し，それに即して校内組織や構成メンバーを見直している

国立教育政策研究所「学校の特色を生かして実践するキャリア教育－小・中・高等学校における基礎的・汎用的能力の育成のために－」平成23年

教育推進状況チェックシート

深い。ただし，Cは計画（P）が基盤となるため，計画や目的が不十分であると成立しなくなるので注意が必要である。この難しさや工夫については，藤田（2019：329〜346）が参考になる。藤田（2019）は「SMART な目標設定」がヒントになると指摘している。SMART とは Specific（具体的で），Measurable（測定可能な），Achievable（達成見込みのある），Realistic（現実に即した），Time-bound（明確な達成期限を設定した）という言葉の頭文字をとったものである。

　さて，このような難しさや工夫のポイントをふまえつつ，評価にあたっては，節目となるタイミングで行う終了時の評価（総括的評価）で目標の達成状況を評価するだけでなく，実践過程の評価（形成的評価）も重要となる（文部科学省，2012）。さらには，目の前の児童生徒に何を身につけさせたいか，そのためにどのような目標を立てるべきかという事前の評価（診断的評価）も欠かせない。つまり，事前・事中・事後と「常に」点検が求められるのである。

（2）点検のポイント——組織，指導計画，連携
　このように点検を進めるうえで大切なポイントが3点ある。それは「組織の点検」「指導計画の点検」「連携の点検である」（国教研，2015）。これを表12-2にまとめる。また，国教研（2015：10）には，複数校の事例をもとに作成された2の「指導計画の視点から行う点検」の具体例として，次のようなものが紹介されている。
　まず，「①年度末アンケートの結果を分析する」段階がある。これは，「授業を通して，身に付けさせたい力を児童生徒が身に付けられたか？」など，アンケートの結果を分析する作業になる。次に「②改善点の洗い出し作業と集約作業を進める」段階がある。ここでは十分な成果が得られなかった部分について共通理解を図り，たとえばキャリア教育の視点を取り入れる工夫を授業に組み込む必要がある，などと具体的に確認する。最後に，「③改善に向けた具体的な方策を準備する」段階がある。教科部会で年間指導計画や教科とキャリア教育の視点との関連を見直す，校内研修会や授業研究会でよりよい指導に向けた研修や研究を行い，次年度に向けた改善の準備をする，などである。このよう

表12-2　点検を行ううえで大切にしたいポイント

1.　組織の視点から行う点検：実践を継続的に進められる体制をつくる
①全教職員で，キャリア教育を通して児童生徒に身につけさせたい力を共有したか。 ②各取り組みが，学級・ホームルームや学年を超えて，相互に関連づけられているか。 ③取り組みを進めるうえで，各教員に求める負担が過剰になっていないか。
2.　指導計画の視点から行う点検：目標，計画，実践の一貫性を確認する
①身につけさせたい力と，各教科での学習や体験活動等との関連が指導計画内に具体的に示されているか。 ②目標の達成について，検証可能な計画になっているか。
3.　連携の視点から行う点検：キャリア教育の充実につながる関係をつくる
①キャリア教育のねらいや身につけさせたい力などを関係者と共有しているか。 ②体験活動等に対する地域・保護者の理解と協力が得られているか。 ③地域組織や企業・事業所との連携を図っているか。

出所：国立教育政策研究所生徒指導・進路指導研究センター（2015）をもとに筆者作成。

に進めていきながら，PDCA の C（評価）の段階と A（改善）の段階に特に重点を置いて進めるのが「点検」，つまり教師や学校の評価である。

（3）見取りと点検で教育を受ける側も教育を施す側も評価する

　ここまで，重要性が認識されているにもかかわらず，具体的にどのようにすればよいのかわかりにくいとされるキャリア教育の評価方法について解説してきた。キャリア教育の成果は，ペーパーテストでは測りにくい性質のものが多い。そしてキャリア教育の評価をする際には，学校種や地域ごとに評価内容を検討する必要性が求められる。そのため，上述のように「具体的な方法がわかりにくい」と感じられるのだろうと推測される。しかし，キャリア教育の評価には先進的な事例や具体的な方法がすでに存在する。今後，実際にキャリア教育を評価する立場に置かれた時には，本章で紹介してきた内容を参考に，よりよい自校のキャリア教育のため，評価の実践をしていくとよいだろう。

学習課題　① キャリア教育の評価が学校現場で「重要であるがやり方がよくわからない」と感じられているのはなぜだろうか。

② 「主体的・対話的で深い学び」の実現とキャリア教育が共通していると考え

　　る根拠には何があるだろうか。

引用・参考文献

海藤美鈴「なりたい自分になるために——小学校での実践　特集キャリア・パスポートをど
　　う生かすか」『指導と評価』66(11)，2020年，24〜26頁。

梶田叡一「教育における評価の意義」浅田匡・古川治編著『教育における評価の再考——人
　　間教育における評価とは何か』ミネルヴァ書房，2021年。

京免徹雄「評価の目的・意義」日本キャリア教育学会『新版キャリア教育概説』東洋館出版
　　社，2020年，156〜159頁。

国立教育政策研究所生徒指導・進路指導研究センター「子供たちの『見取り』と教育活動の
　　『点検』——キャリア教育を一歩進める評価」2015年。

立石慎治「キャリア教育の評価に悩むのは誰か」『国立教育政策研究所紀要』144，2015年，
　　141〜152頁。

中央教育審議会「今後の学校におけるキャリア教育・職業教育の在り方について（答申）」
　　2011年。

中村美楠子「生徒の学びを『縦』にも『横』にもつなぐ——『キャリア・パスポート』高校
　　での実践」『指導と評価』66(11)，2020年，30〜32頁。

奈良市教育委員会「奈良市キャリア教育の手引き」2016年。https://www.city.nara.lg.jp/
　　site/kyouiku/8807.html（2023年7月13日最終閲覧）

西岡加名恵「教育評価の基本——教育の質を保証するために」浅田匡・古川治編著『教育に
　　おける評価の再考——人間教育における評価とは何か』ミネルヴァ書房，2021年。

深沢享史「生徒の成長をキャリア・パスポートでつなぐ——中学校での実践」『指導と評価』
　　66(11)，2020年，27〜29頁。

藤田晃之『キャリア教育フォービギナーズ』実業之日本社，2019年。

藤田晃之・石嶺ちづる・柴沼俊輔・京免徹雄「JSPS 科研費16H03791助成『キャリア教育
　　のアウトカム評価指標の開発に関する調査研究』成果パンフレット——キャリア教育の
　　評価がわからん!!とお悩みの先生方へ」2019年。

文部科学省『高等学校キャリア教育の手引き』教育出版，2012年。

付　録

教育基本法（抄）

（平成18年法律第120号）

我々日本国民は，たゆまぬ努力によって築いてきた民主的で文化的な国家を更に発展させるとともに，世界の平和と人類の福祉の向上に貢献することを願うものである。

我々は，この理想を実現するため，個人の尊厳を重んじ，真理と正義を希求し，公共の精神を尊び，豊かな人間性と創造性を備えた人間の育成を期するとともに，伝統を継承し，新しい文化の創造を目指す教育を推進する。

ここに，我々は，日本国憲法の精神にのっとり，我が国の未来を切り拓く教育の基本を確立し，その振興を図るため，この法律を制定する。

第1章　教育の目的及び理念

（教育の目的）

第1条　教育は，人格の完成を目指し，平和で民主的な国家及び社会の形成者として必要な資質を備えた心身ともに健康な国民の育成を期して行われなければならない。

（教育の目標）

第2条　教育は，その目的を実現するため，学問の自由を尊重しつつ，次に掲げる目標を達成するよう行われるものとする。

（1）幅広い知識と教養を身に付け，真理を求める態度を養い，豊かな情操と道徳心を培うとともに，健やかな身体を養うこと。

（2）個人の価値を尊重して，その能力を伸ばし，創造性を培い，自主及び自律の精神を養うとともに，職業及び生活との関連を重視し，勤労を重んずる態度を養うこと。

（3）正義と責任，男女の平等，自他の敬愛と協力を重んずるとともに，公共の精神に基づき，主体的に社会の形成に参画し，その発展に寄与する態度を養うこと。

（4）生命を尊び，自然を大切にし，環境の保全に寄与する態度を養うこと。

（5）伝統と文化を尊重し，それらをはぐくんできた我が国と郷土を愛するとともに，他国を尊重し，国際社会の平和と発展に寄与

する態度を養うこと。

学校教育法（抄）

（昭和22年法律第26号）
最終改正：令和4年6月22日法律第76号

第2章　義務教育

第21条　義務教育として行われる普通教育は，教育基本法（平成18年法律第120号）第5条第2項に規定する目的を実現するため，次に掲げる目標を達成するよう行われるものとする。

（1）学校内外における社会的活動を促進し，自主，自律及び協同の精神，規範意識，公正な判断力並びに公共の精神に基づき主体的に社会の形成に参画し，その発展に寄与する態度を養うこと。

（2）学校内外における自然体験活動を促進し，生命及び自然を尊重する精神並びに環境の保全に寄与する態度を養うこと。

（3）我が国と郷土の現状と歴史について，正しい理解に導き，伝統と文化を尊重し，それらをはぐくんできた我が国と郷土を愛する態度を養うとともに，進んで外国の文化の理解を通じて，他国を尊重し，国際社会の平和と発展に寄与する態度を養うこと。

（4）家族と家庭の役割，生活に必要な衣，食，住，情報，産業その他の事項について基礎的な理解と技能を養うこと。

（5）読書に親しませ，生活に必要な国語を正しく理解し，使用する基礎的な能力を養うこと。

（6）生活に必要な数量的な関係を正しく理解し，処理する基礎的な能力を養うこと。

（7）生活にかかわる自然現象について，観察及び実験を通じて，科学的に理解し，処理する基礎的な能力を養うこと。

（8）健康，安全で幸福な生活のために必要な習慣を養うとともに，運動を通じて体力を養い，心身の調和的発達を図ること。

（9）生活を明るく豊かにする音楽，美術，文

芸その他の芸術について基礎的な理解と技
能を養うこと。
（10）職業についての基礎的な知識と技能，勤
労を重んずる態度及び個性に応じて将来の
進路を選択する能力を養うこと。

第4章　小学校

第30条　小学校における教育は，前条に規定す
る目的を実現するために必要な程度において
第21条各号に掲げる目標を達成するよう行わ
れるものとする。
② 前項の場合においては，生涯にわたり学習
する基盤が培われるよう，基礎的な知識及び
技能を習得させるとともに，これらを活用し
て課題を解決するために必要な思考力，判断
力，表現力その他の能力をはぐくみ，主体的
に学習に取り組む態度を養うことに，特に意
を用いなければならない。

第5章　中学校

第46条　中学校における教育は，前条に規定す
る目的を実現するため，第二十一条各号に掲
げる目標を達成するよう行われるものとする。

第6章　高等学校

第51条　高等学校における教育は，前条に規定
する目的を実現するため，次に掲げる目標を
達成するよう行われるものとする。
（1）義務教育として行われる普通教育の成果
を更に発展拡充させて，豊かな人間性，創
造性及び健やかな身体を養い，国家及び社
会の形成者として必要な資質を養うこと。
（2）社会において果たさなければならない使
命の自覚に基づき，個性に応じて将来の進
路を決定させ，一般的な教養を高め，専門
的な知識，技術及び技能を習得させること。
（3）個性の確立に努めるとともに，社会につ
いて，広く深い理解と健全な批判力を養い，
社会の発展に寄与する態度を養うこと。

第7章　中等教育学校

第64条　中等教育学校における教育は，前条に
規定する目的を実現するため，次に掲げる目

標を達成するよう行われるものとする。
（1）豊かな人間性，創造性及び健やかな身体
を養い，国家及び社会の形成者として必要
な資質を養うこと。
（2）社会において果たさなければならない使
命の自覚に基づき，個性に応じて将来の進
路を決定させ，一般的な教養を高め，専門
的な知識，技術及び技能を習得させること。
（3）個性の確立に努めるとともに，社会につ
いて，広く深い理解と健全な批判力を養い，
社会の発展に寄与する態度を養うこと。

いじめ防止対策推進法（抄）

（平成25年法律第71号）
最終改正：令和3年4月28日法律第27号

第1章　総則

（目的）
第1条　この法律は，いじめが，いじめを受け
た児童等の教育を受ける権利を著しく侵害し，
その心身の健全な成長及び人格の形成に重大
な影響を与えるのみならず，その生命又は身
体に重大な危険を生じさせるおそれがあるも
のであることに鑑み，児童等の尊厳を保持す
るため，いじめの防止等（いじめの防止，い
じめの早期発見及びいじめへの対処をいう。
以下同じ。）のための対策に関し，基本理念
を定め，国及び地方公共団体等の責務を明ら
かにし，並びにいじめの防止等のための対策
に関する基本的な方針の策定について定める
とともに，いじめの防止等のための対策の基
本となる事項を定めることにより，いじめの
防止等のための対策を総合的かつ効果的に推
進することを目的とする。
（定義）
第2条　この法律において「いじめ」とは，児
童等に対して，当該児童等が在籍する学校に
在籍している等当該児童等と一定の人的関係
にある他の児童等が行う心理的又は物理的な
影響を与える行為（インターネットを通じて
行われるものを含む。）であって，当該行為

の対象となった児童等が心身の苦痛を感じているものをいう。

2　この法律において「学校」とは，学校教育法（昭和22年法律第26号）第1条に規定する小学校，中学校，義務教育学校，高等学校，中等教育学校及び特別支援学校（幼稚部を除く。）をいう。

3　この法律において「児童等」とは，学校に在籍する児童又は生徒をいう。

4　この法律において「保護者」とは，親権を行う者（親権を行う者のないときは，未成年後見人）をいう。

（基本理念）

第3条　いじめの防止等のための対策は，いじめが全ての児童等に関係する問題であることに鑑み，児童等が安心して学習その他の活動に取り組むことができるよう，学校の内外を問わずいじめが行われなくなるようにすることを旨として行われなければならない。

2　いじめの防止等のための対策は，全ての児童等がいじめを行わず，及び他の児童等に対して行われるいじめを認識しながらこれを放置することがないようにするため，いじめが児童等の心身に及ぼす影響その他のいじめの問題に関する児童等の理解を深めることを旨として行われなければならない。

3　いじめの防止等のための対策は，いじめを受けた児童等の生命及び心身を保護することが特に重要であることを認識しつつ，国，地方公共団体，学校，地域住民，家庭その他の関係者の連携の下，いじめの問題を克服することを目指して行われなければならない。

（いじめの禁止）

第4条　児童等は，いじめを行ってはならない。

第3章　基本的施策

（学校におけるいじめの防止）

第15条　学校の設置者及びその設置する学校は，児童等の豊かな情操と道徳心を培い，心の通う対人交流の能力の素地を養うことがいじめの防止に資することを踏まえ，全ての教育活動を通じた道徳教育及び体験活動等の充実を図らなければならない。

2　学校の設置者及びその設置する学校は，当該学校におけるいじめを防止するため，当該学校に在籍する児童等の保護者，地域住民その他の関係者との連携を図りつつ，いじめの防止に資する活動であって当該学校に在籍する児童等が自主的に行うものに対する支援，当該学校に在籍する児童等及びその保護者並びに当該学校の教職員に対するいじめを防止することの重要性に関する理解を深めるための啓発その他必要な措置を講ずるものとする。

小学校学習指導要領（平成29年告示）（抜粋）

（平成29年3月告示）

前　文

教育は，教育基本法第1条に定めるとおり，人格の完成を目指し，平和で民主的な国家及び社会の形成者として必要な資質を備えた心身ともに健康な国民の育成を期すという目的のもと，同法第2条に掲げる次の目標を達成するよう行われなければならない。

1　幅広い知識と教養を身に付け，真理を求める態度を養い，豊かな情操と道徳心を培うとともに，健やかな身体を養うこと。

2　個人の価値を尊重して，その能力を伸ばし，創造性を培い，自主及び自律の精神を養うとともに，職業及び生活との関連を重視し，勤労を重んずる態度を養うこと。

3　正義と責任，男女の平等，自他の敬愛と協力を重んずるとともに，公共の精神に基づき，主体的に社会の形成に参画し，その発展に寄与する態度を養うこと。

4　生命を尊び，自然を大切にし，環境の保全に寄与する態度を養うこと。

5　伝統と文化を尊重し，それらをはぐくんできた我が国と郷土を愛するとともに，他国を尊重し，国際社会の平和と発展に寄与する態度を養うこと。

これからの学校には，こうした教育の目的及び目標の達成を目指しつつ，一人一人の児童が，自分のよさや可能性を認識するとともに，あら

ゆる他者を価値のある存在として尊重し，多様な人々と協働しながら様々な社会的変化を乗り越え，豊かな人生を切り拓き，持続可能な社会の創り手となることができるようにすることが求められる。このために必要な教育の在り方を具体化するのが，各学校において教育の内容等を組織的かつ計画的に組み立てた教育課程である。

教育課程を通して，これからの時代に求められる教育を実現していくためには，よりよい学校教育を通してよりよい社会を創るという理念を学校と社会とが共有し，それぞれの学校において，必要な学習内容をどのように学び，どのような資質・能力を身に付けられるようにするのかを教育課程において明確にしながら，社会との連携及び協働によりその実現を図っていくという，社会に開かれた教育課程の実現が重要となる。

学習指導要領とは，こうした理念の実現に向けて必要となる教育課程の基準を大綱的に定めるものである。学習指導要領が果たす役割の一つは，公の性質を有する学校における教育水準を全国的に確保することである。また，各学校がその特色を生かして創意工夫を重ね，長年にわたり積み重ねられてきた教育実践や学術研究の蓄積を生かしながら，児童や地域の現状や課題を捉え，家庭や地域社会と協力して，学習指導要領を踏まえた教育活動の更なる充実を図っていくことも重要である。

児童が学ぶことの意義を実感できる環境を整え，一人一人の資質・能力を伸ばせるようにしていくことは，教職員をはじめとする学校関係者はもとより，家庭や地域の人々も含め，様々な立場から児童や学校に関わる全ての大人に期待される役割である。幼児期の教育の基礎の上に，中学校以降の教育や生涯にわたる学習とのつながりを見通しながら，児童の学習の在り方を展望していくために広く活用されるものとなることを期待して，ここに小学校学習指導要領を定める。

第1章　総則

第1　小学校教育の基本と教育課程の役割

1　各学校においては，教育基本法及び学校教

育法その他の法令並びにこの章以下に示すところに従い，児童の人間として調和のとれた育成を目指し，児童の心身の発達の段階や特性及び学校や地域の実態を十分考慮して，適切な教育課程を編成するものとし，これらに掲げる目標を達成するよう教育を行うものとする。

2　学校の教育活動を進めるに当たっては，各学校において，第3の1に示す主体的・対話的で深い学びの実現に向けた授業改善を通して，創意工夫を生かした特色ある教育活動を展開する中で，次の(1)から(3)までに掲げる事項の実現を図り，児童に生きる力を育むことを目指すものとする。

(1)　基礎的・基本的な知識及び技能を確実に習得させ，これらを活用して課題を解決するために必要な思考力，判断力，表現力等を育むとともに，主体的に学習に取り組む態度を養い，個性を生かし多様な人々との協働を促す教育の充実に努めること。その際，児童の発達の段階を考慮して，児童の言語活動など，学習の基盤をつくる活動を充実するとともに，家庭との連携を図りながら，児童の学習習慣が確立するよう配慮すること。

(2)　道徳教育や体験活動，多様な表現や鑑賞の活動等を通して，豊かな心や創造性の涵養を目指した教育の充実に努めること。

学校における道徳教育は，特別の教科である道徳（以下「道徳科」という。）を要として学校の教育活動全体を通じて行うものであり，道徳科はもとより，各教科，外国語活動，総合的な学習の時間及び特別活動のそれぞれの特質に応じて，児童の発達の段階を考慮して，適切な指導を行うこと。

道徳教育は，教育基本法及び学校教育法に定められた教育の根本精神に基づき，自己の生き方を考え，主体的な判断の下に行動し，自立した人間として他者と共によりよく生きるための基盤となる道徳性を養うことを目標とすること。

道徳教育を進めるに当たっては，人間尊重の精神と生命に対する畏敬の念を家庭，学校，その他社会における具体的な生活の中に生かし，豊かな心をもち，伝統と文化を尊重し，

それらを育んできた我が国と郷土を愛し，個性豊かな文化の創造を図るとともに，平和で民主的な国家及び社会の形成者として，公共の精神を尊び，社会及び国家の発展に努め，他国を尊重し，国際社会の平和と発展や環境の保全に貢献し未来を拓く主体性のある日本人の育成に資することとなるよう特に留意すること。

(3) 学校における体育・健康に関する指導を，児童の発達の段階を考慮して，学校の教育活動全体を通じて適切に行うことにより，健康で安全な生活と豊かなスポーツライフの実現を目指した教育の充実に努めること。特に，学校における食育の推進並びに体力の向上に関する指導，安全に関する指導及び心身の健康の保持増進に関する指導については，体育科，家庭科及び特別活動の時間はもとより，各教科，道徳科，外国語活動及び総合的な学習の時間などにおいてもそれぞれの特質に応じて適切に行うよう努めること。また，それらの指導を通して，家庭や地域社会との連携を図りながら，日常生活において適切な体育・健康に関する活動の実践を促し，生涯を通じて健康・安全で活力ある生活を送るための基礎が培われるよう配慮すること。

3　2の(1)から(3)までに掲げる事項の実現を図り，豊かな創造性を備え持続可能な社会の創り手となることが期待される児童に，生きる力を育むことを目指すに当たっては，学校教育全体並びに各教科，道徳科，外国語活動，総合的な学習の時間及び特別活動（以下「各教科等」という。ただし，第2の3の(2)のア及びウにおいて，特別活動については学級活動（学校給食に係るものを除く。）に限る。）の指導を通してどのような資質・能力の育成を目指すのかを明確にしながら，教育活動の充実を図るものとする。その際，児童の発達の段階や特性等を踏まえつつ，次に掲げることが偏りなく実現できるようにするものとする。

(1) 知識及び技能が習得されるようにすること。
(2) 思考力，判断力，表現力等を育成すること。
(3) 学びに向かう力，人間性等を涵養すること。

4　各学校においては，児童や学校，地域の実態を適切に把握し，教育の目的や目標の実現に必要な教育の内容等を教科等横断的な視点で組み立てていくこと，教育課程の実施状況を評価してその改善を図っていくこと，教育課程の実施に必要な人的又は物的な体制を確保するとともにその改善を図っていくことなどを通して，教育課程に基づき組織的かつ計画的に各学校の教育活動の質の向上を図っていくこと（以下「カリキュラム・マネジメント」という。）に努めるものとする。

第4　児童の発達の支援

1　児童の発達を支える指導の充実
　教育課程の編成及び実施に当たっては，次の事項に配慮するものとする。

(1) 学習や生活の基盤として，教師と児童との信頼関係及び児童相互のよりよい人間関係を育てるため，日頃から学級経営の充実を図ること。また，主に集団の場面で必要な指導や援助を行うガイダンスと，個々の児童の多様な実態を踏まえ，一人一人が抱える課題に個別に対応した指導を行うカウンセリングの双方により，児童の発達を支援すること。
　あわせて，小学校の低学年，中学年，高学年の学年の時期の特長を生かした指導の工夫を行うこと。

(2) 児童が，自己の存在感を実感しながら，よりよい人間関係を形成し，有意義で充実した学校生活を送る中で，現在及び将来における自己実現を図っていくことができるよう，児童理解を深め，学習指導と関連付けながら，生徒指導の充実を図ること。

(3) 児童が，学ぶことと自己の将来とのつながりを見通しながら，社会的・職業的自立に向けて必要な基盤となる資質・能力を身に付けていくことができるよう，特別活動を要としつつ各教科等の特質に応じて，キャリア教育の充実を図ること。

第6章　特別活動

第3　指導計画の作成と内容の取り扱い

2　第2の内容の取扱いについては，次の事項に配慮するものとする。

(3) 学校生活への適応や人間関係の形成などに

ついては，主に集団の場面で必要な指導や援助を行うガイダンスと，個々の児童の多様な実態を踏まえ，一人一人が抱える課題に個別に対応した指導を行うカウンセリング（教育相談を含む。）の双方の趣旨を踏まえて指導を行うこと。特に入学当初や各学年のはじめにおいては，個々の児童が学校生活に適応するとともに，希望や目標をもって生活をできるよう工夫すること。あわせて，生徒の家庭との連絡を密にすること。

中学校学習指導要領（平成29年告示）（抜粋）

（平成29年3月告示）

【 ＊前文および1〜4は小学校学習指導要領
　　に同じ 】

5　伝統と文化を尊重し，それらをはぐくんできた我が国と郷土を愛するとともに，他国を尊重し，国際社会の平和と発展に寄与する態度を養うこと。

　これからの学校には，こうした教育の目的及び目標の達成を目指しつつ，一人一人の生徒が，自分のよさや可能性を認識するとともに，あらゆる他者を価値のある存在として尊重し，多様な人々と協働しながら様々な社会的変化を乗り越え，豊かな人生を切り拓き，持続可能な社会の創り手となることができるようにすることが求められる。このために必要な教育の在り方を具体化するのが，各学校において教育の内容等を組織的かつ計画的に組み立てた教育課程である。
　教育課程を通して，これからの時代に求められる教育を実現していくためには，よりよい学校教育を通してよりよい社会を創るという理念を学校と社会とが共有し，それぞれの学校において，必要な学習内容をどのように学び，どのような資質・能力を身に付けられるようにするのかを教育課程において明確にしながら，社会との連携及び協働によりその実現を図っていくという，社会に開かれた教育課程の実現が重要となる。
　学習指導要領とは，こうした理念の実現に向けて必要となる教育課程の基準を大綱的に定め

るものである。学習指導要領が果たす役割の一つは，公の性質を有する学校における教育水準を全国的に確保することである。また，各学校がその特色を生かして創意工夫を重ね，長年にわたり積み重ねられてきた教育実践や学術研究の蓄積を生かしながら，生徒や地域の現状や課題を捉え，家庭や地域社会と協力して，学習指導要領を踏まえた教育活動の更なる充実を図っていくことも重要である。
　生徒が学ぶことの意義を実感できる環境を整え，一人一人の資質・能力を伸ばせるようにしていくことは，教職員をはじめとする学校関係者はもとより，家庭や地域の人々も含め，様々な立場から生徒や学校に関わる全ての大人に期待される役割である。幼児期の教育及び小学校教育の基礎の上に，高等学校以降の教育や生涯にわたる学習とのつながりを見通しながら，生徒の学習の在り方を展望していくために広く活用されるものとなることを期待して，ここに中学校学習指導要領を定める。

第1章　総則

第1　中学校教育の基本と教育課程の役割

1　各学校においては，教育基本法及び学校教育法その他の法令並びにこの章以下に示すところに従い，生徒の人間として調和のとれた育成を目指し，生徒の心身の発達の段階や特性及び学校や地域の実態を十分考慮して，適切な教育課程を編成するものとし，これらに掲げる目標を達成するよう教育を行うものとする。
2　学校の教育活動を進めるに当たっては，各学校において，第3の1に示す主体的・対話的で深い学びの実現に向けた授業改善を通して，創意工夫を生かした特色ある教育活動を展開する中で，次の(1)から(3)までに掲げる事項の実現を図り，生徒に生きる力を育むことを目指すものとする。
(1)　基礎的・基本的な知識及び技能を確実に習得させ，これらを活用して課題を解決するために必要な思考力，判断力，表現力等を育むとともに，主体的に学習に取り組む態度を養い，個性を生かし多様な人々との協働を促す教育の充実に努めること。その際，生徒の発

達の段階を考慮して，生徒の言語活動など，学習の基盤をつくる活動を充実するとともに，家庭との連携を図りながら，生徒の学習習慣が確立するよう配慮すること。

(2)　道徳教育や体験活動，多様な表現や鑑賞の活動等を通して，豊かな心や創造性の涵養を目指した教育の充実に努めること。

　　　学校における道徳教育は，特別の教科である道徳（以下「道徳科」という。）を要として学校の教育活動全体を通じて行うものであり，道徳科はもとより，各教科，総合的な学習の時間及び特別活動のそれぞれの特質に応じて，生徒の発達の段階を考慮して，適切な指導を行うこと。

　　　道徳教育は，教育基本法及び学校教育法に定められた教育の根本精神に基づき，人間としての生き方を考え，主体的な判断の下に行動し，自立した人間として他者と共によりよく生きるための基盤となる道徳性を養うことを目標とすること。

　　　道徳教育を進めるに当たっては，人間尊重の精神と生命に対する畏敬の念を家庭，学校，その他社会における具体的な生活の中に生かし，豊かな心をもち，伝統と文化を尊重し，それらを育んできた我が国と郷土を愛し，個性豊かな文化の創造を図るとともに，平和で民主的な国家及び社会の形成者として，公共の精神を尊び，社会及び国家の発展に努め，他国を尊重し，国際社会の平和と発展や環境の保全に貢献し未来を拓く主体性のある日本人の育成に資することとなるよう特に留意すること。

(3)　学校における体育・健康に関する指導を，生徒の発達の段階を考慮して，学校の教育活動全体を通じて適切に行うことにより，健康で安全な生活と豊かなスポーツライフの実現を目指した教育の充実に努めること。特に，学校における食育の推進並びに体力の向上に関する指導，安全に関する指導及び心身の健康の保持増進に関する指導については，保健体育科，技術・家庭科及び特別活動の時間はもとより，各教科，道徳科及び総合的な学習の時間などにおいてもそれぞれの特質に応じ

て適切に行うよう努めること。また，それらの指導を通して，家庭や地域社会との連携を図りながら，日常生活において適切な体育・健康に関する活動の実践を促し，生涯を通じて健康・安全で活力ある生活を送るための基礎が培われるよう配慮すること。

3　2の(1)から(3)までに掲げる事項の実現を図り，豊かな創造性を備え持続可能な社会の創り手となることが期待される生徒に，生きる力を育むことを目指すに当たっては，学校教育全体並びに各教科，道徳科，総合的な学習の時間及び特別活動（以下「各教科等」という。ただし，第2の3の(2)のア及びウにおいて，特別活動については学級活動（学校給食に係るものを除く。）に限る。）の指導を通してどのような資質・能力の育成を目指すのかを明確にしながら，教育活動の充実を図るものとする。その際，生徒の発達の段階や特性等を踏まえつつ，次に掲げることが偏りなく実現できるようにするものとする。

(1)　知識及び技能が習得されるようにすること。

(2)　思考力，判断力，表現力等を育成すること。

(3)　学びに向かう力，人間性等を涵養すること。

4　各学校においては，生徒や学校，地域の実態を適切に把握し，教育の目的や目標の実現に必要な教育の内容等を教科等横断的な視点で組み立てていくこと，教育課程の実施状況を評価してその改善を図っていくこと，教育課程の実施に必要な人的又は物的な体制を確保するとともにその改善を図っていくことなどを通して，教育課程に基づき組織的かつ計画的に各学校の教育活動の質の向上を図っていくこと（以下「カリキュラム・マネジメント」という。）に努めるものとする。

第4　生徒の発達の支援

1　生徒の発達を支える指導の充実

　教育課程の編成及び実施に当たっては，次の事項に配慮するものとする。

(1)　学習や生活の基盤として，教師と生徒との信頼関係及び生徒相互のよりよい人間関係を育てるため，日頃から学級経営の充実を図ること。また，主に集団の場面で必要な指導や援助を行うガイダンスと，個々の生徒の多様

な実態を踏まえ，一人一人が抱える課題に個別に対応した指導を行うカウンセリングの双方により，生徒の発達を支援すること。

(2) 生徒が，自己の存在感を実感しながら，よりよい人間関係を形成し，有意義で充実した学校生活を送る中で，現在及び将来における自己実現を図っていくことができるよう，生徒理解を深め，学習指導と関連付けながら，生徒指導の充実を図ること。

(3) 生徒が，学ぶことと自己の将来とのつながりを見通しながら，社会的・職業的自立に向けて必要な基盤となる資質・能力を身に付けていくことができるよう，特別活動を要としつつ各教科等の特質に応じて，キャリア教育の充実を図ること。その中で，生徒が自らの生き方を考え主体的に進路を選択することができるよう，学校の教育活動全体を通じ，組織的かつ計画的な進路指導を行うこと。

第5章　特別活動

第3　指導計画の作成と内容の取り扱い

2　第2の内容の取扱いについては，次の事項に配慮するものとする。

(3) 学校生活への適応や人間関係の形成，進路の選択などについては，主に集団の場面で必要な指導や援助を行うガイダンスと，個々の生徒の多様な実態を踏まえ，一人一人が抱える課題に個別に対応した指導を行うカウンセリング（教育相談を含む。）の双方の趣旨を踏まえて指導を行うこと。特に入学当初においては，個々の生徒が学校生活に適応するとともに，希望や目標をもって生活をできるよう工夫すること。あわせて，生徒の家庭との連絡を密にすること。

高等学校学習指導要領（平成30年告示）（抜粋）

（平成30年3月告示）

[＊前文および1〜4は小学校学習指導要領
  に同じ]

5　伝統と文化を尊重し，それらをはぐくんできた我が国と郷土を愛するとともに，他国を尊重し，国際社会の平和と発展に寄与する態度を養うこと。

これからの学校には，こうした教育の目的及び目標の達成を目指しつつ，一人一人の生徒が，自分のよさや可能性を認識するとともに，あらゆる他者を価値のある存在として尊重し，多様な人々と協働しながら様々な社会的変化を乗り越え，豊かな人生を切り拓き，持続可能な社会の創り手となることができるようにすることが求められる。このために必要な教育の在り方を具体化するのが，各学校において教育の内容等を組織的かつ計画的に組み立てた教育課程である。

教育課程を通して，これからの時代に求められる教育を実現していくためには，よりよい学校教育を通してよりよい社会を創るという理念を学校と社会とが共有し，それぞれの学校において，必要な学習内容をどのように学び，どのような資質・能力を身に付けられるようにするのかを教育課程において明確にしながら，社会との連携及び協働によりその実現を図っていくという，社会に開かれた教育課程の実現が重要となる。

学習指導要領とは，こうした理念の実現に向けて必要となる教育課程の基準を大綱的に定めるものである。学習指導要領が果たす役割の一つは，公の性質を有する学校における教育水準を全国的に確保することである。また，各学校がその特色を生かして創意工夫を重ね，長年にわたり積み重ねられてきた教育実践や学術研究の蓄積を生かしながら，生徒や地域の現状や課題を捉え，家庭や地域社会と協力して，学習指導要領を踏まえた教育活動の更なる充実を図っていくことも重要である。

生徒が学ぶことの意義を実感できる環境を整え，一人一人の資質・能力を伸ばせるようにしていくことは，教職員をはじめとする学校関係者はもとより，家庭や地域の人々も含め，様々な立場から生徒や学校に関わる全ての大人に期待される役割である。幼児期の教育及び義務教育の基礎の上に，高等学校卒業以降の教育や職業，生涯にわたる学習とのつながりを見通しながら，生徒の学習の在り方を展望していくために広く活用されるものとなることを期待して，

ここに高等学校学習指導要領を定める。

第1章　総則

第1款　高等学校教育の基本と教育課程の役割

1　各学校においては，教育基本法及び学校教育法その他の法令並びにこの章以下に示すところに従い，生徒の人間として調和のとれた育成を目指し，生徒の心身の発達の段階や特性等，課程や学科の特色及び学校や地域の実態を十分考慮して，適切な教育課程を編成するものとし，これらに掲げる目標を達成するよう教育を行うものとする。

2　学校の教育活動を進めるに当たっては，各学校において，第3款の1に示す主体的・対話的で深い学びの実現に向けた授業改善を通して，創意工夫を生かした特色ある教育活動を展開する中で，次の(1)から(3)までに掲げる事項の実現を図り，生徒に生きる力を育むことを目指すものとする。

(1)　基礎的・基本的な知識及び技能を確実に習得させ，これらを活用して課題を解決するために必要な思考力，判断力，表現力等を育むとともに，主体的に学習に取り組む態度を養い，個性を生かし多様な人々との協働を促す教育の充実に努めること。その際，生徒の発達の段階を考慮して，生徒の言語活動など，学習の基盤をつくる活動を充実するとともに，家庭との連携を図りながら，生徒の学習習慣が確立するよう配慮すること。

(2)　道徳教育や体験活動，多様な表現や鑑賞の活動等を通して，豊かな心や創造性の涵養を目指した教育の充実に努めること。

　　学校における道徳教育は，人間としての在り方生き方に関する教育を学校の教育活動全体を通じて行うことによりその充実を図るものとし，各教科に属する科目（以下「各教科・科目」という。），総合的な探究の時間及び特別活動（以下「各教科・科目等」という。）のそれぞれの特質に応じて，適切な指導を行うこと。

　　道徳教育は，教育基本法及び学校教育法に定められた教育の根本精神に基づき，生徒が自己探求と自己実現に努め国家・社会の一員

としての自覚に基づき行為しうる発達の段階にあることを考慮し，人間としての在り方生き方を考え，主体的な判断の下に行動し，自立した人間として他者と共によりよく生きるための基盤となる道徳性を養うことを目標とすること。

　　道徳教育を進めるに当たっては，人間尊重の精神と生命に対する畏敬の念を家庭，学校，その他社会における具体的な生活の中に生かし，豊かな心をもち，伝統と文化を尊重し，それらを育んできた我が国と郷土を愛し，個性豊かな文化の創造を図るとともに，平和で民主的な国家及び社会の形成者として，公共の精神を尊び，社会及び国家の発展に努め，他国を尊重し，国際社会の平和と発展や環境の保全に貢献し未来を拓く主体性のある日本人の育成に資することとなるよう特に留意すること。

(3)　学校における体育・健康に関する指導を，生徒の発達の段階を考慮して，学校の教育活動全体を通じて適切に行うことにより，健康で安全な生活と豊かなスポーツライフの実現を目指した教育の充実に努めること。特に，学校における食育の推進並びに体力の向上に関する指導，安全に関する指導及び心身の健康の保持増進に関する指導については，保健体育科，家庭科及び特別活動の時間はもとより，各教科・科目及び総合的な探究の時間などにおいてもそれぞれの特質に応じて適切に行うよう努めること。また，それらの指導を通して，家庭や地域社会との連携を図りながら，日常生活において適切な体育・健康に関する活動の実践を促し，生涯を通じて健康・安全で活力ある生活を送るための基礎が培われるよう配慮すること。

3　2の(1)から(3)までに掲げる事項の実現を図り，豊かな創造性を備え持続可能な社会の創り手となることが期待される生徒に，生きる力を育むことを目指すに当たっては，学校教育全体及び各教科・科目等の指導を通してどのような資質・能力の育成を目指すのかを明確にしながら，教育活動の充実を図るものとする。その際，生徒の発達の段階や特性等を踏まえつつ，次に

掲げることが偏りなく実現できるようにするものとする。

(1) 知識及び技能が習得されるようにすること。

(2) 思考力，判断力，表現力等を育成すること。

(3) 学びに向かう力，人間性等を涵養すること。

4 学校においては，地域や学校の実態等に応じて，就業やボランティアに関わる体験的な学習の指導を適切に行うようにし，勤労の尊さや創造することの喜びを体得させ，望ましい勤労観，職業観の育成や社会奉仕の精神の涵養に資するものとする。

5 各学校においては，生徒や学校，地域の実態を適切に把握し，教育の目的や目標の実現に必要な教育の内容等を教科等横断的な視点で組み立てていくこと，教育課程の実施状況を評価してその改善を図っていくこと，教育課程の実施に必要な人的又は物的な体制を確保するとともにその改善を図っていくことなどを通して，教育課程に基づき組織的かつ計画的に各学校の教育活動の質の向上を図っていくこと（以下「カリキュラム・マネジメント」という。）に努めるものとする

第5款 生徒の発達の支援

1 生徒の発達を支える指導の充実

教育課程の編成及び実施に当たっては，次の事項に配慮するものとする。

(1) 学習や生活の基盤として，教師と生徒との信頼関係及び生徒相互のよりよい人間関係を育てるため，日頃からホームルーム経営の充実を図ること。また，主に集団の場面で必要な指導や援助を行うガイダンスと，個々の生徒の多様な実態を踏まえ，一人一人が抱える課題に個別に対応した指導を行うカウンセリングの双方により，生徒の発達を支援すること。

(2) 生徒が，自己の存在感を実感しながら，よりよい人間関係を形成し，有意義で充実した学校生活を送る中で，現在及び将来における自己実現を図っていくことができるよう，生徒理解を深め，学習指導と関連付けながら，生徒指導の充実を図ること。

(3) 生徒が，学ぶことと自己の将来とのつながりを見通しながら，社会的・職業的自立に向けて必要な基盤となる資質・能力を身に付けていくことができるよう，特別活動を要としつつ各教科・科目等の特質に応じて，キャリア教育の充実を図ること。その中で，生徒が自己の在り方生き方を考え主体的に進路を選択することができるよう，学校の教育活動全体を通じ，組織的かつ計画的な進路指導を行うこと。

(4) 学校の教育活動全体を通じて，個々の生徒の特性等の的確な把握に努め，その伸長を図ること。また，生徒が適切な各教科・科目や類型を選択し学校やホームルームでの生活によりよく適応するとともに，現在及び将来の生き方を考え行動する態度や能力を育成することができるようにすること。

第5章 特別活動

第3 指導計画の作成と内容の取り扱い

2 内容の取扱いに当たっては，次の事項に配慮するものとする。

(3) 学校生活への適応や人間関係の形成，教科・科目や進路の選択などについては，主に集団の場面で必要な指導や援助を行うガイダンスと，個々の生徒の多様な実態を踏まえ，一人一人が抱える課題に個別に対応した指導を行うカウンセリング（教育相談を含む。）の双方の趣旨を踏まえて指導を行うこと。特に入学当初においては，個々の生徒が学校生活に適応するとともに，希望や目標をもって生活をできるよう工夫すること。あわせて，生徒の家庭との連絡を密にすること。

生徒指導提要（改訂版）（抜粋）

（令和4年12月公表）

第1章 生徒指導の基礎

1.1 生徒指導の意義

1.1.1 生徒指導の定義と目的

(1) 生徒指導の定義

学校教育の目的は，「人格の完成を目指し，平和で民主的な国家及び社会の形成者として必

要な資質を備えた心身ともに健康な国民の育成」（教育基本法第1条）を期することであり，また，「個人の価値を尊重して，その能力を伸ばし，創造性を培い，自主及び自律の精神を養う」（同法第2条第2号）ことが目標の一つとして掲げられています。この学校教育の目的や目標達成に寄与する生徒指導を定義すると，次のようになります。

> **生徒指導の定義**
>
> 生徒指導とは，児童生徒が，社会の中で自分らしく生きることができる存在へと，自発的・主体的に成長や発達する過程を支える教育活動のことである。なお，生徒指導上の課題に対応するために，必要に応じて指導や援助を行う。

生徒指導は，児童生徒が自身を個性的存在として認め，自己に内在しているよさや可能性に自ら気付き，引き出し，伸ばすと同時に，社会生活で必要となる社会的資質・能力を身に付けることを支える働き（機能）です。したがって，生徒指導は学校の教育目標を達成する上で重要な機能を果たすものであり，学習指導と並んで学校教育において重要な意義を持つものと言えます。

(2)　生徒指導の目的

生徒指導の目的は，教育課程の内外を問わず，学校が提供する全ての教育活動の中で児童生徒の人格が尊重され，個性の発見とよさや可能性[*1]の伸長を児童生徒自らが図りながら，多様な社会的資質・能力を獲得し，自らの資質・能力を適切に行使して自己実現を果たすべく，自己の幸福と社会の発展を児童生徒自らが追求することを支えるところに求められます[*2]。

> **生徒指導の目的**
>
> 生徒指導は，児童生徒一人一人の個性の発見とよさや可能性の伸長と社会的資質・能力の発達を支えると同時に，自己の幸福追求と社会に受け入れられる自己実現を支えることを目的とする。

生徒指導において発達を支えるとは，児童生徒の心理面（自信・自己肯定感等）の発達のみならず，学習面（興味・関心・学習意欲等），社会面（人間関係・集団適応等），進路面（進路意識・将来展望等），健康面（生活習慣・メンタルヘルス等）の発達を含む包括的なもので

す。

また，生徒指導の目的を達成するためには，児童生徒一人一人が自己指導能力を身に付けることが重要です。児童生徒が，深い自己理解に基づき，「何をしたいのか」，「何をするべきか」，主体的に問題や課題を発見し，自己の目標を選択・設定して，この目標の達成のため，自発的，自律的，かつ，他者の主体性を尊重しながら，自らの行動を決断し，実行する力，すなわち，「自己指導能力」を獲得することが目指されます。

児童生徒は，学校生活における多様な他者との関わり合いや学び合いの経験を通して，学ぶこと，生きること，働くことなどの価値や課題を見いだしていきます。その過程において，自らの生き方や人生の目標が徐々に明確になります。学校から学校への移行，学校から社会への移行においても，主体的な選択・決定を促す自己指導能力が重要です。

1.1.2　生徒指導の実践上の視点

これからの児童生徒は，少子高齢化社会の出現，災害や感染症等の不測の社会的危機との遭遇，高度情報化社会での知識の刷新やICT活用能力の習得，外国の人々を含め多様な他者との共生と協働等，予測困難な変化や急速に進行する多様化に対応していかなければなりません。

児童生徒の自己指導能力の獲得を支える生徒指導では，多様な教育活動を通して，児童生徒が主体的に課題に挑戦してみることや多様な他者と協働して創意工夫することの重要性等を実感することが大切です。以下に，その際に留意する実践上の視点を示します。

(1)　自己存在感の感受

児童生徒の教育活動の大半は，集団一斉型か小集団型で展開されます。そのため，集団に個が埋没してしまう危険性があります。そうならないようにするには，学校生活のあらゆる場面で，「自分も一人の人間として大切にされている」という自己存在感を，児童生徒が実感することが大切です。また，ありのままの自分を肯定的に捉える自己肯定感や，他者のために役立った，認められたという自己有用感[*3]を育むことも極めて重要です。

(2) 共感的な人間関係の育成

　学級経営・ホームルーム経営（以下「学級・ホームルーム経営」という。）の焦点は，教職員と児童生徒，児童生徒同士の選択できない出会いから始まる生活集団を，どのようにして認め合い・励まし合い・支え合える学習集団に変えていくのかということに置かれます。失敗を恐れない，間違いやできないことを笑わない，むしろ，なぜそう思ったのか，どうすればできるようになるのかを皆で考える支持的で創造的な学級・ホームルームづくりが生徒指導の土台となります。そのためには，自他の個性を尊重し，相手の立場に立って考え，行動できる相互扶助的で共感的な人間関係をいかに早期に創りあげるかが重要となります。

(3) 自己決定の場の提供

　児童生徒が自己指導能力を獲得するには，授業場面で自らの意見を述べる，観察・実験・調べ学習等を通じて自己の仮説を検証してレポートする等，自ら考え，選択し，決定する，あるいは発表する，制作する等の体験が何より重要です。児童生徒の自己決定の場を広げていくために，学習指導要領が示す「主体的・対話的で深い学び」の実現に向けた授業改善を進めていくことが求められます。

(4) 安全・安心な風土の醸成

　児童生徒一人一人が，個性的な存在として尊重され，学級・ホームルームで安全かつ安心して教育を受けられるように配慮する必要があります。他者の人格や人権をおとしめる言動，いじめ，暴力行為などは，決して許されるものではありません。お互いの個性や多様性を認め合い，安心して授業や学校生活が送れるような風土を，教職員の支援の下で，児童生徒自らがつくり上げるようにすることが大切です。そのためには，教職員による児童生徒への配慮に欠けた言動，暴言や体罰等が許されないことは言うまでもありません。

1.1.3　生徒指導の連関性

(1) 生徒指導とキャリア教育

　生徒指導と同様に，児童生徒の社会的自己実現を支える教育活動としてキャリア教育があります。生徒指導を進める上で，両者の相互作用を理解して，一体となった取組を行うことが大切です。

　小・中学校学習指導要領の総則において，キャリア教育について「児童（生徒）が，学ぶことと自己の将来とのつながりを見通しながら，社会的・職業的自立に向けて必要な基盤となる資質・能力を身に付けていくことができるよう，特別活動を要としつつ各教科等の特質に応じて，キャリア教育の充実を図ること。」と示されています。キャリア教育を学校教育全体で進めるという前提の下，これまでの教科の学びや体験活動等を振り返るなど，教育活動全体の取組を自己の将来や社会につなげていくことが求められています。

　進路指導については，「その中で，生徒が自らの生き方を考え主体的に進路を選択することができるよう，学校の教育活動全体を通じ，組織的かつ計画的な進路指導を行うこと。」（中学校）とあります。つまり，キャリア教育の中に進路指導が包含されており，高等学校の学習指導要領にも同様の内容が示されています。さらに，小学校学習指導要領第6章，中学校及び高等学校学習指導要領第5章の特別活動の学級活動・ホームルーム活動（以下「学級・ホームルーム活動」という。）の内容項目(3)が「一人一人のキャリア形成と自己実現」となっており，小・中・高を通じたキャリア教育の積み重ねの重要性が指摘されています（後略）。

　いじめや暴力行為などの生徒指導上の課題への対応においては，児童生徒の反省だけでは再発防止力は弱く，自他の人生への影響を考えること，自己の生き方を見つめること，自己の内面の変化を振り返ること及び将来の夢や進路目標を明確にすることが重要です。したがって，生徒指導とキャリア教育は，深い関係にあると言えます。

(2) 生徒指導と教育相談

　教育相談は，生徒指導から独立した教育活動ではなく，生徒指導の一環として位置付けられるものであり，その中心的役割を担うものと言えます。教育相談の特質と，生徒指導の関係は以下のとおりです。

① 個別性・多様性・複雑性に対応する教育相

談

　教育相談とは，一人一人の児童生徒の教育上の諸課題について，本人又は保護者などにその望ましい在り方について助言をするものと理解されてきました。教育相談には，個別相談やグループ相談などがありますが，児童生徒の個別性を重視しているため，主に個に焦点を当てて，面接やエクササイズ（演習）を通して個の内面の変容を図ることを目指しています。それに対して，生徒指導は主に集団に焦点を当て，学校行事や体験活動などにおいて，集団としての成果や発展を目指し，集団に支えられた個の変容を図ります。

　また，社会の急激な変化とともに，児童生徒の発達上の多様性や家庭環境の複雑性も増しています。例えば，深刻ないじめ被害のある児童生徒や長期の不登校児童生徒への対応，障害のある児童生徒等，特別な配慮や支援を要する児童生徒への対応，児童虐待や家庭の貧困，家族内の葛藤，保護者に精神疾患などがある児童生徒への対応，性同一性障害や性的指向・性自認に係る児童生徒への対応などが求められます。その意味では，生徒指導における教育相談は，現代の児童生徒の個別性・多様性・複雑性に対応する生徒指導の中心的な教育活動だと言えます。

② 　生徒指導と教育相談が一体となったチーム支援

　教育相談は，どちらかといえば事後の個別対応に重点が置かれていましたが，不登校，いじめや暴力行為等の問題行動，子供の貧困，児童虐待等については，生徒指導と教育相談が一体となって，「事案が発生してからのみではなく，未然防止，早期発見，早期支援・対応，さらには，事案が発生した時点から事案の改善・回復，再発防止まで一貫した支援[*4]」に重点をおいたチーム支援体制をつくることが求められています。

[*1] 「「令和の日本型学校教育」の構築を目指して〜全ての子供たちの可能性を引き出す，個別最適な学びと，協働的な学びの実現〜（答申）」中央教育審議会（令和3年）の答申では，令和の日本型学校教育において，児童生徒の個別最適な学びの実現に向けて，児童生徒のよい点や可能性を伸ばし，これまで以上に児童生徒の成長やつまずき，悩み等の理解に努め，個々の興味・関心・意欲等を踏まえてきめ細かく支援することが大切であると指摘されている。

[*2] 　本書では，児童生徒に対して，①特定の課題を想定しない場合は「支える」若しくは「支持する」，②特定の課題を想定した指導や援助の場合は「指導する」，「援助する」若しくは「指導・援助」，又は③上記の①②を包括的に示す場合は「支援する」と表記する。なお，特別支援教育は，障害のある幼児児童生徒の自立や社会参加に向けた主体的な取組を支援するという視点に立ち，幼児児童生徒一人一人の教育的ニーズを把握し，その持てる力を高め，生活や学習上の困難を改善又は克服するため，適切な指導及び必要な支援を行うものであることから，13.1においては「指導や支援」という表記を使用している。

[*3] 「生徒指導リーフ Leaf.18「自尊感情」？ それとも，「自己有用感」？」国立教育政策研究所生徒指導・進路指導研究センター（平成27年）

[*4] 「児童生徒の教育相談の充実について〜学校の教育力を高める組織的な教育相談体制づくり〜（報告）」教育相談等に関する調査研究協力者会議（平成29年）。また，学校教育法施行規則の一部を改正する省令の施行（平成29年）により，スクールカウンセラーとスクールソーシャルワーカーの職務内容が規定された。スクールカウンセラーは，心理に関する高度な専門的知見を有する者として，スクールソーシャルワーカーは，児童生徒の最善の利益を保障するため，ソーシャルワークの価値・知識・技術を基盤とする福祉の専門性を有する者として，校長の指揮監督の下，不登校，いじめや暴力行為等の問題行動，子供の貧困，児童虐待等の未然防止，早期発見，支援・対応等を，教職員と連携して行うことが明記された。

索　引

《監修者紹介》

広岡義之 _{ひろおか よしゆき}　神戸親和大学教育学部・同大学院特任教授

林　泰成 _{はやし やすなり}　上越教育大学学長

貝塚茂樹 _{かいづか しげき}　武蔵野大学教育学部・同大学院教授

《執筆者紹介》所属，執筆分担，執筆順，＊は編者

＊稲垣応顕 _{いながき まさあき}　編著者紹介参照：第1章

黒羽正見 _{くろは まさみ}　白鷗大学教育学部教授：第2章

松井理納 _{まつい よしの}　富山県教育委員会委嘱スクールカウンセラー：第3章

山本　奬 _{やまもと すすむ}　岩手大学教育学部教授：第4章

藤平　敦 _{ふじひら あつし}　日本大学文理学部教授：第5章

堀井啓幸 _{ほりい ひろゆき}　常葉大学教育学部特任教授：第6章

＊山田智之 _{やまだ ともゆき}　編著者紹介参照：第7章，第11章

杉本英晴 _{すぎもと ひではる}　関西大学社会学部准教授：第8章

高綱睦美 _{たかつな むつみ}　愛知教育大学教育学部准教授：第9章

京免徹雄 _{きょうめん てつお}　筑波大学人間系助教：第10章

齋藤　淳 _{さいとう じゅん}　東京都中学校進路指導研究会相談役：第11章

永作　稔 _{ながさく みのる}　十文字学園女子大学教育人文学部准教授：第12章

《編著者紹介》

稲垣　応顕（いながき・まさあき）
上越教育大学大学院学校教育研究科教授。新潟大学大学院博士後期課程中退，修士（教育学）。主著に『集団を育むピア・サポート――教育カウンセリングからの提案』（共著）文化書房博文社，2009年。『学際型現代教育学校概論――子どもと教師が共鳴する学校づくり』（共著）金子書房，2011年。『スクールカウンセラーのビリーフとアクティビティ――児童生徒・保護者・教師とどう関わるか』（共編著）金子書房，2018年。『無心のケア』（共著）晃洋書房，2020年など。

山田　智之（やまだ・ともゆき）
上越教育大学大学院学校教育研究科教授。日本大学大学院博士後期課程修了，博士（総合社会文化）。主著に『教職員のための職場体験学習ハンドブック――先進的モデル「町田っ子の未来さがし」より』（単著）実業之日本社，2006年。『進路指導（教職シリーズ7）』（共著）培風館，2012年。『大学生のためのライフキャリアデザイン』（共著）さんぽう，2013年。『サブカルチャー心理学2――「趣味」と「遊び」の心理学研究』（共著）福村出版，2023年など。

ミネルヴァ教職専門シリーズ⑧
生徒指導論・キャリア教育論

2023年9月30日　初版第1刷発行　　　　　〈検印省略〉

定価はカバーに
表示しています

編著者	稲垣　応顕
	山田　智之
発行者	杉田　啓三
印刷者	坂本　喜杏

発行所　株式会社　ミネルヴァ書房
607-8494　京都市山科区日ノ岡堤谷町1
電話代表　(075)581-5191
振替口座　01020-0-8076

©稲垣・山田ほか，2023　　冨山房インターナショナル・藤沢製本

ISBN 978-4-623-09614-5
Printed in Japan

ミネルヴァ教職専門シリーズ

広岡義之・林　泰成・貝塚茂樹　監修

全12巻

Ａ５判／美装カバー／200〜260頁／本体予価2400〜2600円／＊は既刊

ミネルヴァ書房
https://www.minervashobo.co.jp/